Peine, Paris, Pattensen
*Literarische Erhebungen
im flachen Land*

Peine, Paris, Pattensen

Literarische Erhebungen im flachen Land

Herausgegeben von
Mathias Mertens

WALLSTEIN VERLAG

Inhalt

7

Mathias Mertens

Vorwort

Niedersachsen – was ist das? Oder, noch schwieriger, wer sind die? Fragen der Art, deren Antwort man kennt, solange nicht gefragt wird. Soll man aber Antwort geben, dann verflüchtigt sich sofort jede Gewißheit. Zumindest für diejenigen, die in Niedersachsen aufgewachsen sind, hier leben oder eine intensivere Beziehung zu dem Land aufgebaut haben. Alle anderen haben feste Vorstellungen davon, was Niedersachsen ist, und tun sie auch kund.

Niedersachsen sei ein provinzielles Land, weil es keine Metropole habe wie beispielsweise Bayern – Hannover, wiewohl elftgrößte Stadt Deutschlands, zählt nicht nur für Harald Schmidt zu den Nicht-Orten der Republik. Es ist groß, sogar sehr groß, was ihm aber zum Nachteil gereicht. Aus dem Flächenland wird das Flachland, mit allen negativen Konnotationen, die »flach« mit sich bringt. Selbst die Mannigfaltigkeit seiner Landschaften, von der Küste über die Heide bis zum Harz, die »Einheit in der Vielfalt«, die sich durch das Nebeneinander von Heidjern, Ostfriesen, Oldenburgern, Ammerländern, Hannoveranern oder Braunschweigern ergibt, wird zum Argument dafür, daß es so etwas wie »Niedersachsen« gar nicht gebe. Der Göttinger Volkskundler Rolf Wilhelm Brednich sagt, daß Niedersachsen ein Kunstgebilde sei, wie alle Nachkriegsgründungen. Am Niedersachsentag »spielt man für ein langes Wochenende Niedersachsen, und dann gehen die Leute nach Hause und sind keine Niedersachsen mehr.« Der Wikipedia fällt zum Thema »Brauchtum« der Niedersachsen dann auch nur ein, daß sie Grünkohl essen und Schützenfeste fei-

9

ern. Und ob die Aussage, die sich in Artikeln findet, daß Niedersachsen ein »wichtiges Durchgangsland innerhalb Deutschlands und Europas« sei, wirklich ein Kompliment ist, sei dahingestellt.

Langweilig also, flach sowieso, eine Kopfgeburt, zu vieles, um etwas zu sein. Nichts Bedeutendes. Man stelle sich aber vor, die ominösen Pläne zur Neustrukturierung der Bundesländer würden tatsächlich in die Tat umgesetzt, Niedersachsen fände sich mit Schleswig-Holstein, Mecklenburg-Vorpommern, Hamburg und Bremen zu einem »Nordstaat« verbunden, weil dadurch Verwaltungskosten gespart würden und der Dauerwahlkampf in Deutschland gemildert wäre. Würde plötzlich im Verlust deutlich werden, was dieses Land in sechzig Jahren war und wurde? Würden die Nordstaatler aufbegehren gegen die im Süden, die sich immer noch Bayern oder Baden-Württemberger nennen dürften? Würde eine Grünkohl- und Schützenfest-Enklave im Einheitsstaat entstehen? Würde sich plötzlich das Niedersächsische abzeichnen, wie privat, brauchtümlich, politisch auch immer? Wer könnte darüber Auskunft geben, wenn nicht diejenigen, die es zu ihrem Beruf gemacht haben, Ausdruck zu geben, zu begreifen und beschreiben, genau hinzuschauen und sich und anderen Gedanken zu machen?

Anthologien sind eigentlich nicht mehr en vogue. Das war aber mal anders in Deutschland. Bis zu den achtziger Jahren waren sie Verständigungsorgane der Republik, von Wolfgang Weyrauchs »ich lebe in der bundesrepublik« 1960 über Dieter Hildebrandts und Siegfried Unselds »Deutsches Mosaik« 1972 bis zu Klaus Wagenbachs, Winfried Stephans und Michael Krügers »Vaterland, Muttersprache« 1979. Eine Anthologie zum sechzigjährigen Bestehen des Landes Niedersachsen könnte an diese Tradition anknüpfen und, um Bundespräsident Heinemanns Aussage im Vorwort zu »Deutsches Mosaik« abzuwandeln, »ausländischen Besuchern helfen, die geistige Situation Niedersachsens zu verstehen«.

Statt noch einmal, wie in der hervorragenden Niedersächsischen Literaturgeschichte, Lichtenberg, Raabe, Moritz, Leibniz oder Roswitha von Gandersheim zu bemühen, weil diese auf dem Gebiet weilten, das Jahrhunderte oder Jahrzehnte nach ihrem Leben erst Niedersachsen genannt worden ist, wurden für diese Anthologie diejenigen gefragt, die mit dieser Landesgründung tatsächlich gelebt haben: Schriftstellerinnen und Schriftsteller, die in Niedersachsen geboren wurden, die dort gelebt haben, die dort arbeiten oder die sich sonstwie an Niedersachsen, seine Menschen und seine Eigenheiten erinnern können. Viele haben Auskunft gegeben, und so vielfältig das Land ist und so unendlich die Möglichkeiten der Literatur sind, so wurden auch ganz verschiedene literarische Zugänge zu diesem Thema gewählt. Erzählungen stehen neben Essays und Erinnerungen, der Ton wechselt von sachlich zu melancholisch, satirisch und ernst, dem einen mag der Text besser erscheinen, der anderen jener kaum zu ertragen sein. Ist das uneinheitlich? Ja, denn nur aus vielen verschiedenen Ansichten ergibt sich ein umfassender Eindruck. Unvollständig? Unbedingt, denn wäre Niedersachsen von vorne bis hinten zu erfassen, von Anfang bis Ende zu durchschauen, dann präsentierte sich das Land als ein präparierter Kadaver, der zu keiner Entwicklung fähig wäre.

Es gibt ein Sprichwort in diesem Land, in dem die drei Orte Peine, Pattensen, Paris vorkommen. Wenn man jemanden darauf anspricht, dann kennt er es ganz sicher. Damit wird gesagt, daß etwas sehr umständlich gemacht wird, daß man nicht direkt fährt, sondern einen Umweg über einen anderen Ort in der Provinz nimmt. Fragt man dann allerdings genauer nach, wie das denn nun eigentlich gemeint und vor allem wie die richtige Reihenfolge der Orte sei, dann zerfällt sofort jede Gewißheit. Das Rathaus in Pattensen etwa ist

der felsenfesten Meinung, daß es »Pattensen, Peine, Paris«
ist, weil es ziemlich umständlich sei, von Pattensen erst
einmal nordöstlich zu reisen, um von dort gen Westen zu
ziehen. Andere Reihenfolgen hätte man nie gehört. Das
Stadtarchiv in Peine dagegen vertritt die unumstößliche
Meinung, daß es »Peine, Pattensen, Paris« heißt, weil es der-
einst eine berühmte Eisenbahnlinie »Petersburg – Paris« gegeben habe, Peine ein Halt an dieser Strecke gewesen sei und
es schon ziemlich kleinkrämerisch gewesen wäre, überhaupt
noch nach Pattensen zu fahren, wenn man direkt mit der
weiten Welt verbunden war. Nehmen wir doch eine dritte
Variante, eine, die beide Erklärungen erklärt, setzen wir Paris doch in die Mitte, starten ganz willkürlich in Peine und
landen zwangsläufig in Pattensen. Denn jeder Versuch, aus
dem Inneren des Landes in die angeblich so weite Welt aus-
zubrechen, führt letztlich wieder nur ins Innere des Landes.
Die eigentliche Bewegung findet nur dort statt.

Wenn man von ganz weit auf Niedersachsen schaut und
fast nur in geologischen Kategorien denkt, dann gibt es eine
große Bewegungslinie innerhalb dieses Landes: von den
Bergen im Südosten hin zur Küste im Nordwesten, den
Lauf von Weser, Leine, Aller und Ems gewissermaßen. Und
so war es wohl auch folgerichtig, daß Texte über dieses Land
dieser inhärenten Linie vom Harz zum Wattenmeer folgen.
Nach Süden zieht es die Menschen selten, da sind auch die
Berge davor, in den Westen müssen sie eigentlich nicht gehen, weil sie alles bereits haben, was er geben könnte, der
Osten bleibt ein Sehnsuchtsort, war er doch der Ausgangs-
punkt für viele Existenzen, bevor er sich verschloß. Nach
Norden also geht es und gen Westen, entlang der vielen
Routen in diese Richtung, der Deutschen Märchenstraße
etwa, der Straße der Weserrenaissance oder der Niedersäch-
sischen Spargelstraße.

Aber weil das Prinzip »Peine, Paris, Pattensen« gilt, ist
dieser Weg eben nicht sehr gradlinig, geht gleich erst einmal
nach Osten, über den Harz und an die ehemalige Grenze,

fährt dann von Peine, natürlich, nicht schnurstracks nach Hannover, sondern macht den Schlenker über Hildesheim und Hameln, in der Heide fängt er sich und führt brav über Walsrode nach Verden, um dort eine Entscheidung zu fällen, wie die große Exklave Bremen zu umqueren sei, entscheidet sich für nördlich, verweilt im Alten Land, zieht über das versunkene Wesermünde in ein anderes Oldenburg, um schließlich vom Rheiderland aus im Watt zu versickern. So ergab sich jedenfalls die Route, die dreiundzwanzig Schriftstellerinnen und Schriftsteller beschlossen haben, als sie am Anfang des Jahres 2006 zum sechzigjährigen Jubiläum ihres Bundeslandes befragt wurden.

Die Idee zu diesem Buch hatte die niedersächsische Landesregierung, die zum Jubiläum nicht nur die geschichtlichen und damit politischen Fakten der letzten sechzig Jahre würdigen wollte. Heinz Ludwig Arnold und die Arbeitsgemeinschaft der Literaturbüros und -zentren Niedersachsens griffen diese Idee dann auf, fanden in der Stiftung Niedersachsen einen Partner und in mir einen Herausgeber. Gemeinsam kam dann auch das Konzept zustande, und lange Listen mit Namen wurden gewälzt und abgearbeitet. Am Ende aber bestimmten die Dichter ganz frei, was an diesem Niedersachsen nun bedenkenswert und erinnerungswert ist, seine Prägung durch Einwanderer aus dem Osten etwa, seine findige Art und Weise, Bier- und Schnapsgenuß zu rechtfertigen, seine Verschwiegenheit über das eigene, reiche Kulturleben, seine komplizierten, weil versteckten Gefühle, seine Landwirtschaftsphilosophie. Wenn am 1. November 2006 gefeiert wird, daß Hinrich Wilhelm Kopfs Vorschlag an den britischen Militärgouverneur, die Besatzungszone in die Flächenstaaten Niedersachsen, Nordrhein-Westfalen, Schleswig-Holstein und die Stadtstaaten Bremen und Hamburg aufzuteilen, in die Tat umgesetzt wurde, dann könnten die Dichter stiften, was dadurch entstanden ist – nicht bloß, wie sonst immer, was geblieben ist.

John von Düffel

Da bin ich zu Haus

.

Wir waren keine Drillinge, sondern drei Brüder, die im Jahresabstand aufeinander folgten, was daran lag, daß unser Vater sich fest vorgenommen hatte, unserer Mutter eine Tochter zum Geschenk zu machen, solange das Geld noch für ein weiteres Kind reichte. Doch auch mit dem Geld hatte er sich verschätzt. Er war Zimmermann und hatte sich sterblich in eine Göttinger Bäckerstochter verliebt, die er vom Fleck weg heiratete und kurz darauf schwängerte oder umgekehrt. Jedenfalls zog er während seiner Lehr- und Wanderjahre nicht in die Welt hinaus, sondern schlich mehr oder weniger unauffällig um den Göttinger Stadtwall herum. Anstatt sich ins große Abenteuer zu stürzen, hielt er sich mit Gelegenheitsarbeiten über Wasser. Wenn überhaupt, dann wanderte er in eines der umliegenden Dörfer, um dort eine Fachwerkkonstruktion zu erneuern oder bei der Errichtung eines Dachstuhls zu helfen. Doch er kehrte zuverlässig jede Nacht zu seiner Frau zurück, auch als er bei Zuschneidearbeiten mit der Hand in die Säge kam. An jenem denkwürdigen Tag ließ er sich mit Blaulicht in dasselbe Krankenhaus einliefern, in dem meine Mutter gerade mit mir kreißte. So groß war sein Heimweh nach ihr. Als ich zur Welt kam, hatte ich alle zehn Finger, mein Vater nur noch sieben.

Unsere ersten Jahre verbrachten wir in der kleinen Einliegerwohnung neben der Backstube, eingehüllt in den Mehlgeruch unserer Kindheit, den meine Mutter auch später nicht verlor, als sie mit ihren weichen, weißen Fingern keine Milchbrötchen mehr formte. Sie behielt diesen süßen, puderigen, Milde verheißenden Duft ihr Leben lang an den Händen, auf der Haut, und wenn der böse Wolf im Märchen Kreide fraß, um seine Stimme hell und sanft zu machen, mußte ich jedesmal an meine Mutter denken. Immer, wenn sie uns die Wangen tätschelte, lief uns das Wasser im Mund zusammen.

Wir waren keine Drillinge, sondern dreimal derselbe Mensch zu verschiedenen Zeiten, so schien es – nicht nur aufgrund unserer Ähnlichkeit, sondern weil wir übergangslos die Hosen und Pullover unseres jeweiligen Vorjahresbruders auftrugen. Ich war der mittlere und schlüpfte in die Sachen von Johannes, dem ältesten, mit einem gewissen Stolz und ein bißchen Wehmut, da ich mich in seinen Schuhen zwar größer und erwachsener fühlen durfte, aber auch wußte, daß sie mir nicht wirklich gehörten. Ich war nur eine Durchgangsstation, Platzhalter und Kleiderbügel für meinen kleinen Bruder, dem alles, was ich anhatte, in Bälde zuwachsen würde. Obwohl er ein wenig schmächtiger war, füllte er meine, seine Sachen mehr als aus.

Sven, unser Jüngster, war der Liebling der ganzen Familie und unser Wunderkind. Seine Begabungen waren so vielfältig, so außergewöhnlich, daß ein einfacher Zimmermann berechtigte Zweifel an seiner Vaterschaft hätte haben können. Doch wie um jeglichen Verdacht von vornherein zu zerstreuen, kam mein jüngster Bruder mit sieben Fingern auf die Welt, zur Freude seines Erzeugers, der sich seither aufs innigste mit ihm verbunden fühlte. Mindestens ebenso verblüffend war, daß Sven – der ursprünglich Seven hatte heißen sollen, von Amts wegen aber um sein erstes ›e‹ gebracht wurde – trotz seiner Genialität uns Brüdern wie aus dem Gesicht geschnitten ähnlich sah.

Allerdings blieben die sieben Finger Svens einzige Huldigung an das Zimmermannshandwerk. Schon früh ließ er eine starke Neigung zur Tonkunst erkennen und musizierte mit allem, was er in unserem spärlichen Haushalt vorfinden konnte. Ob Nagel, Hammer oder Kneifzange, ein jedes

Ding war für ihn Klang. An der Säge, die er zum Singen brachte, erreichte er schon in frühen Jahren eine beachtliche Virtuosität. Seine Siebenfingrigkeit hinderte ihn nicht daran, der Lieblingsschüler des Göttinger Kirchenorganisten zu werden. Sven spielte mit einer für polyphone Bach-Sätze prädestinierten Geläufigkeit, so als würde sich die Zahl seiner Finger über den Tasten verdoppeln. In heimlicher Vorfreude auf seine ruhmreiche Zukunft liebäugelte unser Vater schon damit, eine Plakette an der Bäckerei seiner Schwiegereltern anzubringen: »In diesem Hause wurde im Jahre 1967 der Tonkünstler Sven Hinrichs geboren.«

Um das Familienauskommen zu sichern, ohne die Stadt verlassen zu müssen, hatte sich unser Vater darauf verlegt, tagsüber in der Backstube Schilder und Plaketten anzufertigen, die den Aufenthalt namhafter Geistesgrößen in den Kemenaten der Göttinger Altstadt anzeigten. Bedeutende Mieter der Geistesgeschichte gab es reichlich: Lichtenberg, die Humboldtbrüder, Gauß und viele andere Titanen der Wissenschaft hatten in diesen Mauern gedacht und geschrieben, bis sich die Balken bogen. Und jeder neu immatrikulierte Göttinger glaubte fest daran, daß ihr Forschergeist in dem von Gedankenmacht gekrümmten Fachwerk fortlebte.

Treibende Kraft dieser eigenwilligen Art der Stadtbeschilderung war eine äußerst wohlhabende Göttinger Vermieterin und Maklerwitwe, die ihre zahlreichen Liegenschaften – vom Blickpunkt der Jahrhunderte aus – wie Freudenhäuser des Geistes verwaltete, in denen sich die Koryphäen animierdamengleich die Klinke in die Hand gaben. Von ihr erhielt unser Vater einen erklecklichen Großauftrag, an dem die gesamte Familie mitmeißelte, denn ihrem geistesgeschichtlichen Gewicht entsprechend sollten die Hinweistafeln aus Stein, Marmor oder Granit sein. Sogar Sven wurde hierfür in die Pflicht genommen und mußte seine geliebte Orgelstunde sausen lassen. Anstatt seinem Lehrmeister die Register zu ziehen, klopfte auch er am heiligen Sonntag Steine und brachte schon nach wenigen Versuchen mit Hammer und Meißel gregorianische Tonleitern zum Klingen.

Von der in Aussicht stehenden Entlohnung erhofften wir uns eine Aufbesserung unserer Garderobe, Fleisch anstelle der üblichen Mehlspeisen zu Mittag und die Rückzahlung der Schulden, die sich bei verschiedenen Kaufmannsläden in der Nachbarschaft aufgehäuft hatten. Doch daraus wurde nichts. In der Nacht nach der Vollendung von nicht weniger als fünfzig Gedenktafeln brannte die Backstube mitsamt unserer Einliegerwohnung nieder. Nur mit knapper Not konnten wir unsere Haut und die Kleider retten, die wir am Leib hatten, Svens Kleider im Endeffekt. Viel mehr blieb uns nach dem Feuer nicht.

Als Brandursache wurde ein Riß im Ofen festgestellt, der durch schwere Erschütterungen – also vermutlich unsere unsachgemäßen Steinmetzarbeiten – zustande gekommen sein mußte. Doch wir bewahrten absolutes Stillschweigen darüber. Unsere Großeltern kassierten die Versicherungssumme und setzten sich damit zur Ruhe. Wir hingegen verließen die Stadt.

Unser Weg führte nach Norden, über Hannover, wo Sven die Fußgängerzone durch musikalische Darbietungen aller Art belebte, bei denen wir nur dastehen und in die Hände klatschen mußten. Einige Tage lang machten wir auf diese Weise den Indios Konkurrenz, die das Innenstadtgebiet von Hannover mit ihren Panflöten und Büffelhautbongos beherrschten. Dann zogen wir mit den Taschen voller Kleingeld weiter, um der Rache der Poncho-Träger zu entgehen. In Nienburg an der Weser kam es zu einem kurzen Zwischenstop bei einem wissenschaftlich ambitionierten Optiker, der durch Zufall auf Johannes und seinen epochalen Sehfehler aufmerksam geworden war. Zur Überraschung aller stellte sich heraus, daß unser Ältester außerhalb der vertrauten Göttinger Gefilde aneckte, wo er stand und ging. Der Nienburger Optiker und Hobbyaugenarzt diagnostizierte eine überaus seltene Form der Weit- und

Übersichtigkeit, die es Johannes erlaubte, über große Flächen hinweg den Horizont zu beobachten und schon am Abend zu erkennen, wer am nächsten Morgen zu Besuch kommen würde. Schwierigkeiten hatte unser Bruder hingegen mit der Vertikale. Alles, was aufragte, in die Höhe schoß und die Fernsicht versperrte – Häuser, Hügel, Laternenpfähle –, wurde für ihn, je näher er kam, zu einem so undefinierbaren wie unüberwindlichen Hindernis. Von daher lenkten wir unsere Schritte gen Oldenburg.

Nicht nur für Johannes' strapazierte Augen bedeuteten die Ammerländer Wiesen mit ihren symmetrischen Entwässerungsgräben und speerangelweiten Horizonten ein Labsal. Auch für unsern Vater erwies sich Oldenburg als Wendepunkt seines Schicksals. Es war die Stadt der Einfamilienhäuser. Bis auf wenige architektonische Verirrungen war und blieb der Oldenburger ein Freund des Überschaubaren. Er umbaute den Raum, den er für seine Familie und die nächsten Angehörigen brauchte, mehr nicht. Die Hybris der Höhe war ihm wesensfremd. Böse Zungen behaupteten, man könne in dieser Stadt – der kleinsten und flachsten aller Großstädte – aus den Dachrinnen trinken, was nicht unbedingt stimmte. Die sogenannten Hundehütten der alteingesessenen Beamten- und Kaufmannsfamilien waren in der Regel immerhin zweistöckig. Zum Zeichen ihres bescheidenen Wohlstands besaßen sie einen Wintergarten, der besonders im Sommer viel genutzt wurde.

In den Torflandschaften ringsum entstanden unterdessen die Fehne, Vorstadtsiedlungen mit den Eigenheimen der Angestellten des öffentlichen Dienstes: Petersfehn, Friedrichsfehn, Augustfehn, Südmoslesfehn und so fort. Es gab immer etwas zu bauen oder zu renovieren. Für unsern Vater brach eine geschäftige, einträgliche Zeit an. Und es verging kaum ein Wochenende ohne Richtfest oder Schwarzarbeit.

Von der Bauwut der Kleinfamilien am Stadtrand profitierte auch die Hauptattraktion im Herzen Oldenburgs: die Moorleichenkammer im Naturkundemuseum am Stau. Aus den Schautafeln an den Vitrinen ging nicht klar hervor, welche emsigen Bauherren auf ihrem Grund und Boden die Kadaver dieser Oldenburger Ureinwohner exhumiert hatten. Doch es sprach für das Klima, die gesunde Luft und die Bodenbeschaffenheit, daß die Moorleichen aus dem Oldenburgischen auch nach vielen hundert Jahren bestens in Schuß waren. Unter uns Schülern, die wir mangels anderer Sehenswürdigkeiten alle Jahre wieder die gläserne Gruft des Museums besuchten, hatten sich mit der Zeit so bildhafte Namen eingebürgert wie »der rote Egon«. Dieser guterhaltene Tote war ein zahn- und augenloser Geselle mit schlickfarbenem Teint, dem als auffälligstes Merkmal ein rötlichblonder Haarschopf eignete, der dichter und gesünder wirkte als die Dauerwelle unserer Erdkundelehrerin. Eine nicht weit von ihm entfernt liegende Frauenleiche hörte wie unsere Rektorin auf den Namen Lederstrumpf, ein Spitzname, den beide ihrer ledrigen und bisweilen übernatürlich gespannten Gesichtshaut verdankten. Für Sven, der als Hochbegabter ein Schuljahr übersprang und in dieselbe Klasse ging wie ich, wurden diese frühkindlichen Eindrücke zu einer nie versiegenden Quelle der Inspiration. Von daher kann ich jedem Interpreten und Musikwissenschaftler nur raten, die Leichenfunde der Ammerländer Moorlandschaften eingehend zu studieren. Sie sind der Schlüssel zum Verständnis seines Werks.

Damit ist auch gesagt, welche Laufbahn unser Jüngster einschlagen sollte. Er wurde auf einer Butterfahrt, bei der er mit einem improvisierten Schnapsflaschen-Xylophon für die passende musikalische Untermalung sorgte, von einem Agenten und Konzertmanager aus Hamburg entdeckt. Seither hat er ein umfangreiches Opus vorgelegt, das in den Kaufhäusern weltweit mit großem Gewinn gespielt wird. In Hongkong waren seine Fahrstuhlmelodien sogar mehrfach unter den Top Ten.

Johannes und ich dagegen hatten uns in den Kopf gesetzt, den ungeträumten Traum unseres Vaters Wirklichkeit werden zu lassen und auf gut Glück in die Welt hinauszuziehen – trotz der für Moorbewohner typischen Seßhaftigkeit und dem geradezu leidenschaftlichen Beharrungsvermögen des Oldenburgers an sich. Von unserem ersten, als Torfstecher im Museumsdorf Cloppenburg selbstverdienten Geld erstanden wir beide ein Interrail-Ticket der Deutschen Bundesbahn. Ganz Europa lag uns zu Füßen. Wir kamen aber nur bis Verden/Aller, woran Johannes' Augenfehler schuld war. Kaum saßen wir im Regionalzug von Oldenburg nach Hannover, fingen seine Pupillen in schmerzlicher Weise an zu flackern und zu zittern. Also legten wir auf dem Weg nach Neapel bereits in Verden unsere erste Pause ein, von der wir damals beide nicht ahnten, wie lange sie dauern würde.

Johannes, dessen Pupillen allmählich wieder zur Ruhe kamen, wollte sich die Stadt einmal »näher« ansehen, was bedeutete, daß wir einige Kilometer auf die Wiesen der Aller-Niederung hinauslaufen mußten. Von dort aus hatten wir eine durch nichts und niemanden begrenzte Sicht auf das beschauliche Städtchen, das inmitten der makellos platten Landschaft halligengleich auf einem sanften Hügel lag.

»Das ist es«, sagte Johannes, der eigentlich nie etwas sagte, nachdem er seinen Blick mehrere Stunden auf diesem heimatlichen Idyll der Ereignislosigkeit hatte ruhen lassen.

»Ja, das ist es«, pflichtete ich ihm bei, meinte aber weniger die großflächigen Weiden und den unmittelbar über der Grasnarbe anhebenden Himmel als vielmehr den dunklen, moorschwarzen, gemächlichen Fluß, der zu Füßen der kleinen Stadt kräuselnd und sich glättend dahinströmte. Mir wurde auf einmal klar, daß ich nichts lieber wollte, als mein Leben am Wasser verbringen. Schlagartig kamen mir unzählige Bilder und Begebenheiten aus Kinder- und Jugendtagen in den Sinn: der Anblick der überschwemmten Donnerschweer Wiesen vor den Toren Oldenburgs, auf denen die ganze Stadt im Winter Schlittschuh lief; die Tonkuhlen und Baggerseen im Sommer mit ihrem türkisfarbenen Tiefenschimmer; der Jadebusen bei Horumersiel, den wir an freien Sonntagen aufsuchten, um die Nordsee abzupassen, was uns nur selten gelang, weil sie ihren launischen Gezeiten gehorchte und sich nie blicken ließ, wenn man sie brauchte. Wie oft hatte ich mich gefragt, wo denn dieses Meer, in das angeblich alle Flüsse mündeten, bei Ebbe abblieb? Wie viele verschiedene Antworten hatte ich darauf erhalten, ohne auch nur eine einzige befriedigend zu finden, weshalb ich im tiefsten Innern nach wie vor meinem Kinderglauben anhing, die Nordsee mache sich jedesmal klein und verdrücke sich, wenn die Touristen kämen. Alles – so schien es mir in jenem Augenblick angesichts der Aller –, alles, was mich je bewegte, was mich in meinen Tag- und Nachtträumen umtrieb, hatte zutiefst mit diesem Element zu tun, weshalb es für mich keinen Zweifel gab, daß meine Bestimmung das Wasser war. Ihm wollte ich mein Leben widmen, ich wußte nur noch nicht wie. Denn meine Begabung, stundenlang aufs Wasser schauen zu können, ohne mit der Wimper zu zucken, reichte nicht zu einem Brotberuf.

Anders lag die Sache bei meinem Bruder Johannes. Seine Weit- und Übersichtigkeit war von großem Nutzen beim Hüten von Kühen, Schafen und Pferden. Er brauchte Niedersachsen nicht zu verlassen, um das herauszufinden. Einer der großen Viehzuchtbetriebe in der Aller-Marsch stellte ihn prompt als Kuhjungen oder Cowboy ein, nachdem Johannes bewiesen hatte, daß er eine Schwarzbunte über mehrere Kilometer hinweg erkennen und mit Namen ansprechen konnte. Auf genau dieselbe Weise fand er seine Frau.

Meine Berufswahl erwies sich indessen als schwierig. Zur See fahren wollte ich nicht, da ich mich auf Schiffen keineswegs frei fühlte, sondern eingepfercht und gefangen. Als Bademeister verdiente man im Norden nicht genug, weil die Schwimmsaison zu kurz war und das Meer zu häufig weg. Von daher schlug ich mich fast zwei Jahrzehnte mit unersprießlichen Nebenjobs durch, bis die Zeit endlich reif war für meinen Traumberuf. Nachdem in loser Folge mehrere

Jahrhunderthochwasser ins Land geschwappt waren und die Elbe samt ihrer Nebenflüsse zusehends den Respekt forderte, der ihr so lange versagt geblieben war, duldete meine Berufung keinen weiteren Aufschub, und ich wurde der erste hauptamtliche Wasserspiegelbeobachter von Hitzacker und Umzu.

Heinz Ludwig Arnold

Vom grünen
niedersächsischen Kohl

für Hans-Jürgen Fip

›Grünkohl‹ ist nicht bloß eine Speise, sondern eine gesell-
schaftliche Veranstaltung, ja eine Ideologie. Jedenfalls in
Niedersachsen. Denn dieses im Grunde simple Gericht ani-
miert hier immer noch zu Verhaltensweisen und Versamm-
lungen, deren Rituale mittelalterlichen Charakter, ja früh-
heidnische Ursprünge haben.

So ziehen im nördlicheren und westlichen Niedersachsen,
in Ostfriesland, um die Exklave Bremen und die Zentren
Osnabrück und Oldenburg, kaum daß der erste Frost die
spätherbstliche Natur bereift hat, die Menschen in Scharen
hinaus ins Land an jene wirtlichen Stätten, an denen Grünkohl gereicht wird, samt Schweinebauch, Pinkel und den
sogenannten Brägenwürsten, die ihn fett machen und angeblich so schwer verdaulich, daß er nur mit viel Bier erst hin-
untergeschwemmt, dann mit viel Schnaps innerlich verbrannt werden muß. So empfiehlt schon das »unentbehrliche
Handbuch für Jedermann«, das »Allgemeine deutsche Volks-
Conservations-Lexikon« von 1847, daß man sich bei »Ma-
genschwäche des Grünkohls enthalten müsse, da er Blähun-
gen verursacht«. Es wird seine schwere Verdaulichkeit aber
weniger am Kohle selbst liegen als an jenen Fettigkeiten, die
mit seiner Hilfe ins Mageninnere verbracht werden.

Unter den Kohls ist der Feder-, Blätter- oder Strunkkohl
namens Grünkohl (in manchen Regionen auch Braunkohl
genannt) der in niedersächsischen Landstrichen populärste.
Weder um einen Stammkohl wie den Kohlrabi noch um

23

Kopfkohls wie Rot- und Weißkohl oder Wirsing, noch um den Blumenkohl (lassen wir bei dieser ziemlich niedersächsischen Betrachtung den Pekingkohl mal außer Betracht) versammeln sich so regelmäßig und so massiv und rituell ihm huldigende Menschen- und meist Männermassen wie um diese »Palme des Nordens«, der man auch nachsagt, sie sei mit ihrem maximal ein Meter hohen Wuchs »die einzige schattenspendende Pflanze in der nordwestdeutschen Küstenregion«.

Über den Grünkohl liest man bei den alten Lateinern, etwa Tacitus, nichts; vielleicht weil sie nur bis zum Teutoburger Walde kamen. Der Grimm belegt die Nennung des Grünkohls (brassica oleracea acephala) erst für das Jahr 1579 und zitiert aus Sebiz' »Feldbau«: »der gemeyne köl, welchen man sonst den langen und grünköl nennet, soll allwegen mitten im augustmonat oder im herbsmonat gesäyet werden, wo man anderst in der fasten oder im winter pletter davon gedenckt zu haben.« Das ist ziemlich neutral.

Hingegen zitiert eine ›wissenschaftliche‹ Publikation der Vereinigten Grünkohl-Kontore Oldenburg, die bezeichnenderweise von einem Dr. Kassler herausgegeben wurde, einen Brief des Löwener Philologen und Historiographen des spanischen Königs Justus Lipsius (1547-1606) an seinen Freund Johannes Heurnius, in dem er vom Besuch eines Gasthofs in der oldenburgischen Gegend Mitteilung macht und erstmals am Rande auch ein Grünkohl-Essen erwähnt – schon in diesem Bericht taucht ein Hinweis auf die rituellen Handlungen beim Essen, vornehmlich aber beim Trinken auf (weshalb manche meinten, Grünkohl werde wohl nur deshalb in solchen Mengen verzehrt, weil er zum gewaltigen Trinken Anlaß gebe): »Als Auftakt setzt man Dir eine Kanne Dünnebier vor, das oft noch warm aus dem Braukessel kommt. Ablehnen darfst Du es nicht, oder Du läufst Gefahr, aus dem Hause gejagt zu werden. So sitzt man denn mit Fuhrleuten und Schweinetreibern ums Feuer, trinkt dasselbe Zeug wie sie, und bei jedem Trunk reicht man sich feierlich die Hand. Unterdessen wird der Tisch gedeckt. (…) Sieh da, der erste Gang: dicker Speck, und nicht einmal gekocht! (...) Was sie hier Brot nennen, ist eine schwarze, schwere, saure Masse, vier bis fünf Fuß lang und so schwer, daß ich sie nicht aufheben kann. (...) Nun kommt der ersehnte zweite Gang, die Hauptschüssel: eine ungeheure Kumme voll braunen Kohls! Einen Finger breit darüber hin fließt eine Brühe von Schweinefett. Diesen Ambrosia essen meine Westfälinger nicht, nein, sie verschlingen ihn.«

Spürbar ist Lipsius Stoiker: ein lukullisches Ungemach Erduldender, aber dem epikureischen Genusse ohnehin prinzipiell abhold – jedenfalls jenem derben Epikureismus, wie man ihn an Hase und Hunte pflegt.

Dem ostfriesischen Agrariker Fridrich Arends verdanken wir die erste genaue Beschreibung des Grün-, Braun- oder Strunkkohls, er beschrieb ihn am Anfang des 19. Jahrhunderts so: »Der Strunkkohl, so genannt, weil seine krausen Blätter an einem hoch emporschießenden Strunk wachsen, wird viel angebaut, in allen Gegenden des Landes. Er ist auf der Marsch, nächst den Kartoffeln, das Hauptnahrungsmittel im Winter, und eine der beliebtesten Speisen, die häufig dreimal wöchentlich auf den Tisch kommt (weshalb wohl noch heute die der Not abgewonnene Regel gilt, daß er, je häufiger aufgewärmt, umso besser schmecke – HLA); auch die Bürger in den Städten essen ihn gern, und selbst die Vornehmern verschmähn ihn nicht. Es ist auch, nachdem er einen Frost ausgehalten, eine recht gute Speise, nur muß das Fett daran nicht gespart werden, sonst gibt es ein elendes Gericht ab.«

Es ist aber ein Irrtum, wenn man aus solcher Darstellung folgerte, den Grünkohl genössen, um ihn versammelten sich nur die niederen Volksmassen; er ist kein »Armenessen«, worauf diese Notiz von Arends ja durchaus verweist. Und inzwischen drängeln sich gerade die vornehmen Bürger, um an den jährlichen rituellen Grünkohl-Massenspeisungen in Bremen, Osnabrück und Oldenburg teilzunehmen.

Bis zu tausend Gäste zählt die jährliche »Osnabrücker Mahlzeit«, samt und sonders Männer, Frauen haben keinen

Zutritt – vermutlich eine reine Schutzmaßnahme, wenn man weiß, welche Wirkung der kombinierte Genuß von Speck und Bier, Pinkel und Schnaps mit der Zeit hat. Grünkohlkönige sind dort vornehmlich regionale Größen. Die Oldenburger haben ihr »Defftig Ollnborger Gröönkohl-Äten« häufig nach Bonn (und nun seit Jahren nach Berlin) verlegt, weil sie es liebten, sich mit sogenannten »Grünkohlkönigen« aus der hohen Politik zu zieren, die eigens von einem »Kurfürstenkollegium« gewählt werden. Und die vornehmen Bremer geben zum Grünkohl feinsten Eiswein. Vielleicht, weil der Grünkohl erst dann geerntet wird, wenn ihn der erste Frost gesegnet hat.

Grünkohlessen ist allemal niedersächsisches Volksvergnügen. Und das sogenannte ›gemeine‹ Volk kommt selbstverständlich ohne Fürstenkollegium zu seinem Grünkohlkönig. Da gelten unterschiedliche Wahlgesetze: Bei den einen stehen Waagen bereit, um die bekleideten Körper der Esser vorher und nachher auf die Quantität ihrer Zunahme zu kontrollieren, und wer die meisten Mehr-Pfunde auf solch eine Waage bringt, wird zum Grünkohlkönig gewählt. Bei anderen gibt es Beobachter, die genau hinschauen beim Essen und jenen zum Grünkohlkönig küren, der mit der größten Andacht alles in sich zu bringen versteht. Wieder andere verbinden mit dem Grünkohlessen lange Wanderungen, auf denen um die Grünkohlkönigswürde geboßelt wird. Geehrt werden all diese Würdenträger mit einer Kette, an der heute meist ein stilisiertes Schwein hängt; früher drückte man dem Sieger im Wettbewerb einen abgenagten Schweineknochen als angemessenes Zepter in die Hand. Wofür er seine kurzfristigen Untertanen mit scharfen Runden bei Laune zu halten hatte.

Der Grün-(oder Braun-)kohl teilt die Welt. Wie beim Aal kennt er nur eifernde Ablehner und heftig und deftig Zugreifende. Doch wo bereits Pro und Contra seiner Anerkennung als probates Nahrungsmittel zum grundsätzlichen

26

Streit führen können, muß die Form seines Verzehrs zum Ritual werden; denn Grünkohl, ich sagte es schon, ist ein ideologieträchtiges Gemüse.

Das gilt vor allem auch für seine Zubereitung. Jeder, der ihn kocht, hält sein Rezept für das einzig richtige. Doch so viele Variationen gibt es eigentlich gar nicht; vielleicht macht solche Schlichtheit die Vehemenz erklärlich, mit der die jeweiligen Rezepturen als jeweils einzig mögliche verteidigt werden.

Die wenigen Variationsmöglichkeiten sind: Die einen versetzen den Grünkohl mit Hafergrütze, die anderen nicht; die einen drehen ihn durch den Wolf und zermalmen ihn zu einer schlürfbaren Masse; die anderen belassen seine Blättrigkeit. Das kann man, mit Vorsicht, variieren. Freilich gehen Blättrigkeit und Hafergrütze nicht recht zusammen. Ich jedenfalls bin prinzipiell für die blättrige Reinheit des Kohls und gegen seine sämige Verbreiung.

Ein anderer ideologischer Streitpunkt ist die richtige Beilage zur niedersächsischen Nationalspeise. Unbestritten regiert in der Oldenburger Gegend der klassische Pinkel den Grünkohl, der zum Würzen und schmackvollen Runden mitgekochte Schweinebauch ist oft nur Nebengabe. Vornehmer, aber auch künstlicher und weniger genuin liegt dem Kohl das Kassler bei. In der Göttinger Wurstgegend aber stecken im Kohle zumeist die intelligenten Würste; denn in diesen Schweinswürsten steckt ein wenig auch vom schweinernen Hirn (denn Brägen heißt hier Kopf).

Ich koche meinen Grünkohl einmal im Jahr – für den gesamten Winter. Denn weil er beim Fortkochen immer besser wird, schadet ihm schon gar nicht, daß er eingefroren wird. Er kann dann nämlich bei Bedarf schnell aus der Tiefkühltruhe genommen werden.

Also bestelle ich bei meinem Gemüsebauern ein paar Tage nach dem ersten kräftigen Frost zwei Säcke Grünkohl (etwa 12 Kilogramm) und bei meinem Schlachtebauern einige Liter nicht allzu dünne, leicht gesalzene, würzige Wurstebrühe. Den Kohl zupfe ich großblättrig, freilich werfe ich die dicken Rippen weg. Das Zupfen muß man manchmal unterbrechen, um sich die Hände warm zu waschen, denn oft ist der frische Kohl noch eisig. Ich wasche und tropfe ihn ab (überbrühe ihn aber nicht, wie das manchmal empfohlen wird, vor dem Anbraten mit heißem Wasser – ›blanchiere‹ also nicht).

Ich arbeite mit drei Töpfen – simultan gleichsam mit den zwei mittelgroßen (5 Liter) und zum Sammeln und Simmern des in beiden Töpfen gleichzeitig vorbereiteten Kohls einem großen (10 Liter).

In beiden mittleren Töpfen zerlasse ich je einen gut gehäuften Eßlöffel Schweinemalz, dünste darin bei großer Hitze eine Handvoll gehackter Zwiebeln an, bis sie glasig sind, und fülle dann den Topf etwa zu zwei Dritteln mit dem blättrigen Kohl. Der muß richtig anbraten, darf aber nicht schwarz werden, wird also immer wieder mal gewendet, bis er ziemlich geschrumpft und einigermaßen bräunlich ist – das gibt gleichsam die Grundsubstanz. Dann gieße ich etwa einen Achtel- bis einen Viertelliter Wurstebrühe auf und fülle den Topf bis unter den Deckel mit weiterem Kohl, lasse ihn im nun geschlossenen Topf dünsten, bis er auf ein Drittel zusammengefallen ist, wende und rühre eher selten. Bisweilen schmecke ich ab, gebe eine Prise Zucker, etwas Pfeffer und Salz hinzu. Der im Topf freigewordene Platz wird wieder mit frischem Kohl aufgefüllt, Brühe wird hinzugegeben, der Kohl dünstet vor sich hin und fällt zusammen, eine neue Schicht kommt hinzu, alles wird hin und wieder gewendet und so weiter und so fort. Wenn die Töpfe einigermaßen voll sind, werden sie in den großen Topf geleert; und wieder beginnt das Spielchen mit dem gehäuften Eßlöffel Schweineschmalz, den gehackten Zwiebeln, dem Anbraten des Kohls, dem Abschmecken, Würzen, mit Brühe versetzen und Schichten wie oben beschrieben.

In den großen Topf – immer wenn es in den beiden anderen Töpfen schmurgelt und dünstet, kümmere ich mich um ihn – kommen mit dem ersten Schwung angekochten Kohls nun zwei bis drei ganze mittelgroße Zwiebeln, die ich jeweils mit etwa zehn Nelken gespickt habe. Außerdem stecke ich in den vor sich hin simmernden Kohl paarweis aus einem Patronengürtel frischer Schweinerippen geschnittene Rippchen, und zum Abrunden des Geschmacks gebe ich ein paar Streifchen geräucherten Bauchspecks und, da es meist von der Martinsgans schon vorhanden ist, etwas Gänseschmalz an den Kohl.

Das alles lasse ich im großen Topf so lange vor sich hinköcheln, bis der gerupfte Kohl seinen Weg durch die mittleren Töpfe in den großen hinter sich hat, und dann nur noch eine halbe Stunde lang. Ich lasse den großen Topf aber über die Nacht auf der Platte noch stehen.

Anderntags wird der Kohl in gefälligen Portionen abgepackt und eingefroren – und eine gehörige Portion wird fürs Abendessen beiseite gestellt (nicht für den Mittag; denn daß man nach einem guten Grünkohlmahle noch arbeiten könne, ist eine Mär).

Für dieses erste Grünkohlessen im späten Herbst oder frühen Winter, das ich meist mit Freunden gesellig genieße, habe ich bei verschiedenen Dorf- und Stadtmetzgern die Brägenwürste bestellt. Es gibt sie frisch oder geräuchert, rund oder lang, alle schmecken anders, jeder Bauer und Metzger hat da sein eigenes Rezept; wir haben sie inzwischen schon alle gekostet, kennen unsere Pappenheimer.

Außerdem bestelle ich dazu schlesische Blut- und Leberwürste, Grützwürste – die sind nicht so fett wie die klassischen Pinkel, aus deren Grütze das Fett nur so trieft.

Im großen Topf wird nun der Kohl langsam wieder zum Köcheln gebracht und mit den Brägenwürsten durchsetzt und beladen; erst später füge ich die schlesischen Würste hinzu, die, wenn sie zu ausgiebig kochen, leicht platzen und den Kohl allzu früh lebrig oder rotwurstig durchmischen.

Wenn die frischen und geräucherten Brägenwürste recht heiß und prall geworden sind, steche ich sie an, damit sich das aussprühende Fett mit dem Kohl vermähle.

Dazu gibt es bei mir Salzkartoffeln. Auch Pellkartoffeln sind möglich. Bratkartoffeln mag ich zum Grünkohl nicht, obwohl ich ein leidenschaftlicher Bratkartoffelesser bin. Beim Grünkohl aber liebe ich es, die trockene Kartoffel zu matschen und mit dem Grünkohl zu mischen – und tue es auch gegen jegliche Etikette.

Vor langen Zeiten übrigens aß man zum Grünkohl noch sogenannte Zuckerkartoffeln – nicht etwa süße Kartoffeln; sondern so hießen die wie Murmeln großen Kartöffelchen, die bei jeder Ernte anfallen, aber kaum zu verkaufen waren (heute gibt es die kaum noch, alles wegrationalisiert und -gezüchtet). Ihre Zubereitung war aufwendig, aber ihr Genuß entsprechend groß: Die Kartöffelchen wurden gekocht und gepellt (eine Sisyphus-Arbeit) und lose rollend in der Pfanne goldbraun gebraten.

Angerichtet wird mein Kohl auf einer großen braunen mollenartigen Steingutschüssel, die auf einer Heizplatte warm gehalten werden kann. Doch sieht man, wenn ich die Schüssel auftrage, den Grünkohl darauf kaum. Er wird überwölbt von den vielen Würsten. Denn wenn ich unter so vielen verschiedenen Würsten zu wählen habe, kann ich mich selten entscheiden, wähle mehr als nötig und denke dabei, auch meine Freunde müßten von jeder Sorte mindestens eine kosten.

Dazu trinken wir Bier, was Wunder, und Korn, Köm, Malteser oder Aquavit, alles was hell und klar ist, damit es den vom massigen Mahl verdunkelten Magen erleuchte.

Jochen Schimmang

Der niedersächsische Hahn
oder
Phänomenologie des Unterschieds

Tatort

Casstorff wirkt in Hamburg, Batic, Leitmayr und der Carlo Menzinger jagen den Verbrechern in München nach, Schenk und Ballauf denen in Köln. Klara Blum hat Konstanz und den Bodensee für sich, Frau Odenthal spielt den weiblichen Rambo in Ludwigshafen, und Charlotte Sänger und ihr Kollege Dellwo streifen durch die eiskalte Stadt Frankfurt, wo zwischen den schlanken Türmen der Banken ewige Zugluft herrscht.

Die andere Charlotte aber, unser aller Lieblingskommissarin Charlotte Lindholm (»Lotte, Lotte, Lotte, Lotte!«), gespielt von Maria Furtwängler, hat ganz Niedersachsen als Revier. Und das ist, von der Fläche her und für deutsche Verhältnisse, ein großes Land, das zweitgrößte nach Bayern, oben links ganz flach und windig, unten rechts ein Märchenwald, der von anheimelnd bis etwas unheimlich reicht. Kaum etwas sagt über dieses Land soviel wie die eben skizzierte Rollen- und Ortsverteilung in Deutschlands traditionreichster und beliebtester Folkloresendung, dem *Tatort*. Charlotte Lindholm wohnt zwar in Hannover, der Hauptstadt dieses Landes, aber als Angehörige des Landeskriminalamtes löst sie ihre Fälle nicht dort, sondern in Ostfriesland und der Heide, im Bremer Umland und in Lüneburg, wo sie geboren ist (Charlotte Lindholm, nicht etwa

31

Maria Furtwängler). Als ein früherer Schulfreund und Verehrer, heute Buchhalter in einer Lüneburger Firma, zu ihr sagt: »Du hast es geschafft, du bist weggekommen«, gibt Charlotte den so richtigen wie bedeutungsschweren Satz zur Antwort: »Hannover ist nicht New York.« Wohl wahr, auch wenn sich da aus Bargfeld Protest von seiten Arno Schmidts vernehmen läßt: »Was heißt schon New York? Großstadt ist Großstadt; ich war oft genug in Hannover.« Na ja, also da halte ich es doch lieber mit Charlotte Lindholm. Also: Hannover ist nicht New York, und Niedersachsen nicht Vermont oder Pennsylvania.

Wanderungsbewegungen

Früher war Niedersachsen auf jeden Fall ein Land, in dem man aufwuchs und dann wegging, wenn man etwas werden wollte. Falsch. *Man* blieb natürlich da und machte eine Banklehre oder übernahm das väterliche Geschäft oder schlug eine Laufbahn in der Steuerverwaltung ein. *Unsereiner* dagegen ging auf jeden Fall weg und hätte sich vermutlich damals auch nie träumen lassen wiederzukommen. *Unsereiner* ging zuerst nach Berlin (West), um dort zu studieren, und verankerte sich später im Rheinland, dem Hort und Vorposten der westlichen Zivilisation in Deutschland. Die Älteren aus der Fraktion *Unsereiner* hatten ähnliches schon vorgemacht, und einer von ihnen hat später von den Mühen solcher Bewegung beredt Zeugnis abgelegt in einem Prozeß, in dem er wegen Aufruhrs, Rädelsführerschaft und Landfriedensbruchs angeklagt war.

»Da ich aus einem finsteren Land komme, nämlich aus Niedersachsen, und zwar aus den finstersten Teilen dieses Landes, war es mir noch nicht einmal vergönnt, selbst im Rahmen der bürgerlichen Klasse nicht, die aufgeklärte Ideologie dieser Klasse zu rezipieren ... So war es sehr verständlich, daß mich mein Bildungsprozeß zunächst einmal in den Ludendorffbund trieb, so daß ich begriffliches Denken nicht anders als aus der Mystik Meister Eckharts und Roswithas von Gandersheim erfahren habe … Und so war es schon ein enormer Schritt, als ich in meiner Heimatstadt Alfeld im Jahre 1961 die Junge Union gründete und der CDU beitrat.«

Das Protokoll verzeichnet an dieser Stelle Gelächter bei einigen Zuhörern. Der seinen Weg im Oktober 1969 in einem Frankfurter Gerichtssaal auf diese Art schilderte, war der klügste Kopf, den die antiautoritäre Studentenbewegung hervorgebracht hat: Hans-Jürgen Krahl, der Meisterschüler Adornos, der seinem Lehrer wenige Monate zuvor in der *Frankfurter Rundschau* einen noch heute sehr lesenswerten Nachruf hinterhergeschickt hatte. »Er war der Klügste von uns allen«, hat Rudi Dutschke über ihn gesagt. Leider ist es müßig, darüber zu spekulieren, welchen Weg er später eingeschlagen hätte, denn ein halbes Jahr nach seinem Nachruf auf Adorno war er selber tot, tödlich verunglückt auf der vereisten Bundesstraße 52 bei Marburg.

Mein Gott, wo bin ich denn jetzt gelandet? Was hat denn dieser Gedenkstein für Hans-Jürgen Krahl, was haben denn diese Erinnerungen an längst vergangene, stürmische Zeiten mit Niedersachsen zu tun? Nun, sie zeigen immerhin, wie einer etwas werden kann (auch wenn er nicht fertig werden durfte), dessen Bildungsprozeß unter Bedingungen wie diesen erfolgte: »Denn ich erfuhr vom Direktor unserer Schule, daß Dietrich Bonhoeffer ein perverser Homosexueller gewesen sei und schon deshalb nicht im Sinne eines anständigen Deutschen interpretiert werden könnte, und ich mußte von demselben Direktor erfahren, daß alles Übel der Welt von den Engländern und den Juden gekommen sei und daß das größte Verbrechen in der Geschichte der Menschheit wohl doch der Nürnberger Prozeß war.«

Ob da wohl einer vor Gericht bewußt überzeichnet hat? Nein, hat er nicht. Es ist an der Zeit, die Katze aus dem Sack zu lassen und an dieser Stelle zu sagen, wo sich die Erfahrungswelt von Hans-Jürgen Krahl und meine eigene überschnitten haben. Jener Direktor aus Alfeld nämlich wurde Mitte der sechziger Jahre als Schulleiter an das Gymnasium in Leer/Ostfriesland verschoben, das ich damals besuchte, weil unser bisheriger Direktor wegen eines vergleichsweise harmlosen Fauxpas nicht mehr tragbar war. Wenn je irgendwo der Teufel durch Beelzebub ausgetrieben worden ist, dann in diesem Fall. Was Krahl damals in Frankfurt zu Protokoll gegeben hat, mußten wir dann als Originalton dieser Lehrkraft für Deutsch und Geschichte ebenfalls über uns ergehen lassen.

Aber wir sind ja da herausgekommen, beide, an Orte, in denen ein anderer Wind wehte und andere Bildungsprozesse in Gang gesetzt wurden: Frankfurt am Main, Westberlin, Köln, Paris sogar. Und wir sind auch wieder zurückgekommen, beide: Hans-Jürgen Krahl leider nur noch auf den Friedhof in Hannover-Ricklingen, ich selber zuerst nach Leer/Ostfriesland und dann in die feine kleine Großstadt Oldenburg, in der ich zu bleiben gedenke – gewiß nicht aus Resignation, sondern weil ich einen Ort für mich gefunden habe.

Märchenwelt und neue Zeit

Aber das klingt trotzdem alles irgendwie furchtbar traurig! Deshalb fange ich noch einmal an.
Als die Welt für mich aufging, in meiner Kindheit, krähte der Hahn. Er krähte morgens im Stall unten im Garten, hinter dem Haus Harztor 33 in Northeim, wo wir das Erdgeschoß zur Miete bewohnten. Die Hauseigentümer wohnten oben und kamen aus dem überaus ländlichen Umkreis des Städtchens Northeim, das damals auch kaum mehr als eine Ackerbürgerstadt war und wo in den frühen fünfziger Jahren durchaus noch Pferdefuhrwerke durch die Straßen zogen: neben den Insignien des aus der Asche aufsteigenden neuen Deutschlands wie dem Opel Kapitän oder auch der Borgward Isabella, die bis heute mein Lieblingsauto geblie-

ben ist. Einmal im Jahr schlachteten unsere Vermieter zusammen mit ihrer weitläufigen ländlichen Verwandtschaft ein Schwein, und dann wurde im Keller des Hauses gewurstet, und wir Mieter bekamen Weißwurst. Keine bayrische, die man warm und mit Brezeln ißt, sondern die hannöversche zum Streichen aufs Brot. Ich weiß nicht, wieweit diese Hausmacherart der Wurstherstellung heute noch den Hygienevorschriften entspräche; ich weiß aber, daß ich dieser Weißwurst auch heute noch unbedenklicher trauen würde als den Produkten der gigantischen Agrarfabriken, die ja auch eines der Wahrzeichen unseres vielfältigen Bundeslandes sind. Es versteht sich, daß bei den Schlachtfesten ordentlich gesoffen wurde, das gehörte sich sowieso in dieser Gegend und in jenen Jahren, als aus der untergegangenen alten Neuen Zeit gerade eine neue Neue Zeit aufging. Davon noch später.

Dem Kind, dem in den frühen fünfziger Jahren die Welt aufging, mußte es noch so erscheinen, als sei die ganze Welt nach dem Bild seiner unmittelbaren Umwelt gebildet. Ihm stand noch kein Fensehen zur Verfügung, das andere Weltbilder lieferte. Die Welt bestand deshalb aus nach drei Seiten der Stadt leicht hügelanwärts aufsteigenden Wäldern, dem Wieter, dem Sultmer und etwas weiter draußen dem Fachberg. In diesen Wäldern gab es noch, was man sich heute im Fernsehen anschauen muß, also zum Beispiel Füchse, von denen der eine oder andere auch mal tollwütig war und erschossen werden mußte. Man trat aus sehr verdunkelten Waldwegen zuweilen auf eine sonnenüberglänzte Lichtung, und als ich dreißig Jahre später Heidegger las und dort von der »Lichtung des Seins« vernahm, schien mir dies in dem vielen Dunklen, das dieser Philosoph mir anzubieten hatte, unmittelbar auf- und einleuchtend.

Nach Osten lief die Ausfallstraße in den Harz, direkt vor unserem Haus, nach Herzberg und Osterode und weiter an eine wirkliche Landesgrenze, nicht so eine unsichtbare Linie wie zwischen Hessen und Rheinland-Pfalz etwa, sondern die Staatsgrenze Ost, von der anderen Seite vielfach gesichert und reichlich undurchlässig. Von der Welt jenseits habe ich lange Zeit nur mitbekommen, daß wir Verwandte dort hatten. Daß wir eigentlich sogar daher kamen, eine Tatsache, die später, besonders nach dem Fall dieser Staatsgrenze, meine ganz persönliche Westbindung ins Unermeßliche gesteigert hat. Wer immer auch den genialen Begriff der Post-Adenauerschen Linken erfunden hat – ich gehöre gewiß dazu.

Zwanzig Kilometer südlich des Städtchens liegt Göttingen, und obwohl noch nie jemand in der ganzen Verwandtschaft studiert hatte und mein Bruder und ich die ersten werden sollten, war es in der ganzen Familie und eigentlich in der ganzen Stadt ein Gemeinplatz, daß das eine der berühmtesten Universitäten der Welt war und namentlich auch die besten Ärzte hatte. Deshalb wurde mein Bruder, der früh augenkrank war, natürlich an der Göttinger Universitätsklinik untersucht, und mit meinen Atemwegen – die mir später aber nicht so große Probleme gemacht haben – verhielt es sich genauso. Zugleich aber war Göttingen nach den Aussagen der Erwachsenen beinahe etwas Exterritoriales, schon halb Hessen eben, auf dem Weg nach Kassel.

Dem Kind von damals erschien natürlich auch sein Städtchen als Urbild aller Städte in der Welt: Fachwerk und Handwerk, der Abglanz einer noch in Zünften organisierten Welt. Über den Geschäften der Bäcker, Friseure, Fleischer, Schneider und so weiter hingen die Schilder der jeweiligen Innung. Wie immer man sich bemüht hat, nach guter Nachkriegssitte die Stadt kaputtzumachen, hatte sie doch zuviel Substanz an alten Fachwerkhäusern, als daß das wirklich gelingen konnte. Vom Markt, von der Mühlenstraße und von der Breiten Straße zweigten teilweise sehr enge Gassen ab. (In einer davon lag damals das Rathaus, in dem mein Vater, obwohl er nicht studiert hatte, als Stadtkämmerer arbeitete.) Gassen und Häuser, in denen weniger Geschichte versammelt schien als vielmehr Geschichten.

Wenn je einem Kind damals die Grimmschen Märchen unmittelbar einleuchtend und in keiner Weise veraltet oder exotisch erscheinen konnten, dann in jenen Teilen Niedersachsens.

Das Gewebe dieser Märchenwelt wurde allerdings zugleich durch den Faden einer viel jüngeren Geschichte durchschossen. Als ich dort groß wurde, erholte sich meine Geburtsstadt gerade von der ganz großen Geschichte, von der Neuen Zeit nämlich. Bei der hatte sie zwölf Jahre lang sehr kräftig mitgemischt. Eigentlich sogar mehr als zwölf Jahre, denn die Wähler des Städtchens hatten der Partei des Führers im vorauseilenden Gehorsam schon ab 1930 mächtig den Rücken gestärkt. Ein amerikanischer Historiker hat über die Geschichte des Nazivormarschs in dieser Stadt und seine soziologische Basis ein Buch geschrieben, das längst zum Klassiker geworden ist. Die erste Fassung dieses Buches wurde 1966 unter dem beschwichtigenden Titel *Das haben wir nicht gewollt* ins Deutsche übersetzt. Da hatte ich die Stadt Northeim schon lange verlassen, erfuhr aber auf diesem Wege zum ersten Mal im Detail, was man in meiner Geburtsstadt alles nicht gewollt, aber dennoch getan hatte.

Das heißt jedoch nicht, daß ich bis dahin nichts gewußt oder gespürt hätte. Der braune Nachhauch des Tausendjährigen Reichs war etwas, was mir auf vielfältige Weise in die Kindheit schien. Auf den Fotos, die meinen Onkel Kurt bei der Reiter-SA zeigen, waren die Hakenkreuze keineswegs nachträglich retuschiert worden. Später hat er Fotos aus dem sogenannten Rußlandfeldzug nach Hause geschickt. Man sieht Soldaten, die bei glühender Hitze irgendwo lagern, dann sieht man Onkel Kurt im Schnee im weißen Tarnanzug. Onkel Kurt ist übrigens dann im Samland »gefallen«, 23 Jahre alt, am letzten Geburtstag des Führers. Mein Vater seinerseits hatte mehr Glück. Er hat zwar auf diesem Feldzug einen Arm »verloren« (genau genommen, wurde er ihm in einem Wiener Lazarett amputiert), aber er hat überlebt. Was mir in die Kindheit schien, war auch das

Gerede über Namen in der Stadt, die eine gewisse Rolle gespielt hatten. Was mir in die Kindheit schien, war die manchmal sehr lärmende Fröhlichkeit, wenn Arbeitskollegen meines Vaters aus der Stadtverwaltung bei uns zu Besuch waren: dieses laute Aufatmen und Frohlocken darüber, alles überlebt zu haben und weitermachen zu dürfen. Die alte Neue Zeit der Volksgemeinschaft und des wirtschaftlichen Aufschwungs war abgelöst worden durch die neue Neue Zeit der Demokratie und des wirtschaftlichen Aufschwungs. Dies alles, die Geburt meiner Kindheit aus dem Geist der überstandenen Katastrophe, habe ich sehr wohl gespürt.

Die Hähne

Jetzt bin ich beinahe schon wieder bei Hans-Jürgen Krahl und seiner finsteren Kindheit und Jugend gelandet. Das war nicht meine Absicht. Sowenig ich nämlich glaube, daß Krahls Kindheit wirklich finster war, sowenig war es meine eigene. Die bestand aus dem plötzlich einfallenden Licht in den Wäldern, aus der Proustschen Poesie von Ortsnamen wie Langenholtensen, Hillerse, Höckelheim und Hammenstedt und eben aus dem krähenden Hahn im nach unten abfallenden Garten hinterm Haus Harztor 33.

Der Hahn kräht noch heute, hier in Oldenburg direkt hinterm Pferdemarkt, mehr oder weniger mitten in der Stadt also, ein paar Häuser weiter. Er ist der Chef einer kleinen Schar Zwerghühner, die der schwerhörige Nachbar hält, der abends seinen Fernsehapparat auf Straßenlautstärke stellt. Und in der Nachbarschaft antwortet ihm ein anderer Hahn, morgens, mittags, abends. Dieser schwerhörige Nachbar übrigens, ein großer, schwergewichtiger alter Herr, fährt einen ihm angemessenen großen alten Citroën und hat irgendwie Ähnlichkeit mit Jean Gabin. Womit ich beim springenden Punkt angelangt bin. Nicht beim springenden Niedersachsenroß, dem offiziellen Wappentier des Landes, sondern beim krähenden Hahn, seinem eigentlichen Wappentier und einem Blutsverwandten des gallischen Hahns. Niedersachsen ist zwar nicht Vermont oder Pennsylvania, aber irgendwie ist es so etwas Ähnliches wie Frankreich. Wie soll eigentlich ein Abkömmling des südöstlichen Niedersachsens, wie ich einer gewesen bin, einen Bewohner Ostfrieslands verstehen, wohin es mich dann im Alter von zehn Jahren durch den Umzug unserer Familie verschlagen hat? Ich meine das nicht auf der sprachlichen Ebene. Das ist das geringste Problem, weil beide da auf ihre Version des Hochdeutschen zurückgreifen können, der Südöstler auf die breite, schwerfällige Version mit dem zum »a« verwandelten »ei« und dem zu einem Zwitter aus »ö« und »ä« verwandelten »a« und der Ostfriese auf die ähnlich breite, aber nicht so schwerfällige, eher ein wenig singende Version (sind sie am Ende vielleicht die Iren Niedersachsens, diese Ostfriesen?). Sprachlich wird man sich verständigen – aber wird man auch über dasselbe sprechen? Kommen sie aus derselben Welt? Haben sie dieselbe Geschichte? Sind sie durch dieselbe Landschaft geprägt? Kurz gefaßt, können sie sich leichter verstehen als in Frankreich ein Bewohner des dahinrottenden Pas-de-Calais und einer des Departements Vaucluse in der Provence etwa? Wohl kaum.

Nun folgt jedoch nicht die Klage über die Alliierten, namentlich die böse britische Militärregierung, daß sie die Länder Hannover, Braunschweig, Oldenburg und Schaumburg-Lippe durch die Verordnung 55 zum Land Niedersachsen vereint hat. Kein Gejammer über Künstlichkeit und seelenlosen Verwaltungsakt, kein Gejammer über die Zerstörung sogenannter organischer Strukturen. Kleinstaaterei (die ich um Gottes willen nicht mit Föderalismus gleichsetze) ist seit Jahrhunderten deutsches Unglück gewesen, und den Briten sei Dank und nochmals Dank, daß sie dieses Land geschaffen haben.

Und was für eins! Durch Rheinland-Pfalz ist man mit dem Auto in zwei Stunden durch, durch Hessen auch, von

Schleswig-Holstein oder vom Saarland schweige ich lieber gleich. Und man muß schon scharf hingucken, um bei dieser Spritztour zu sehen, daß sich an der Landschaftsformation, am Licht, am Baustil – mit einem Wort: an der Art, wie die Welt aufscheint – irgend etwas ändert. Man lese dagegen einmal die folgende lexikalische Beschreibung der niedersächsischen Geographie:

> Niedersachsen hat im Nordosten eine natürliche Begrenzung durch die Nordsee und den Unterlauf der Elbe. Ausgenommen hiervon ist das Amt Neuhaus, das nördlich der Elbe liegt, und die südelbischen Teile Hamburgs. Als Enklave auf dem Landesgebiet liegt das Land Bremen mit den Städten Bremen und Bremerhaven. Im Südosten verläuft die Landesgrenze quer durch den Harz, ein deutsches Mittelgebirge. Der Nordosten und der Westen des Landes – insgesamt rund ¾ der Landesfläche – gehört zur Norddeutschen Tiefebene, der Süden zum Niedersächsischen Bergland mit dem Weserbergland, dem Leinebergland, dem Schaumburger Land, dem Braunschweiger Land, dem Untereichsfeld, Elm und Lappwald. Im Nordosten Niedersachsens erstreckt sich die Lüneburger Heide. Während dort ärmere Sandböden (Heide und Geest) dominieren, finden sich im Osten und Südosten in der Hildesheimer Börde mithin die besten Böden Deutschlands. Unter diesen Voraussetzungen (lehm- und sandhaltigen Böden) ist das Land landwirtschaftlich gut erschlossen. Im Westen des Landes liegen das Emsland, das Oldenburger Land, das Oldenburger Münsterland und – an der Küste – Ostfriesland.

Am Ende wird es etwas kurzatmig; das ist so bei Enzyklopädien im Internet, die der ständigen Überarbeitung unterliegen. Man darf also erwähnen, daß die letztgenannten Landesteile landwirtschaftlich – in Form der Viehzucht und der teils daraus resultierenden Agrarfabriken – ebenfalls gut erschlossen sind. Aber die nicht ganz ausbalancierte Beschreibung des Landes hat durchaus etwas Sympathisches. Jedenfalls merkt man, wenn man das liest, sofort: *Ein großes Land, dieses Niedersachsen, und so vielgestaltig!*

Land der Bilder

Ein Land fürs Kino, und ich frage mich, warum nicht mehr Filme in Niedersachsen angesiedelt sind, road movies vor allem. Einer könnte am sehr frühen Morgen hart an der holländischen Grenze beginnen, wenn noch der Dunst auf den Wiesen des Rheiderlands liegt und der Held, neben seinem Auto stehend, ein Schwanenpaar beobachtet. Eine andere Szene sieht ihn im strahlenden Sonnenschein an einem Samstagvormittag auf dem Markplatz von Rinteln, der voller Menschen ist. In diesem Gewühl verliert er die Spur des älteren Mannes, den er befragen möchte, denn wie alle road movies hat auch dieser irgendwie mit einer Suche zu tun. Wir sehen ihn in der Dämmerung durch die Industrielandschaft von Salzgitter irren. Nachts schläft er in seinem direkt vorm Backsteinbau des VW-Werks in Wolfsburg abgestellten Wagen und wird morgens unsanft geweckt. Eine Spur hat ihn später nach Göttingen geführt, wo er in einer Studentenkneipe mit einem seltsamen Buckligen ins Gespräch und ins Trinken kommt, der am Schluß sagt: »Mir tut es allemal weh, wenn ein Mann von Talent stirbt, denn die Welt hat dergleichen nötiger als der Himmel.« Unser Held weiß, daß er das schon einmal irgendwo gehört oder gelesen hat, aber er kommt nicht drauf. Seine Spur führt ihn weiter an die alte Staatsgrenze Ost, nach Walkenried, wo vor einem Gasthaus ein Werbeschild für Lux Filter steht. Mein Gott, denkt unser Held, das ist doch vierzig Jahre her, das waren die ersten heimlichen Zigaretten zusammen mit dem Freund am Waldrand. Daß es das noch gibt. Aber hier an der Grenze gibt's überhaupt noch vieles, was anderswo längst verschwunden ist. Selbst die Grenze gibt es noch, wenn auch nur als Museum.

Die flüchtige Liebesgeschichte, die natürlich auch zum road movie gehört, spielt sich in der Lüneburger Heide ab, irgendwo zwischen Soltau und Munster, wo zur gleichen Zeit ein Herbstmanöver stattfindet und in der Abenddämmerung die Erika glüht. In Hannover macht sich unser Held auf die vergebliche Suche nach der Kneipe, in der er vor Jahrzehnten (ein paar Jahre nach Lux Filter, gewissermaßen) einmal mit Schulfreunden zusammen einen Abend lang glücklich gewesen ist, weil sie wußten, daß das Leben groß und schön ist und alle eine glänzende Zukunft hatten. Das vorletzte Bild zeigt seinen Wagen am Ufer des Dümmer Sees, wie er nicht mehr anspringen will. Es ist Mittag, und er macht sich mit seiner Tasche auf den Weg zur nächsten Straße, um per Autostop weiterzufahren. Das letzte Bild zeigt ihn in der Abenddämmerung auf dem Oldenburger Gertrudenfriedhof, der vom Verkehr zweier Ausfallstraßen umspült wird, wie er, eine Flasche Bier mit Bügelverschluß in der Hand, auf der kleinen Bank direkt vor dem schon leicht verwitterten Grabstein Horst Janssens sitzt und die eingemeißelte Inschrift liest: »Mir tut es allemal weh, wenn ein Mann von Talent stirbt, denn die Welt hat dergleichen nötiger als der Himmel.« Jetzt weiß er endlich, daß der bucklige Mann, den er in Göttingen getroffen hat, Georg Christoph Lichtenberg hieß und eigentlich schon lange tot ist.

Genug. Für die Story bräuchten wir einen guten Drehbuchschreiber. Ich bin nur für die Bilder zuständig, und von denen ist dies hier nur eine kleine Auswahl. Denn es fehlt der Sonnenaufgang über dem Meer bei Wilhelmshaven, den der Held sieht, die gebeutelte Stadt im Rücken und den Blick auf die offene Nordsee vor sich. Die lange Fahrt auf der B 3 habe ich auch noch nicht erwähnt, ein Straßenband, das sich durch sanftes Hügelland zieht und auch an den Teilen Niedersachsens vorbeiführt, die Krahl als die *finstersten* bezeichnet hat. Wer dann aber am ersten wirklichen Frühjahrstag des Jahres mittags durch Alfeld geht und sich von der Sonne wärmen läßt, kann hier zwar eine gewisse Verschlafenheit finden (die sich so vielleicht auch nur dem Besucher präsentiert und außerdem der Tageszeit geschuldet sein mag), eine ganze Reihe leerstehender Geschäfte und zum Verkauf stehender Häuser dazu, wirklich Finsteres aber nicht. Charlotte Lindholm hat meiner Erinnerung nach in Alfeld noch nicht ermittelt.

Ein Land der Bilder also und nicht allein der Kinobilder. Künstlerkolonien haben sich in Niedersachsen seltsamerweise allein im Nordwesten niedergelassen, in Dangast, in Fischerhude, in Worpswede. Daß die herben Landschaftsformationen der Norddeutschen Tiefebene einen mächtigen Impuls auslösen, sie in die Sprache der Malerei zu übersetzen, verwundert nicht. Verwunderlich ist, daß die anderen in dem zitierten Lexikonartikel besungenen Teile des Landes ihren Maler noch nicht gefunden haben. Einen Cézanne bräuchten sie vielleicht, jemanden, dem es gelänge, hinter die Lieblichkeit und Sanftheit dieser gemäßigten Höhenzüge vorzudringen, ihre Tiefenschichten und ihren verborgenen Geist freizulegen.

Exkurs nach Andorra

Richtig, da ist ja noch diese Sache mit der Enklave auf niedersächsischem Gebiet. (Das hat sonst nur noch Brandenburg zu bieten.) Dieses Bremen und Bremerhaven – eigentlich sind es ja zwei Enklaven, weil die beiden Städten territorial nicht zusammenhängen – ist so etwas wie unser Andorra oder San Marino. Wenn man beim französischen Vergleich bleiben wollte, müßte man statt dessen natürlich eigentlich Monaco nennen, aber die enormen Unterschiede in der Finanzkraft und im Glamour erlauben das nicht. Also bleibt es dabei: Andorra oder San Marino. Mental haben wir das übrigens längst eingemeindet. Für mich bleibt an dieser Enklave einzig ärgerlich, daß die Borgward Isabella, dieses schönste aller Autos, eben in Bremen gebaut wurde und deshalb kein niedersächsisches Fabrikat war.

Und was stiftet nun die Einheit des Landes, außer der Tatsache, daß der Hahn überall kräht?

Im Fall Frankreich ist es klar: *la baguette, le pastis* und *le croissant* sind kultische Nahrungsmittel, die dem Bewohner von Lille ebenso selbstverständlich und unhinterfragt sind wie dem von Arles. Mit Vergleichbarem kann das Land Niedersachsen nicht aufwarten. Unter niedersächsischem Brauchtum wird zwar, neben dem unumgänglichen Schützenfest, oft auch das Grünkohlessen geführt: aber das ist keineswegs ein landesweiter Ritus, und die längste Tradition darin, so verrät es mein Internetlexikon, können ohnehin die Bremer aufweisen. (Das Schützenfest ist übrigens auch eher ein Spezifikum der östlichen und südlichen Landesteile, im Nordwesten dominieren andere – herbstliche – Volksfeste.)

Frankreich hat den 14. Juli. Der ist überall und landesweit, ist Rausch und Tanz und pure Lebensfreude. Niedersachsen hat den »Tag der Niedersachsen«, bei dem es sich erstens um ein ganzes Wochenende handelt und der zweitens jedes Jahr in einer anderen niedersächsischen Stadt stattfindet. In den Jahren 2002 und 2003 etwa wurde er sukzessive zuerst in meiner Geburtsstadt Northeim und dann in meiner Jugendstadt Leer ausgerichtet, nacheinander also an den beiden äußersten Enden des Landes. Gedacht ist das als ein Kulturfest, und als offizieller Zweck dieses Festes wird angegeben, »die Gemeinsamkeit und die Zusammengehörigkeit der Niedersachsen zu steigern und das Landesbewußtsein zu festigen«.

Wenn das nötig ist, in organisierter, gleichsam offizieller Form, scheint es nicht so weit her zu sein mit der Einheit des Landes. Um so mehr aber mit seinen Unterschieden, und das ist eigentlich sehr viel mehr wert. Mit einer niedersächsischen Leitkultur wird es noch weniger klappen als mit einer deutschen. Innerhalb Deutschlands ist dieses Land vermutlich das leuchtendste Beispiel einer differenzierten Phänomenologie des Unterschieds, des Fremden in der Nahdistanz. Zwischen einem windzerzausten und meilenweit sichtbaren Ort an der niederländischen Grenze und einem versteckten Dorf im Harz liegen nicht nur von der Landschaftsformation her Welten. Sie speisen sich auch aus einer sehr unterschiedlichen Geschichte. Es ist gewiß weder Blut noch Boden, was sie zusammenhält, und das ist gut. Was sie zusammenhält, ist die segensreiche Verordnung 55 der britischen Militärregierung, und es sind die Landesgrenzen. Von denen hat Niedersachsen mehr als jeder andere Staat sonst in Deutschland: Es grenzt an neun andere Bundesländer und an die Niederlande. Der Unterschied blüht also, innerhalb des Landes und jenseits seiner zahlreichen Grenzen. Das darf man feiern.

Hugo Dittberner

Das Rauhe
als Herausforderung des Gedichts
Eine Annäherung an mein Land

Das Land, das man sieht, ist da; und das Land, das man nicht sieht, ist da. Ein Land muß man finden können, heißt es ja; und es heißt, was das Land eigentlich ausmacht, kann man lange suchen. Niedersachsen gilt trotz aller Erhebungen für das flache Land; sein Erhebendes kommt aus der Ferne, von Küste und Heide, vom Flußlauf der Weser und fast auch der Leine, vom ewigen Mittellandkanal und von Höhenzügen, ja Mittelgebirgen am Horizont zum anderen Ende. Und sein Erhebendes ist Erbe, Weltkulturerbe wie das deutsche Wattenmeer und die Wolfenbütteler Bibliothek, die Herrenhäuser Gärten, aber auch Rattenfänger und Lügenbaron, aus neuerer Zeit der Wolfsburger Volkswagen, Hannovers Bahlsen-Keks, Pelikan-Füller und Grammophon-Schallplatte etwa, die Messe. Und was, ist die Frage, gibt es außerdem an Erhebendem, überall in Niedersachsen das Land zum Ganzen Erhebendem, und gibt es das überhaupt?

Das wohl soll die künstlerische Erhebung, die literarische zumal, bringen: erfinden, so daß es vorstellbar werde: herausgefunden, herausgespürt, herausgeprüft und schließlich auch wirklich da, als Erscheinung oder Befund, die das Ganze, Niedersachsen eben, ahnen, wünschen und in Frage stellen lassen, so daß das Herz, das nun gefundene, voll ist von ihm und überfließt zur Feier. Wozu es freilich die Erfindung des Ichs braucht; denn das Literarische kann nur das Persönliche sein, das sich geltend macht. Und insofern Erfindung und Geltendmachen Prozesse sind, gehört zu diesem literarischen Persönlichen immer auch Historisches, die Legende vom Anfang, Fortgang, Station; mein Ortstermin.

Da ich etwa gleich alt bin wie die Feststellung des Landes Niedersachsen, hier geboren, aufgewachsen, mit Ausnahme weniger Jahre bis heute geblieben, möchte ich einige Vierzeiler aus einem Zyklus zitieren, den ich unter dem Titel »Heimat Nachkrieg« zum sechzigsten Geburtstag meines Freundes Jan Knopf geschrieben habe, um ihn zu erinnern, wie wenig die Schmuckformen, in denen sich heute das Land wahrnehmen und ins Bild bringen läßt (so verspielt oder verwahrlost oder zum Rande verkommen sie sein mögen), die frühe Erfahrung meines Bewußtwerdens, ja, so nüchtern will ich es sagen: meines seelischen Haushalts noch ahnen lassen. Gewiß, es gab Fülle von Anfang an: am Himmel die Himmel; es gab die vielen Maikäfer; es gab die üppig verwilderten Landstriche, zu Berg und Tal gelassen; den vollen Gesang in den stehengebliebenen wie in den provisorischen Kirchen (und waren sie auch Bunker); das trotzende Leben in überfüllten Baracken, Wohnungen und Häusern; es gab Flüchtlinge, Vertriebene, Evakuierte; Dialekte: viele, viele Rubriken der noch einmal triumphierenden Bürokratie – und übrigens an allen viel Kleidung (und war sie noch so lumpig oder zusammengeschustert); es gab Schlangen vor den Kolonialwarengeschäften mit Milchkannen, ohne, Schlangen vor Bäckern und Schlachtern, erst recht vor Lichtbildstellen (zum »Durchleuchten«) und Lichtspieltheatern und später Kinos (zum Schauen des fernen Grandiosen).

Es gab also Fülle in den Städten, in der Landschaft, über ihr und in der Enge der Lager und Stadien. Aber an jeder Ecke konnte sie ausbrechen, die Leere, und dazu einladen, zwischen den Pfützen auf riesigem Asphalt, auf frischen und oft noch oder fast noch dampfenden Teerdecken verlorenzugehen. Ein Leben mit Dampfwalzen nebenan war

das, berüchtigt aus Metaphern und Witzen. Und trotz aller
Dampfwalzen gab es immer noch genug bloß festgestampfte
Erde, nur mehr von Ruinen und Schutt und den Leichen des
Vorigen geräumte und dem nicht lange fackelnden Ord-
nungssinn oder der Verwahrlosung und Verwilderung über-
lassene Plätze, Flächen, Lücken, die auf den Verkehr warteten und gerade nicht auf mich.

Orte waren es, zu denen ich nicht am Sonntag kommen
durfte, nach den Vermißtenmeldungen im Radio, wenn auf
den Listen der Gefundenen und Heimgekehrten der Vater
wieder nicht aufgetaucht war. Orte, an denen man nicht
zum Spielen finden konnte und die doch magisch anzogen
und mit einem Unnennbaren, Gähnenden herausforderten,
den Kampf mit dem Fehlenden zu wagen, den Ton für Lük-
ken und Pausen zu finden. Noch ehe später die Angebote
zur Langeweile und zu ihrer existentialistischen Überhö-
hung oder zum Fußball und seiner entgrenzenden Begeiste-
rung lockten. Aber, plötzlich einmal oder halt immer wieder oder einfach für immer allein gelassen, war man so groß
mit Hut, wie jene Zeigefinder und Daumen der Hartgesot-
tenen leicht zeigen konnten. Und irgendwie gehörte gerade
das zu dem Land, in dem man aufwuchs – und das darauf
wartete, erworben zu werden.

Aufträge

Die Treppe runter zum Keller
Abgebrochene Stufen Kartoffelmuff
Kohlenstaub und ein Atemzug
bei den eingelegten Gurken

Nachkrieg

Am Mittellandkanal
Der Dackel schwamm
zwei Brücken weit
Entdeckte man die Öde

Station

Am Zaun steh ich mit dem Roller
Wem gehörte denn dein Roller?
fragt der Großvater aus den Rosen
hinter dem Maschendraht laut

Verlobt

Sommer auf dem Dreckberg
Mitesser quetschen Alte
Herren! rief sie unter
huschenden Schatten

Süße Kindheit

Kompottgläser Mirabellen
aus dem letzten Kriegssommer
Die Schürzenjäger waren
schon lange gefallen

Heimat

Unglaublich, die Hagebutte vorm Fenster,
die große Hecke, durch die fremde
Hunde brechen, das Juckepulver, das Nolde-
Rot: alles sammelt der Teebeutel!

Schüler 59

Im Kino zogen die Kraniche
über die Kaimauern Schöne Augen
suchten den weiten Himmel
und zählten mit uns die Eins.

Kurze Gedichte

Und er erwähnte die Anfänge
in den vierziger Jahren
Konferenzen vor Kohleöfen
Gänge als Ich und Wir

In der Ferne

Auf den Buhnen draußen
standen Romanzen
Der Inselkrümmung folgend
gingen Leute spazieren

Wahrscheinlich ging es bei der Herausforderung aus dem
skelettierten Land um Rauheiten mehr als um Roheiten.
Der übers Land gejagte Lastverkehr, die Rabiat-Frisuren
der Bäume, sogenannte Kopf-Weiden und Kopf-Linden ...
Sie sprechen mit, noch immer. Das Rauhe ist da, wie das
gemeine Dummstellen und der Lärm da sind, landesüblich.
Und gerade am Rande der Schönheiten, mit ihnen: vor der
lila Heide, vor dem dunklen Harz und der weiß schäumen-
den See unter großem Himmel; oder vor den Leuchtbauten
aus Backstein und Fachwerk in den Innen- und Schmuck-
städten, vor Worpswedes Farb- und Formen-Symphonien.
Das Rauhe ist eben da, wie die stete Ermunterung des älteren Bruders: Stell dich nicht an! Wie man dazu schweigt,
wie man darüber redet, wie man redend schweigt und
schweigend spricht, das stiftet Heimat, das Land in Rufweite. Das investiert mein Gedicht, das schenkt die unver-
geßliche Poesie der Bootsanleger und Kanäle.
    Trauer schwärmt mit im größten Schützenfest der Welt;
Schmerzliches klingt an, denn was heißt Wolfenbüttel, o
Lessing! Ein Innewerden hilft. Man nimmt einen Duft,
einen Klang, einen Namen ins Verlassensein auf und läßt sie
dort herrschen. Nun gibt es die rettenden Kristallisationen:
Wilhelm Busch in Ebergötzen, Wilhelm Raabe in Braun-

schweig, Arno Schmidt ..., ihr wißt es ja. Es gibt den tausendjährigen Rosenstock am Hildesheimer Dom; das schwer
geküßte Gänseliesel in Göttingen. Und es gibt die Lektio-
nen der Fehlenden, des Fehlenden überall im Land, die Leh-
ren der Rückseiten, von Haus- und Tunnelwänden. Die
Nachrichten von Gottes Tod, nur – rauher.

David Ronsheim, Viehgeschäft

Die Augen sehen wenig,
Stellen im Tag.

Häuser der Reihe, Grabsteine,
zurück im Glied,
verstreut im Obstgarten,
draußen am Hang.

Die winkende Hand –
einzige Zeugin, weiß wer.

Rückfronten von allerlei,
das noch im Plan
existiert.

Aus Kupferschlacke geborgne
Stelen und Stücke; alten
Meßblättern bekannt als
Begräbnisplätze.

Ein veritables Schild.

Und ein wahres:
die übermalte Inschrift
deutlich werdend.

Lieber Gott, laß die Sonne wieder scheinen, sang es aus Radio und Pastor der Kindheit. Es gibt kein Bier auf Hawaii,
grölte das Abitur. Die Geschichte des Fehlenden wurde aufgesucht und nachgetragen und zieht aus Lexika das Dage-
bliebene und Neuentstandene des Landes ins Gespräch.

Dem Spruch vom Bösen bis ins dritte und vierte Glied
leuchtet die Hoffnung heim und hat den Klang der Liebe
gefunden, wenn sie nach langem Räuspern spricht. Nun
singt man wieder mehr Strophen; nun sind wir an der Reihe,
Nachgeborne, neu Gebildete; und doch noch immer mit
dieser einen langen Strophe der Sorge im Kopf:

Das alte Instrument

Nebel schwillt den Häusern zu,
natürlich Töne, die rüde Stimme spricht,
und ist kein Ich, nur haltlose
Entfernung, porentief
empfunden, als wär's noch nicht geschehn.
Der Donner zieht ins Weite, hört man,
wie einst der Lumpenhändler,
wie alle Witzeerzähler.
Sorgsam kämmt sich die Jugend
steil, fürs Dorf nicht, aber
jetzt gerade. Die Sägen sind stumm,
wegen Nebels geschlossen, den
letzten Fingern fern, dem Wetter
gram, sehr gram. Ein übliches Gefühl
kommt aüf, ein altes Instrument
ertönt, als gäb's nur eins,
jemand ist Tischler, zum Beispiel,
und trinkt entschlossen den Kaffee,
trinkt jetzt die beste Zeit.
Aus Höhlen drohen Größen,
in diesem Maßstab.
Die Gaststätten ergeben sich.
Alles wird wieder redlich, wegen
der Ausländer. Der alte Sturm
schlendert durch sein Gebiet,
Übrigens, er hat ein Haus
Und hat genug zu zehren.

Und plötzlich werden wir zurückhaltend – und lassen die rauhe Leere, eine andere zwar, die seelische, wieder durch. Die Namen sagen es doch fast schon, ihr Roden und Hausen. Und Eschede steht eben für die Geschichte der ganz modernen Beschleunigung. Wenn man jung ist und alt, möchte man die Namen nur nennen und für sich sprechen lassen. Bergen-Belsen, das war ein Besuch mit dem geliebten Lehrer. Der von seinem Jahr des Verstecktseins erzählte, mit dem Blick auf einen deutschen Kirchhof, der Limericks und ein anderes Lachen herbrachte, der Oberstufe wahre Lieder sang und bei Klassenarbeiten hinausging und zu immer neuen Urteilen wiederkam. So hatte ich sein Gesicht und lernte seine Druck-Schrift von der Tafel. Nun sprachen die Namen anders. Und noch immer steht man rätselnd und staunend unter den Düsenjägern und wartet auf den Reim.

Der freilich kommt auch nicht in dem Gedicht, das ich einst schrieb, als mein niedersächsisches wohl, noch ins Stammbuch der Ansässigen und langsam genug:

GUTE MENSCHEN UNTERWEGS

»Sie sind ein guter Mensch!
Das hab ich gleich gesehen!« sagte die weißhaarige
alte Dame mit den gletscherblauen Augen, fast blind,
als ich die Heizung auf WARM stellte;
»Ich liebe Grün, die Berge, Weiß, Wälder; mehr brauche
ich nicht.« Wir fuhren im Zug durch die Dämmerung.
»Haben Sie Familie?« fragte die alte Dame und schlug
ihre Beine unter einem grobgewebten Wollrock übereinander.
»Nein«, sagte ich. »Dann passen Sie auf sich auf!« sagte sie
und lächelte; »Ich fahre nach Börßum, wo ich vor 52 Jahren
                                                         war;
nach meiner Hochzeit.«
»Könnten Sie mir in Kreiensen den Koffer aus dem Zug
heben?« »Ja«, sagte ich und lächelte. Wir sprachen
über Preise und abgelegene Dörfer, in denen man sich

einspinnt; sie zog ihre Handschuhe an und aus, ihre weißen
                                                        Haare
rutschten unter dem Hut hervor, sie sah stürmisch aus,
unterwegs in einem Abenteuer, mit ihrem Regenmantel
in diesem schönen Maiabend; und zwischendurch
sprachen wir über gute Menschen wie wir,
denen man es ansieht.

Das Rauhe fordert das Gedicht heraus; oder fordert die
Liebe zum Gedicht die rauhe Außenhaut, wie die Niedersachsen gern glauben? Jedenfalls versucht eine unserer Lieb-
lingsformeln die Aufhebung des Rauhen: rauh, aber herzlich wollen wir sein, soll es hier zugehen; was signalisiert: es
sind nicht die harten Knochen, es ist nicht der Dickschädel,
der stur gerichtete Mensch: es ist nur die harte Schale, das
rauhe Klima; der Nordnordwest über der Nordsee und seine
Ausläufer, die mühelos bis zum Harz stürmen, um sich dort
erst recht zu verfinstern. Ein gewisses Etwas ward so, aufge-
sogen mit der Muttermilch schon und von klein auf wieder
von sich gegeben wie der Wetterbericht.

GERÜSTGESCHICHTEN

Der Dachdecker der sonst die
Ziegel runterwirft

Pinkelt heute im
Bogen bis hin zur Fichte
den Strahl aus Orange

Keine Sorge! Schreit
Lena Ich brauch grad Farbe
für meinen Drachen!

Alles scheint ein wenig Teil der einen großen Auseinandersetzung, ob es hier zieht oder nicht; ob man im berüchtigten
Zug sitzt; ob es so was wie Zug überhaupt gibt (in England
offenbar nicht, erzählen Emigranten); oder ob man einfach
in einem Zug sitzt und nur auf der Durchreise all das Nie-

dersächsische aus dem Fenster sieht. Und wer sich entscheidet, dann eben unterwegs zu sein, auf Reisen im Nichtauszuhaltenden, der hat schon fast seine Therapie gefunden (wie einst noch im Kutschenzeitalter der gute Heine zwischen Göttingen und Lüneburg, im Harz und auf Norderney), damit es nicht wie im Refrain so vieler deutscher Landschaften und Dichter tragisch oder im Schlager endet.

Wenn aber die Lebens-Reisen die Entfernung als Annäherung suchen und nicht gleich mit einem großen Satz in den Süden springen, um sich mit paradiesischen Umständen zu sanieren, führt diese Reise naturgemäß zum Ursprung des Rauhen zurück, an die rauhe Küste der Nordsee. Auch weil dort noch ein hergebrachtes Ganzes zu finden sei, ein ewiges Ferienganzes, in dem Rauheit und Schönheit, Lebendiges und Sehnsüchtiges elementar zusammenklingen und das Inbild des rettenden Verlebendigens im Übersetzen zur Insel zu finden sein soll. War man hier nicht immer wieder, um den roten Faden neu zu fassen, der uns in alte Frische führt, indem wir das Ewige, so scheint es doch, in Form der berückenden Bilder vom schier Unvergänglichen aufnehmen und glauben, weil ihnen kein Veralten von Generation zu Generation etwas anhaben kann; denn Ebbe und Flut und die Treue der Friesen lassen nichts endgültig sein.

Ewig die Stimmung

Himmel die ich erlebt habe
die noch vom Foto atmen
nicht nur den Booten zuliebe
unter ihnen den weißen Wolkenhimmeln
der Marschhöfe der Moorlandschaft
und einiger Pappeln wohl
hinter den Sielen
mit ihrem weithin gekräuselten Wasser
oder den blanken Fehn
darin die dunklen Muster
schwarzweiße Kühe hingebaut wie das Gewölk

angeläutet von Glockentürmen
die wir besichtigen werden
jedes Jahr neu im Spülsaum
sich hinziehender Strände
uns verlierend.

Zu der See aber gehört ihr Jenseits, daß auf ihrer anderen
Seite, über den großen Kanal hinweg das Land liegt, dem
man aufgrund der Geschichtserzählung besonders verbunden ist – und um so mehr als dort, auf dieser großen Insel,
Geschichte gelungen, besonders gelungen scheint und die
vornehme Existenz ihrer Wunsch-Form zugeführt ward.

Ein Georg

Ich werde Engländer; verkaufe
Hannover, erwerbe Oxford; werde
unübersichtlich im schmalen wilden
Garten beim roten Efeuhaus.
Führe ein schwerhöriges Leben
unter Vögeln, vor dunklen Möbeln,
zum Schlag der großen Pendeluhr.
Lasse die Tinte rückwärts laufen.

Wenn wir endlich von der rauhen Küste und ihren ewigen
Schönheiten und Sehnsüchten zurückkehren ins Landes-
innere, durch Heide und Tiefebene, Flußlandschaft vor Berg
und Wald, wie sie heranrücken und sich zurückziehen, um
Feldern und Wiesen und den Pferden Niedersachsens Platz
zu machen, entdecken wir wieder die so suggestiven, schwer
erarbeiteten, ja hochgezüchteten Schönheiten des Landes,
wie sie durch Kultivierung der Moore, Kiesabbau und Re-
kultivierung der Gruben zu Seen, durch Anbau von Getrei-
den, Beweidung, durch die Grenzkunst von Gemarkung
und Gartenkultur, durch Aufforstung und Einfriedung großer Landstriche zu Naturschutzgebieten als Landschaft erst
einmal gewonnen wurden.

Lerchen über uns

Wie Rapsfelder sind wir,
klar umrandet und in Blüte.
Unser Gelb leuchtet wie einmal
das Grün dunkelt naturschön.
Hier und da unsre Muster
aus Gülle und sprühender Kunst:
Noch gelbere Zungen dann, gelbere
Gelbs, leuchtende Landebahnen.

Neue Generationen nehmen Platz und beleben das Gegen-
wärtige mit neuesten Sensationen und alten Mythen, mit
romantischen Motiven, die so weit entfernt scheinen von
der eigenen Ruinen-Jugend, stärker bedroht freilich von
einer fernsehgerecht kollabierenden Zukunft als von jenem
Gründungsschock der rauhen Leere, der aus Ruinen zu er-
ahnenden und dann mit der Zeit rekonstruierten Katastrophe der Vergangenheit, wie sie die Erfahrung meiner Generation grundierte. Als hätten wir es nun mit einer neuen
Leichtigkeit des Seins zu tun, die noch Skeptische angreift.

Waldjugend

Der Sohn des Nachbarn grüßt in klarer Luft.
In der Nacht waren sie Schlittschuh laufen
auf dem Waldteich, bei Kerzenlicht und Kuchen:
drei Freunde und ein braunäugiges Mädchen.

Georg Klein

Die Pferde der Kinder

Die Kinder wissen es nicht. Unsere Kinder wissen nicht wirklich, wo sie ihr Leben verbringen. Letzte Nacht erreichte der fremd gewordene Mond erneut seinen Tiefstand. Nach drei Wochen lotrechten Aufstiegs, nach vierwöchigem, ebenso senkrechtem Sinken klebte seine gewaltig nahe Kugel wieder auf dem nördlichen Horizont. Dort, am unteren Wendepunkt seiner für mich noch immer schaurig neuen Bahn, besitzt er die größte Leuchtkraft. Keinen von uns Altweltlern läßt das blaustichige Strahlen zur Ruhe kommen. Niedrigmondlicht nennen wir es, um zumindest den Trost eines Namens zu haben. Schlaflosigkeit treibt uns bei Niedrigmond zusammen, und palavernd rettet sich unsere dreizehnköpfige Runde bis in den Morgen. Auch zurückliegende Nacht blieb es, während die Kleinen schlummerten, nach langem Hin und Her dabei, daß ihnen alles Wesentliche weiterhin verschwiegen werden soll.

Das muntere Häufchen, die vier Knaben und unsere drei kostbaren Mädchen, scheint das Fehlen von Vergangenheit nicht zu bekümmern. Der Wurmberg, der einmal die höchste Erhebung eines stolzen Territoriums war, den Orts-, Fluß- und Flurnamen als ein Dickicht eigener Art umschlangen, für die Kinder ist er schlicht ihr Zuhause. Jetzt, bei Niedrigmond, zieht sich das Wasser weit zurück, und unsere Restwelt erreicht ihre größte Ausdehnung. Die Kinder spielen schon den ganzen Tag unten am Ufer. Nur noch die stärksten Böen des Sommerwinds tragen ihr fröhliches Geschrei den Hang hinauf an den Bunkereingang. Aus irgendeinem dummen Grund ist es mir und den alten Män-

nern nicht gelungen, den Eingang unserer Behausung bei-
zeiten in Bergtor oder Bergtür umzutaufen.

Die Kinder vergnügen sich an der Grünen Rutsche. Nur
bei Niedrigmond liegt die feuchtglänzende Rampe gut hundert Schritt lang frei. Sie steigt aus dem Wasser auf, um an
ihrem oberen Rand schwarzzackig abzubrechen. Die Gleit-
schicht besteht aus festen, kurzfasrigen, an der Luft schmie-
rig werdenden Algen. Es würde nichts ändern, den Kleinen
zu sagen, daß ihre geliebte Grüne Rutsche ein Stück Fahrbahn darstellt. Sie wissen ja nicht, was eine Straße war. Der
alte Kirchhoff behauptet, es handle sich um ein monumen-
tales Fragment der Bundesstraße. Rund um den Wurmberg
sei einzig die Bundesstraße so breit gewesen. Uns anderen
Altweltlern, den Greisen und mir, malt Kirchhoff gerne aus,
wie das imposante Bruchstück gleich einem riesigen Surfbrett
den Berg hinaufgeschwemmt wurde. Kirchhoff ist unser
Romantiker und der Einzige, der dem schaurigen Pendelhub
des Mondes die Schönheit des Neuen abzugewinnen weiß.

Da kommt er, als hätte er gespürt, daß ich an ihn denke.
In einer guten halben Stunde sollen wir beide den nervösen
Schmidt und tattrigen Buhr als Kinderwache ablösen. Obwohl Kirchhoff an die Achtzig sein muß, hat sein Schritt
etwas Federndes, fast Hüpfendes. Seine Kameraden schwö-
ren, erst unter den hiesigen Umständen habe er sich diese
späte Munterkeit erworben. Zuvor sei er ein übellauniger
alter Kerl gewesen, so hypochondrisch, daß man zuletzt sogar erwogen habe, ihn nicht mehr zur jährlichen Harz-Tour
einzuladen. Der Herrenwanderclub ›Gut Fuß, Saxonia!‹,
zwanzig Gymnasiallehrer im Ruhestand, nahm den Wurmberg am letzten Morgen der Altzeit in Angriff. Auf halben
Weg teilte sich die Gruppe. Ausgerechnet Kirchhoff, bislang als miesepetriger Schlurfer verschrien, habe damals die
Leistungsfähigeren zu ungewohnt forschem Marschieren
angespornt. Nur diese Vorhut, Kirchhoff und elf weitere
pensionierte Pädagogen, konnten sich rechtzeitig an meine
Arbeitsstelle, zu mir in den Bunker, retten.

Kirchhoff raucht. Die Lehrer waren ohne Ausnahme Nichtraucher, sind alle erst hier oben auf die Kippen gekommen. Kirchhoff treibt es am schlimmsten und ist wirklich nie ohne eine Zigarette zwischen den Lippen anzutreffen. Weil er das Extremrauchen erst als alter Mann aufgenommen hat, sieht es reichlich geziert aus. Kirchhoff sagt selbst, er sei Kunstpaffer, und tatsächlich entzückt er unsere Kleinen damit, daß er verschieden große Kringel aus dem Mund pusten kann. Das mag so weitergehen. Unser Vorrat an Tabakwaren ist ungeheuer. Auch die Kinder, die, von unserem schlechten Vorbild verleitet, diesem Laster gewiß zeitig verfallen werden, können die vielen tausend Glimmstengel, die hier oben, die im Landeswehrdepot Südost eingelagert wurden, zu ihren Lebzeiten nicht verbrauchen.

Es gäbe auch noch Hochprozentiges. Noch birgt der Bunker acht Kisten, voll mit einem regionalen Getreidekorn, dessen Name schon in meiner Kindheit durch einen holprig einprägsamen Werbeslogan in ganz Deutschland sprichwörtlich geworden war. Ich habe den Schnaps hinter den Konserven mit der geräucherten Blutwurst, die keinem schmeckt, versteckt. Es geschah in der weisen Voraussicht der Anfangszeit, als ich mich noch als einziger im System der Lagerhaltung auskannte. Während des schlimmen ersten Winters haben sich die alten Knaben dann nach und nach bis in den hintersten Stollen umgetan, und nicht einmal der medizinische Alkohol der Feldapotheken war vor ihnen sicher.

Kirchhoff will, daß ich mir vor unserem Abstieg an die Grüne Rutsche noch schnell etwas ansehe. Drüben am Osthang warte eine Überraschung auf mich. Wahrscheinlich hat er bloß wieder irgendein neues Grünzeug entdeckt, und ich soll ihm bei der Namensfindung behilflich sein. Wie es der Zufall wollte, verfügt keiner von uns Altweltlern über solide botanische und zoologische Kenntnisse. Das Getier der Neuwelt krabbelte, brummte und gaukelte uns weitgehend namenlos entgegen, kaum ein Drittel der Blumen- und

Baumarten des Wurmberggipfels konnten wir bestimmen. Schließlich hat sich der wackere Kirchhoff dieses Notstands angenommen. Er macht unentwegt Skizzen und zeichnet nun schon im dritten Jahr die Blätter, Blütenstände und Schmetterlingsflügel auf die Rückseiten meiner alten Dienstformulare, so gut dies mit einem Kugelschreiber geht, ins reine.

Alles, was er blau auf weiß abbildet, bekommt einen Namen verliehen, und weil ich angeblich am meisten Phantasie habe, fragt Kirchhoff mich regelmäßig, wie irgendein Pflänzchen oder Tierlein in Zukunft heißen soll. Ich helfe ihm gerne dabei und gebe mein Bestes. Aber wenn ich, wie erst neulich, über der passenden Bezeichnung für eine kleine, zweifellos hübsche grausilbrige Motte brüte, befällt mich eine spezielle Traurigkeit. Das Kroppzeug bekümmert mich. Mich schmerzt, daß die schwarzen Maulwürfe, die so eifrig wie eh und jeh die Erde des Wurmbergs aufwerfen, nun nach uns Bleichgesichtern die größten Säuger der neuen Welt darstellen sollen.

»Was hältst du davon?« Kirchhoff stupst mich ungeduldig an, und wieder zucke ich nur mit den Achseln. Er ist der Pädagoge, soll er sich doch mit seinen ehemaligen Kollegen beraten, wenn ihm seine Entdeckung so großes Kopfzerbrechen bereitet. Ich bin froh über jeden Gedanken, in dem unsere Kinder nicht vorkommen. Mir, dem einzigen noch nicht greisen Mann, laufen sie oft genug hinterher und wollen bei den Arbeiten mittun, die ich notgedrungen übernommen habe. Es war wichtig, daß sie im letzten unglaublich strengen Winter erstmals beim Schneeräumen mitgeholfen haben. Allein die Luftansaugstutzen am Ostfels freizuhalten war eine Heidenschufterei. Gleich zwei der Alten haben sich damals beim Herumklettern auf dem vereisten Gestein die Knöchel gebrochen. Und einer, ausgerechnet der großtönende Schröder, humpelt bis heute an Krücken.

Jetzt im Frühsommer gibt es nicht genug für die Kinder zu tun, und ihr siebenköpfiges Rudel schweift auf eigene Faust über den Berg. In der Geräte- und Ersatzteilkammer steht ein Karton mit merkwürdigen Haumessern. Sie sehen aus wie kurze Schwerter oder Macheten. Bestimmt waren sie für einen möglichen Dschungeleinsatz unserer Bundeswehr, irgendwo im einstigen Afrika, gedacht. Die beiden kräftigsten Jungen könnten damit schon Treibholzbretter spalten oder Wege in das undurchdringlich gewordene Brombeerdickicht des Südhangs hauen. Aber als ich dies heute nacht in der Versammlung vorschlug, unterstützte nur Kirchhoff meinen Antrag. Angeblich sei die Verletzungsgefahr zu groß. Messer, Scher' und Licht sollen weiterhin von unseren kleinen Zukunftsträgern ferngehalten werden. Die Frage, wovor die alten Herren denn in Wahrheit Angst hätten, lag mir auf der Zunge, aber ich war dann doch klug genug, sie nicht in die Runde, sie nicht ins Licht des Niedrigmondes zu stellen.

»Woher kennen die Kinder das? Sag schon. Du hast doch Phantasie.« Kirchhoff gibt keine Ruhe. Mit einem Haselnußstöckchen fährt er die Zeichnung nach, die ihn zu Recht beunruhigt und deren unmißverständliche Umrisse die anderen Greise, allesamt nervenschwächer als Kirchhoff, erst recht ins Grübeln bringen werden.

»Das war die kleine Rike, das Biest.« Kirchhoff spricht aus, was auch ich vermute, aber ich habe keine Lust, ihm ausdrücklich zuzustimmen. Seit dem vergangenen Frühling ist die Betonstele der Punkt, an dem sich die Kinder morgens sammeln. Sie nennen das an der Spitze geborstene Artefakt »die Säule«. Neulich habe ich die kleine Rike, ihre Anführerin, sogar »unsere Säule« dazu sagen hören. Bergab im Gestrüpp liegt ein zweiter dieser Masten, ein etwas längeres Exemplar. Bevor dort alles vollends überwuchert wurde, konnte man sogar noch ein paar Meter Stahlseil und die großen Rollen der Seilführung in der Nähe des umgestürzten Trägers finden. Natürlich hat den Kindern niemand verraten, daß ihre Säule der einzige markante Überrest der einstigen Wurmberg-Kabelbahn ist. Und die Erinnerung daran, wie sie selbst als drei- bis vierjährige Knirpse, als die allerletzten Fahrgäste, in der marienkäferroten Kabine nach oben gondelten, ist zum Glück vom Schock der Katastrophe ausgelöscht.

Kirchhoff hat sich vor der Stele ins Gras gesetzt und kopiert mit seinem Kugelschreiber die Zeichnung der Kinder auf den Spiralblock, den er stets bei sich trägt. Vor seiner Pensionierung hat er Deutsch, Geschichte und Gemeinschaftskunde unterrichtet. In der Versammlung schlug er heute nacht erneut vor, endlich einen Lehrplan zu entwikkeln und die Kinder in dem zu unterweisen, was wir auch unter den gegebenen Umständen für weitergebenswert erachteten. Schließlich seien inzwischen alle sieben im schulpflichtigen Alter. Höchste Zeit, zumindest mit dem Abc und den Zahlen zu beginnen. Wie üblich mündete die Diskussion in die lächerlichsten Haarspaltereien, zuletzt in großes Geschrei. Schmidt bekam eine seiner hysterischen Herzattacken, und gleich drei der Altpädagogen mußten nach draußen, um sich ins mondblau glänzende Gras zu übergeben. Seit der Katastrophe, als wir uns wochenlang nicht nach draußen wagten, als langschwingende Erdstöße durch den Wurmberg dröhnten, als sich funkensprühende Kriechströme über das Schiebetor und die Stahlstützen der Eingangshalle schlängelten, seit dem pompösen Untergang der Altwelt, haben alle, auch ich, unter einem chronisch nervösen Magen zu leiden.

Nur den Kindern ist damals nicht der Appetit vergangen. Schweigend löffelten die Kleinen in sich hinein, was ich im flackernden Licht der Notbeleuchtung auf ihre sieben Plastiknäpfe verteilte, meist waren es nur Haferflocken und mit Mineralwasser angerührte Trockenmilch. Wie ein Wurf Welpen schliefen sie aneinandergerollt auf einem provisorischen Lager aus Bundeswehrschlafsäcken. Und wenn der Bunkerboden schlimm schwankte, krabbelten sie auf allen

vieren zum Klo und verrichten dort ordentlich ihr Geschäft-
chen. Kein Junge, kein Mädchen machte sich in die Hose,
ein Kompliment, das ich rückblickend den alten Knaben
von ›Gut Fuß, Saxonia!‹ nicht machen kann.

Allein im Traum wimmerten die Kleinen leise nach Mama
und Papa, nach älteren Geschwistern und besonders häufig
nach ihrer Kindergärtnerin »Tante Ulrike«. Mit ihr waren
sie in der Seilbahn auf den Wurmberg gekommen. Auf dem
letzten Stück hatte der ohne Vorwarnung aufheulende
Sturm die Gondel mit der Kinderhortgruppe wüst hin und
her geschüttelt. Ich stand an der Station, als die Kabine auf
kreischenden Seilrollen hereingeschaukelt kam. Tante Ulrike schaffte ihre Zöglinge auf meinen Rat zu den alten Herren in den Bunker. Dann versuchten wir draußen mit unseren Handys Verbindung zur Bodenstelle, zur Polizei oder
zum Hubschrauberhorst der Bergwacht aufzunehmen. Wir
bekamen kein Netz. Wir sahen noch, wie sich das Personal
der Gipfelstation zu Fuß davonmachte. Schließlich stolperte
auch Tante Ulrike, in der Hoffnung auf besseren Empfang,
ein Stück weit die Wiese bergab. Ich rief ihr nach, daß dies
doch keinen Sinn habe. Aber sie reagierte nicht, hörte mich
wohl genauso wenig, wie sie das Bersten der morschen
Fichte hörte, die, vom Sturm gefällt, auf sie zustürzte.

Als ich mich einen vollen Monat später, zusammen mit
dem alten Kirchhoff, zum ersten Mal wieder nach draußen
wagte, war fast alles, was ich, der letzte Zeugwart des Landes-
wehrdepots Südost, am Wurmberg zu sehen gewohnt war,
verschwunden. Dicht über uns wogte ein unbekannter
Himmel. Schwefelgelbe und schmutzig orangefarbene Wolken drückten herab auf eine Wüstenei. Dunkler, zähklebri-
ger Schlamm bedeckte den Boden, aus dem die Stümpfe der
Bäume ragten. Von der Bergstation der Seilbahn war nur
noch das Fundament zu erkennen. Wir konnten nicht weit
den Hang hinuntersehen. Böen jagten den Nebel hinauf in
das böse Gewölk. Irgendwo hinter diesem Gebräu mußte
sich unsere alte Sonne verborgen halten. Kirchhoff begann

zu weinen. Auch ich brach in ein jämmerliches Schluchzen aus. Als wir uns wieder beruhigt hatten, lauschten wir in das Heulen des Windes, und schließlich hörten wir heraus, wie nah das Wasser gekommen war, wie weit dem Wurmberg über Geest und Marsch, über Heide und Harz hinweg die Nordsee auf die Pelle gerückt war.

»Das können doch nur Pferde sein!«

Wie könnte ich Kirchhoff widersprechen. Zweimal, einmal in Weiß, einmal in Schwarz, ist ein Pferd auf dem grauen Anstrich der geköpften Seilbahnsäule zu sehen. Beide Gäule bäumen sich auf. Beide schlagen mit den Hufen ins Leere. Beiden flattert die Mähne. Kirchhoff hat ein Stückchen weiße Kreide im Gras gefunden. Ich kenne die Vorräte des Depots in- und auswendig. Tafelkreide gehört nicht zu den Beständen. Unser Schreibzeug ist streng rationiert. Von den zwölf Kugelschreibern, die wir besitzen, halte ich elf unter Verschluß; ein einziger ist dauerhaft an Kirchhoff ausgegeben. Alle Kugelschreiber haben blaue Minen. Womit die Kinder das schwarze Pferd gezeichnet haben, ist uns schleierhaft. Ich lecke daran. Kohle scheint es nicht zu sein. Schwarz sind auch vier der Gestalten, die die Pferde umhüpfen, weiß gemalt sind die drei anderen. Wir brauchen uns nicht darüber zu verständigen, wen diese sieben Figuren darstellen sollen. Den schwarzen Kerlchen baumeln kleine Zipfel zwischen den Schenkeln, bei den weißen Gestalten sind just dort feine Kerben grau gelassen.

Wir haben nichts dagegen unternommen, daß die Kinder schon im ersten Sommer nackt umherliefen. Im Juni riß endlich die Wolkendecke auf, der Himmel blieb zart dunstig, aber es wurde herrlich heiß. Gewiß waren die folgenden Wochen unsere glücklichste Zeit. Das Gras brach durch die schlickfarbene Kruste. Jedes Hälmchen ein Held. Wie aus dem Nichts waren zugleich die ersten Ameisen da. Die schlammverklebten Büsche schlugen aus. Sogar einige der geborstenen Bäume fingen an zu treiben. Die Welt begann neu. Mit großen Augen sahen sich die Kinder um. Lange blieben sie so stumm, wie sie es den ganzen Winter hindurch gewesen waren. Aber als dann der erste Vogel auftauchte, als ein jämmerlich zerzaustes, am Kopf ganz kahles Amselmännchen auf der Stele den gelben Schnabel aufriß, zwitscherten unsere Kleinen mit ihm um die Wette.

»Was hält die Rasselbande da in den Händen?« Kirchhoff läßt nicht locker. Nun gut, ich will helfen, das Bild zu deuten, und hocke mich neben ihn. Wir sind uns einig: Die weißen wie die schwarzen Gestalten scheinen die beiden Pferde zu umtanzen. Jungen und Mädchen halten unterschiedlich lange Gegenstände in den Fäusten, Stöcke oder Stangen. Und bei einem der drei Mädchen könnte es sich sogar um eine Art Bogen handeln.

»Das ist Rike, das freche Luder!« knurrt Kirchhoff. Gut möglich, daß er richtig vermutet. Rike hat sich, obgleich sie die Zweitkleinste der Gruppe ist, zu deren Anführerin aufgeschwungen. Mir gehorcht sie schon eine ganze Weile nicht mehr, und wenn ich ein anderes Kind um etwas bitte, habe ich in letzter Zeit nicht selten zur Antwort bekommen, es müsse erst »Tante Rike« fragen.

Gepriesen sei Kirchhoff. Ich lobe Kirchhoff. Egal, was er auf dem Kerbholz hat, er ist wahrlich nicht der Schlechteste. Die anderen elf, alle anderen Überlebenden des Wanderclubs ›Gut Fuß Saxonia!‹ dürfen von mir aus zügig zum Teufel fahren. Jeden werde ich, ohne eine Träne zu vergießen, in die Erde des Wurmbergs betten. Aber wenn es einen Gott gibt, bitte ich den allmächtigen Kerl, mir meinen Kirchhoff ein langes Weilchen zu erhalten. Es ist gekommen, wie es kommen mußte. Und nun, wo die Würfel gefallen sind, will ich zumindest mit meinem Kirchhoff, dem schlauen Greis, noch das eine oder andere Jährchen verplaudern.

Wir sitzen auf dem oberen Rand der Grünen Rutsche. An der allmählich braun werdenden Algenschmiere können wir erkennen, wo das große Schlauchboot ins Wasser geschoben wurde. Wir starren in den Dunst über dem Wasser, in die Richtung, in die das Boot verschwunden ist. Genau dort im Nebelbalken des Horizonts ist um die Mittagszeit ein kleiner dunkler Fleck, vielleicht der Gipfel eines anderen Berges, auszumachen.

Hinter uns hören wir das asthmatische Schnarchen von Schmidt. Wir fanden ihn und Buhr, die wir als Kinderwache ablösen sollten, ins Gras des Ufers gestreckt. Vermutlich haben wir Schmidt das Leben gerettet. Er lag auf dem Rükken, röchelte ganz erbärmlich, drohte an seiner in den Rachen geplumpsten Zunge zu ersticken. Zwischen den beiden Bewußtlosen entdeckten wir eine leere Flasche Korn und eine zweite, noch halb gefüllte. Die Kinder wußten, wie sie die beiden Alten schachmatt setzen konnten.

Bei den Betrunkenen steht der Bollerwagen, mit dem unsere Kleinen den Schlauchbootpacken bis hierher geschafft haben. Auf der Schräge der Fahrbahn fand sich dessen Schutzhülle. Die Preßluftflasche, mit der man ein solches Boot wirklich rasant schnell aufblasen kann, haben die sieben offensichtlich mitgenommen. Das ist klug, denn ihr Inhalt reicht für ein zweites Mal. Kirchhoff fragte mich, ob wir sie verfolgen könnten, und ich mußte ihm leider sagen, daß es schon lange das letzte Boot im Bunker gewesen war. Das Landeswehrdepot befand sich im Stand der Auflösung. Schon ein Jahr vor der Katastrophe war alles militärisch Relevante abgeholt. Und nachdem die allerletzte Kiste Munition hinausgetragen worden war, zog man auch die Bewachung ab. Ich, der Zeugwart, genügte, um die geräucherte Blutwurst, die Haferflocken, das Schwarzbrot in Dosen, hunderttausend Zigaretten und das Objekt selbst zu beaufsichtigen.

Als wir das Ufer erreichten, trieb das Schlauchboot schon im Wasser. Die beiden kräftigsten Knaben hielten die Paddel in Händen, hatten aber noch Mühe, das große Ding in Fahrt zu bringen. Unsere Ankunft wurde mit bösem Geheul begrüßt. Ganz wie auf der Stele dargestellt, schwenkten die Kinder ihre Waffen. Und über die Grüne Rutsche ins

Nasse schlitternd, erkannte ich, daß es die machetenartigen Messer waren, über deren Herausgabe ich zurückliegende Nacht vergeblich mit den Pädagogen verhandelt hatte. Ein Junge und ein Mädchen, deren Waffen an Gerätestielen aus meiner Werkstatt befestigt waren, stießen mit diesen Speeren drohend in die Wellen. Ich kraulte los. Ich bin nur ein mittelmäßiger Schwimmer, aber ich kam doch zügig näher. Schon konnte ich die schwarzen Doppelstriche erkennen, die sich die Speerträger auf die weißgeschminkten Wangen gemalt hatten. Gewiß hätte ich das Schlauchboot noch erreicht, wenn nicht die kleine Rike mit Pfeil und Bogen an dessen hinteren Rand getreten wäre.

Inzwischen hat Kirchhoff meine Wunde begutachtet und meint, sie sei nicht weiter schlimm. Ein nicht besonders tiefer Kratzer, der sich von der Stirnmitte zur linken Braue zieht. Als ich, vom ungewohnten Schwimmen völlig erschöpft, auf allen vieren die Grüne Rutsche hinaufkroch, tropfte mir noch das Blut aus der Augenbraue auf die Wange, und lief mir, vom Wasser verdünnt, süßsalzig in den Mund. Inzwischen ist der Riß verkrustet und wird zum Verheilen wohl nicht mehr als ein Pflaster brauchen.

Freund Kirchhoff hat den Spiralblock gezückt, um das Geschehene in einem Bild festzuhalten. Ich blicke ihm auf den Schoß und kann mich nur wundern, wie gut ihm das verfluchte Boot auf Anhieb gelingt. Kirchhoff hat mir erzählt, daß er in seiner Jugend unglaublich viel, daß er wie ein Verrückter gezeichnet habe. Er liebäugelte damals sogar mit einer Karriere als Künstler, aber dann wurde das bereits recht weit getriebene Talent doch auf dem Altar eines Lehramtsstudiums geopfert. Erst hier auf dem Wurmberg war es für ihn, nach einem halben Jahrhundert Pause, wieder mit dem Bildermachen losgegangen. Geschickt strichelt er mir alle sieben Kinder als kleine dunkle Figürchen ins Boot.

Ich stehe auf und hole uns die halbvolle Flasche Korn.

Kirchhoff hat umgeblättert. Auf das neue Blatt wirft er mit schnellen, unerhört sicheren Linien den Kopf der kleinen

Rike. Soll es mich jetzt wundern, daß er ihre Züge wie aus dem Handgelenk parat hat? Lieber trinke ich und reiche auch Kirchhoff die Flasche. Mir fällt auf, daß ihm keine Zigarette im Mund hängt. Statt dessen beißt er immer wieder in das Holz des dicken, mir unbekannten Bleistifts. Schwarz auf weiß, mit diesem sehr weichen, fast fettig abschmierenden Stift, hat Kirchhoff das kindlich breite Gesicht, die unkindlich dichten Augenbrauen und den stets ein wenig geöffneten Mund aufs Blatt gebannt.

Just so, die unregelmäßigen oberen Schneidezähne halb entblößt, sah ich Rike im Heck des Bootes stehen. Daß sie die Waffe beherrschte, daß ihr erster Schuß kein Zufallstreffer war, bewies sogleich ihr zweiter, der mich am Hals streifte. Der dritte Pfeil, der schon auf ihrem Bogen lag, wäre vielleicht erneut in mein Gesicht geschlagen. Und da mir nur noch zwei Körperlängen bis ans Boot fehlten, hätte seine Wucht ausgereicht, um mir ein Auge zu zerstören. Feig hielt ich inne, trat nur noch Wasser auf der Stelle, hob sogar resignierend die Hand, und mußte hören, wie die Bande, wie die sieben, die wir für unsere Kinder gehalten hatten, mit schrillen Schreien über mein Aufgeben triumphierten. Entmutigt drehte ich ab. Ein letzter scheeler Blick gehörte der Schützin. Sie hatte den Bogen sinken lassen und beugte sich weit über den Gummiwulst in meine Richtung. Ihr Gesicht war kreidig weiß wie das der anderen, aber ihr prangte als einziger eine schmale schwarze Zeichnung auf der Stirn.

Noch einmal fragt mich Kirchhoff, aber ich schweige mich aus. Vorhin, als ich ihr maximal nah gewesen war, als mir ihr dritter Pfeil drohte, als ich japsend auf der Stelle trat, hatten meine Augen Schweif, Mähne und Hufe überscharf erkennen können. Nun, da ich wieder an Land bin, da ich auf dem Trockenen hocke und mir der Korn langsam den Magen beruhigt, erweicht mein Blick. Und obwohl Kirchhoff erneut wissen will, wie die Kinder denn genau geschminkt gewesen seien, bekommt er keine Auskunft. Es scheint mir dringend geraten, nicht in irgendwelche Erörterungen über Pferde einzutreten. Kirchhoff saugt an seinem Stift, korrigiert noch ein wenig an Rikes Zähnen, beißt den Bleistift erneut, und ich bekämpfe, Schulter an Schulter mit Kirchhoff, die Erinnerung daran, wie säuberlich, wie unkindlich gekonnt sich der verflixte Gaul auf der Stirn des Mädchens bäumte.

Nun gut, Freund Kirchhoff gibt Ruhe, und auch ich will Frieden halten. Er klappt den Block zu, er läßt den ominösen Bleistift verschwinden und dreht sich um. Er zwinkert. Ich zwinkere, so gut ich kann, zurück und stehe auf. Kirchhoff streckt mir die Hand entgegen, und es gelingt mir, ihn hochzuziehen. Er hängt sich bei mir ein. So, auf vier Beinen, streben wir dem Bunker entgegen. Gut Fuß, Saxonia! Wurmberg ahoi! Das Neue hat das Weite gesucht. Am Horizont galoppieren die Pferde der Kinder. Hier bei uns gilt es nun, der alten Welt das Zipfelchen ihrer Zukunft zu erklären.

Peter Schanz

Todestag

6:43 Uhr, Hotel Deutsches Haus, Telefon.

»Bist du schon wach?«

»Ist etwas passiert?«

»Ich habe dich doch nicht geweckt!«

»Es geht so.«

»Ich kann schon seit fünf Uhr nicht mehr schlafen.«

»Und ich liege die ganze Nacht wach.«

»Warum hast du dich gestern abend nicht mehr gemeldet?«

»Es war doch schon so spät, Mama.«

»Ich konnte sowieso nicht einschlafen.«

»Um Mitternacht telefoniere ich nur in Notfällen.«

»Warum schläfst du eigentlich nicht bei Steffi?«

»Es war doch schon so spät.«

»Ich dachte immer, die jungen Leute gehen nicht so früh ins Bett.«

»Ich falle niemandem zur Last. Auch nicht meiner Tochter.«

»Ich doch wohl auch nicht.«

»In meinem Alter muß ich nicht mehr in der WG absteigen. Dann doch lieber im Hotel.«

»Du mußt es ja haben.«

»Ach, Mama. Das hier ist ein Sonderangebot. Aus dem Netz. Last minute.«

»Ach so. Hättest du diese Reise nicht etwas früher vorbereiten können?«

»Warum. Ich bin doch da.«

Jetzt auf der Frühjahrstour übernachtete sie ohnehin mehr in Hotels als zu Hause. Warum also nicht auch hier, für einen Tag Familiensachen? Sie hatte sich auf das ehrwürdige Haus freuen wollen. Sicher, auch dieses Hotel hatte schon bessere Zeiten gesehen. »Aber die Lage!« Wie gerne hätte Barbara ein Zimmer dem Burgplatz zu bezogen, mit dem Löwen auf Augenhöhe, dem Dom gegenüber. Nun, es gab auch eine andere Seite: Sie führte zur Straße, zum Nachtbus, zur Frühkneipe.

»Ich habe oft an dich gedacht die letzten Tage«, sagte Barbara.
»Ach ja?« sagte Barbaras Mutter.
»Und denkst du viel an Vater?«
»Das kannst du dir wohl denken!«
»Das Jahr ist schnell vergangen.«
»Nicht für mich.«
»Ich dachte, du fändest dort Gesellschaft.«
»Dieses Heim ist kein Zuhause. Ohne deinen Vater wäre ich hier nie eingezogen.«
»Soll ich für nach dem Friedhof bei Haertle einen Tisch bestellen?«
»Das habe ich längst gemacht.«
»Gut. Dann komme ich gegen zehn schon einmal bei dir vorbei.«
»Das mußt du nicht. Nur wenn du willst.«

Barbara Ziercke-Schatten (51) stand auf, schaltete den Fernseher ein und ging unter die Dusche. Kalt. Auch das noch. Es dauerte eine geschlagene Zigarette, bis irgendwoher das warme Wasser durch die alten Rohre des Hotels Deutsches Haus gefunden hatte.
Kurz vor halb zehn im Seniorenheim Wiesenstraße.

»Morgen, Omi!«
»Guten Morgen, mein Kind.«

»Na wie schlimm ist es heute?«

»Wenn ich dich sehe, gar nicht!«

»Du weißt aber schon, daß ich erst noch in die Hochschule muß.«

»Aber natürlich, mein Kind. Und wir sehen uns ja heute nachmittag schon wieder.«

»Und du willst wirklich nicht mit Barbara und mir zum Mittagessen?«

»Nein, nein – ich falle niemandem zur Last.«

»Das tust du nicht.«

Verdammt, dachte Steffi, habe ich jetzt mein Fahrrad abgeschlossen oder nicht?

»Hast du deine Mutter schon gesehen?«

»Nein, nein, wir sind erst zum Essen verabredet.«

»Sie will hier gleich vorbeikommen.«

»Gerade noch telefoniert: sie möchte ›was Leichtes‹!«

Steffis leidvolle Erfahrung: Auch ein Altenheimhof schützt vor Fahrradklau nicht.

»Ha! Was Leichtes!« wiederholte die Großmutter.

»Ich habe türkischen Mittagstisch vorgeschlagen. Nehm' ich dich auch mal mit hin, Omi.«

»Das laß man. Wenn ich so etwas erleben will, gehe ich einmal um die Ecke, und schon bin ich beim Griechen. Und das schaffe ich alleine zu Fuß, mein Wägelchen tragen die gerne die paar Stufen hoch, und mir ist das türkisch genug.«

Steffi sah schon wieder die Polizisten grinsen: Was glauben Sie eigentlich, die wievielte Diebstahlsmeldung das heute ist?

»Außerdem kochen die hier auch nicht ganz schlecht. Und bezahlt ist bezahlt. Und vielleicht willst du dich mit deiner Mutter ja einmal aussprechen.«

»Wie meinst du das jetzt?« fragte Steffi.

»Oder sie sich mit dir.«

»Hat sie das gesagt?«

»Aber es könnte doch sein.«

»Vielleicht tu ich es wirklich.«
»Aber dann laß mich außen vor.«
»Ich muß los. Tschüs, Omi – – bis nachher. Wir holen dich dann zum Friedhof.«
»Ist das nicht zu weit: immer mit dem Fahrrad quer durch die ganze Stadt?«
»Nee, Omi, bei den dauernden Baustellen ist das das allerschnellste.«

Steffi Ziercke, 23 Jahre alt, war für ein Kommunikationsdesign-Studium in ihre Geburtsstadt zurückgekehrt. Das Verhältnis zu ihrer Großmutter Christel Kerntopf (76) bezeichnete sie ihren Kommilitonen gegenüber stets als »gut bis sehr gut«.
Mittagstisch im Restaurant Tandure.

»Ich wäre fast zu spät gekommen. Nichts als Baustellen in dieser Stadt. Überall Löcher und Umleitung. Wonach graben die eigentlich?«
»Aber du hast es ja gefunden!«
»Dieser Türke war doch früher woanders.«
»Keine Ahnung.«
»Doch, doch, neben deiner Hochschule. Ich war da zwei-, dreimal mit Uwe. Aber da ging es uns schon nicht mehr so gut.«
»Hast du was von Papa gehört?«
»Da waren wir schon nicht mehr so richtig – welcher Papa?«
»›Welcher Papa!‹ Deinen gibt's ja nicht mehr.«
»Hast du den Grabstein schon gesehen?«
»Nein. Omi wollte, daß es auch für mich heute Premiere ist.«
»Sie ist ganz schön angegriffen, ziemlich schlimm drauf.«
»Bei mir nicht.«
»Vielleicht nimmt sie sich bei dir zusammen.«
»Vielleicht. Schmeckt dir das Kizartma Akdeniz?«

»Du hast noch gar nichts zu meiner neuen Hose gesagt.«
»So oft sehen wir uns nun auch nicht mehr, daß ich wüßte, was an dir neu ist oder nicht.«
»Es könnte dir schon etwas aufgefallen sein.«
»Weiß jetzt nicht – hilf mir.«
»Mindestens sieben Kilo runter seit letztem Mal.«
»Ach ja, das ja doll.«
»Und weißt du, was das bedeutet? Das bedeutet: Ich komme jetzt spielend in eine 36 rein. Ich könnte also deine Jeans anziehen! Hörst du? Oder du meine.«
»Ja, Mama. Wenn du meinst.«
»Wie bitte?«
»Bitte?«
»Was hast du gesagt?«
»Ich hab gesagt: ›Wenn du meinst‹.«
»Das meine ich nicht.«
»Du hast gesagt, ich könnte deine Jeans anziehen, und ich hab gesagt: Wenn du meinst.«

Barbara empfand die Frühjahrstour dieses Jahr anstrengender denn je. Immer wieder von Bocholt und Borken über Lingen und Meppen bis Aurich und Leer. Emsland rauf und runter, Ostfriesland hin und her. Nur weil die im Verlag sich einbilden, an der holländischen Grenze würden die Leute eher niederländische Literatur lesen als im Rest von Deutschland.

»Und morgen mittag schon wieder Papenburg, Buchhandlung Müll, wirklich wahr, also eigentlich Bücher Knudsen, aber der Inhaber heißt Müll, Ludwig Müll, aber immer noch besser in Papenburg bei Ludwig Müll als in Leipzig auf der Messe. Manchmal ertrage ich die holländischen Autoren einfach nicht mehr. Und wenn etwas richtig Gutes dabei ist, dann natürlich bei den anderen. Ich hätte auch gern die neue Margriet de Moor im Sortiment gehabt. Das ist wenigstens ein Buch, das schon gut aussieht. Aber uns fragen sie ja nicht. Dabei sind wir die, die wissen, was geht und was liegenbleibt. Lernst du das nicht auch auf deiner Hochschule: wie ein gutes Buch-Cover auszusehen hat?«

»Ich glaube, wir müssen jetzt langsam Omi abholen«, sagte Steffi.

»O Gott, schon so spät. Bezahlen bitte. Nicht daß wir erst noch Ouzo trinken müssen.«

»Raki. Und wir müssen ja nicht.«

»Wir können doch heute abend noch einmal zu zweit, oder?«

»Ja. Wenn du es möchtest.«

»Wenn ich nun schon einmal hier bin. Stimmt so, danke. Wir sind noch gar nicht richtig zum Reden gekommen.«

Steffi hatte die Mäntel geholt. »Wenn du es wünschst.«

»Müssen wir den Rollator mit zum Friedhof nehmen?«

»Ich denke, es reicht, wenn wir sie unterhaken.«

Nachmittags gegen vier im Café Haertle.

»Bringen Sie meiner Mutter bitte noch etwas heißes Wasser?«

»Was sagst du da?« fragt ebenjene Mutter, Steffis Omi also.

»Ich habe dir nur etwas heißes Wasser bestellt. Dein Kaffee ist zu stark.«

»Das kann ich auch selbst.«

»Ich wollte euer Gespräch nicht stören.«

»Das kannst du auch nicht.«

»Gut. Dann gönne ich mir heute mal ein fettes Stück Torte.«

»Das Grabmal hätte deinem Opa gut gefallen!« sagt Steffis Omi zur Enkelin.

»Das glaube ich auch«, sagt Omis Tochter, also Steffis Mutter Barbara, »von Arno Breker hat er ja immer viel gehalten.«

»Warum sagst du das so abfällig?« fragt die Großmutter.

»Wie denn sonst?« fragt die Tochter-Mutter.

»Wer war Anton Breker?« fragt die Enkelin-Tochter.

»Arno! Hitlers Lieblings-Michelangelo – und der deines Großvaters auch.«

»Du mußt nicht alles schlecht –«, die Großmutter.

»Müßt Ihr denn immer –«, die Enkelin.

»Ich habe nicht damit angefangen!« die Mutter-Tochter.

»Wer denn sonst?« fragen Omi & Enkelin.

»Bei Ihnen alles in Ordnung?« fragt die Bedienung.

»Wenn Sie bitte an das heißes Wasser denken!«

»Alles klar, kein Problem, kommt sofort.«

Jetzt die Großmutter wieder: »Habt Ihr euch einmal klargemacht, daß die Wende jetzt schon länger her ist als unser Tausendjähriges, als diese ganze schwere Zeit zusammen überhaupt gedauert hat?«

»Donnerwetter, ja!« sagt die Bedienung.

»Und was willst du uns damit sagen?« fragt Barbara und wischt ihrer Mutter einen Krümel Malakofftorte aus dem Mundwinkel.

»Daß über manches nun wirklich mal ein bißchen Gras –«

»Und über was?« fragt Barbara.

»Über die Wende vermutlich …«, versucht Steffi einen Scherz.

Laß deinen Vater aus dem Spiel, denkt Mutter Barbara. Aber sie sagt es wieder nicht.

»Dein Vater hätte jetzt seinen Asbach genommen«, sagt Oma zu ihrer Tochter Barbara.

»Na gut.« sagt Barbara und denkt: Mag sein, es hilft. »Drei Cognac, wenn Sie haben.«

»Weinbrand habe ich gesagt!« sagt die Oma.

»Für mich nicht«, sagt Steffi, »ich muß noch was tun.«

»Zwei Asbach bitte.«

»Das Kind ist immer so vernünftig.«

Steffi küßt die Oma: »Ich muß los. Ich ruf' nachher noch mal bei dir vorbei.«

Barbara küßt Steffi: »Wir sehen uns dann ja noch.«

Durch die Glasfront kann man Steffi auf ihr Fahrrad steigen und ins Café Haertle zurückwinken sehen.

»Du hast das ja alles nicht mitmachen müssen«, denken die beiden Mütter.

Um Viertel nach fünf am Museumspark.

»Ich schaffe das schon alleine. Hier ist ja ein Zebrastreifen.«

»Gibt es bei euch nur noch Baustellen?«

»Die machen jetzt alles schön. Endlich machen sie alles schön.«

»Was soll denn daran schön sein.«

»Nicht sein. Sondern werden. Jetzt natürlich noch nicht. Aber dann. Wenn sie fertig sind.«

Alles so laut hier. Ein Bus nach Ölper, ein Bus nach Querum.

»Seit wann sagt Steffi denn Mama zu dir?«

»Das hat mich auch verblüfft.«

»Ich fand das nie richtig, sich von den Kindern mit Vornamen anreden zu lassen.«

»Hast du ihr irgend etwas gesagt?«

»Was hast du gesagt?«

»Ob du ihr irgend etwas gesagt hast?«

»Was sollte ich ihr denn gesagt haben?«

»Von ihrem Vater natürlich!«

»Wie du weißt, kann ich schweigen bis ins Grab. Das konnte ich schon immer, und nun ist es auch nicht mehr lange hin.«

»Mensch, Mama. Manchmal ist dein Gerede nur noch kokett.«

»Wieso. Weißt du denn, wie es mir wirklich geht?«

»Das frage ich mich auch.«

»Wenn sich meine Enkelin nicht so wunderbar um mich kümmern würde! Kein Tag, an dem sie nicht wenigstens kurz vorbeiklingelt. Oder auf ihrem Weg zu ihrer Hochschule ihren Kopf hereinsteckt.«

»Was hast du ihr gesagt?«

»Sie ist ja so fleißig.«

»Achtung. Wir müssen noch einmal auf die andere Seite.«

»Ich kann noch sehen!«

»Für euch Gehbehinderte ist das doch eine Frechheit.«

»Wieso. Wir haben schon ganz andere Dinge ausgehalten.«

78

Nicht schon wieder, denkt Barbara.

»Es wurde auch höchste Zeit, daß wir wieder eine schöne Stadt werden.«

»Ich habe Braunschweig eigentlich immer ganz schön gefunden.«

»Und warum bist du dann gegangen?«

»Das weißt du ganz genau.«

Ein Bus nach Lamme, ein Bus zum Raffteich.

»Jedenfalls bauen wir jetzt unser Schloß wieder auf.«

»Euer Schloß!«

»Welches denn sonst.«

»Schade um den schönen Park.«

»Du warst schon immer gegen alles.«

»Früher konnte man hier so schön im Grünen sein, auf dem Weg in die Stadt.«

»Ich kann nicht mehr so weit laufen.«

»Ja. Du vielleicht.«

»Es reicht natürlich, wenn du mich bis zur Pforte bringst.«

»Natürlich bringe ich dich bis in dein Appartement.«

»Auf mein Zimmer. Wir wollen nicht vergessen, daß es nur ein Zimmer ist!«

Der Bus zum Flughafen, der Bus zum Krematorium.

19:52 Uhr, Seniorenheim Wiesenstraße, Telefon.

»Hinrich & Christel Kerntopf.«

»Hallo Omi, hier Steffi.«

»Das ist schön mein Kind!«

»Hast du schön deinen Jörg geguckt?«

»Der Günther kommt ja heute nicht.«

»Später schon.«

»Zu spät für mich. Und ohne Quiz, das ist mir zu schwer.«

»Und hast du jetzt Opas Todestag gut überstanden?«

»Wird das nicht zu teuer? Soll ich dich zurückrufen?«

»Ach Oma, ich hab' doch Home Zone.«

»Was hast du?«

»Bis zu dir in die Wiesenstraße ist es nicht so teuer.«

»Na ob ich das glauben kann.«
»Kannst du beruhigt.«
»Hör mal zu, Stefanie. Du mußt deiner Mutter nicht von unserem Geheimnis erzählen!«
»Das laß mal meine Sorge – das ist eine Sache zwischen Mutter und Tochter.«
»Das dachte ich ja auch.«
»Da kann die Omi sich fein raushalten.«
»Na ich weiß nicht.«
»Doch Omi. Ich muß jetzt los. Morgen früh steck' ich wieder kurz den Kopf bei dir rein.«
»Das ist schön, mein Kind!«
»Tschüs, Omi. Hab dich lieb.«
Christel Kerntopf klingelte nach dem Pflegepersonal.
Kurz vor Mitternacht in der Pizzeria Michelangelo.

»Das ist doch schön, daß italienische Kellner auch alt werden. Und sie klingen wie vor 20 Jahren, und die Salatsoße ist noch genauso senfig. Alles wie damals.«
»Manchmal glaube ich fast, du bist richtig gerne hier gewesen.«
»Bin ich doch auch! Die schönste Gegend: Häuser, Parks, Leute – alles. Da um die Ecke gab es früher manchmal Theater, unter dem Dach, in diesem fürchterlichen Gebäude. Und dahinter auf der Wiese habt ihr immer Drachen steigen lassen und seid laufend in Hundekacke getreten.«
»Warum sind wir Hals über Kopf von hier abgehauen?«
»Weißt du das noch?«
»Na hör mal – ich ging schon zur Schule.«
»Eben erst eingeschult warst du. Und mit Papa und mir lief das ja schon damals nicht mehr so gut.«
»Nach Papa habe ich nicht gefragt. Warum sind wir abgehauen, fluchtartig abgehauen?«
»Weißt du noch, du warst mit Tina ganz alleine, mit deiner kleinen Freundin Tina warst du alleine bis zum Bohlweg gelaufen, und dann seid ihr wiedergekommen, ganz aufge-

80

regt, ganz stolz auch, etwas erlebt zu haben, von dem ihr erzählen konntet. Und was hast du drauflosgeredet: Barbara, Barbara, hast du schon im Treppenhaus gerufen, Barbara, da waren so ganz viele kleine niedliche Autos in der Stadt und sind immer hin und her gefahren und haben gehupt und so komisch geknattert, und die Frau Ehlers – das war eure Lehrerin –, die Frau Ehlers, die hat dauernd Bananen in die Autofenster gesteckt, ganz ganz viele Bananen in die kleinen Autos geworfen hat eure Lehrerin, hast du erzählt. Mit so großen Augen. Und die Leute in den kleinen Autos hätten so lustige Frisuren gehabt und immer ›Wonzen Wonzen‹ gerufen. Was in deren Sprache wahrscheinlich ›Danke‹ hätte bedeuten sollen. Ich werde deinen Bericht nie vergessen.«

»Und warum sind wir damals abgehauen, mitten in der Nacht, wie Omi aus Pommern?«

»Weil. Weil ich. Weil ich Angst hatte, daß dein Vater plötzlich vor der Tür. Es ist nämlich so, daß dein Vater. In Leipzig. Also Papa ist nicht.«

»Ich weiß.«

»Ich hatte, er hatte, dich ja noch nie – was heißt das: Du weißt?«

»Omi hat mir alles erzählt.«

Barbara wischte zwei Krümel vom Tischtuch: »Natürlich.«

Steffi stand auf: »Ich muß los.«

»Aber warum fragst du, wenn du alles weißt?«

»Das fragst du mich ernsthaft?«

»Ich wollte schon längst.«

»Ich muß jetzt los.«

»Morgen früh raus. Mittags Papenburg.«

»Daniel wartet schon.«

»Schade. Geh ruhig. Wer ist Daniel?«

»Daniel ist mein Verlobter.«

»Hat Omi gar nichts davon erzählt.«

»Warum auch.«

»Entschuldige. Werdet ihr mich einmal besuchen?«

81

»Mal sehen. Tschüs, Mama.«
»Tschüs, Steffi.«
»Wir telefonieren.«

Barbara sah Steffi auf der Straße ihr Fahrrad besteigen und davonfahren.

Sie selbst nahm ein Taxi zum Hotel Deutsches Haus, ließ sich in der Lobby in den Sessel fallen und vom Nachtportier zwei Flaschen Feldschlößchen geben. Sie las die kleine Tafel unter dem kolossalen Ölgemälde von Themistokles von Eckenbrecher. Dieses Bild heißt wenigstens nur so, wie das ist, was es zeigt, dachte Barbara. Sie rauchte und trank zügig. »Sägemühle im Walde.« Dann ging sie ihre Sachen packen und fuhr noch in der Nacht.

Georg Oswald Cott

Grenzland an Aller und Ohre

Die Bundesstraße 188 schlängelt sich durch niedersächsisches Flachland. Nach Osten führend durchquert sie zwischen Oker und Aller die Fahle Heide mit ihren Mooren und Moränen, gibt den Blick frei in Gifhorn auf Wind- und Wassermühlen, überquert im Boldecker Land den Elbe-Seitenkanal, um schließlich hinter Weyhausen auf den Vorsfelder Werder zu stoßen – dort, wo der Drömling beginnt.

Die Route ist voller Liebreiz: Häufig säumen Birkenalleen die Ackerwege und rahmen die Felder. Wieder und wieder wechseln Wälder und Wiesen mit idyllischen Dörfern in zuweilen leicht gewelltem Land.

Zwar sind die Dörfer mit den Jahren gewachsen, haben Siedlungsringe angesetzt. Manche Orte gar protzen mit modernen Bauten. Dennoch ist historische Substanz erhalten geblieben, wie die niedersächsischen Hallenhäuser mit ihren weit ausladenden Toren. Viele alte Gebäude sind liebevoll restauriert, geben den Dörfern etwas Romantisches. Oft schirmen die heimischen Eichen wie archaische Wächter die Gehöfte. Und die von alters her üblichen geschnitzten Pferdeköpfe grüßen als Zierde auf Fachwerkgiebeln von Scheunen und Bauernhäusern.

Jäh endet die Bundesstraße 188 in Büstedt. Ein halbes Dutzend Häuser gruppieren sich um ein Herrenhaus. Der Weiler wirkt ausgestorben. Nur auf den Wiesen ringsum weiden einige gefleckte Kühe, die Schwarzbunten. »Halt! Hier Grenze«, warnt ein Schild.

Die Aller trennt Büstedt vom nahen Oebisfelde. Ihr Lauf bildet die Grenze zur DDR. Die Steinbrücke über den Fluß ist gesperrt, das Pflaster aufgerissen, die Straße verbarrikadiert mit Spanischen Reitern. Wenige Meter weiter droht ein noch unüberwindlicheres Bollwerk: die Mauer. Unmittelbar dahinter liegt Oebisfelde. Die Silhouette der Kleinstadt ist gut zu erkennen, liegt auf Rufweite nah und ist dennoch unerreichbar.

Drei Gebäude stechen hervor: Der Burgturm, die Kirche Sankt Nikolai und die Katharinenkirche, deren Turm schief steht, sich nach Westen neigt. Der Anblick wirkt kulissenhaft, ohne Leben; kein Mensch ist zu sehen. Sogar die Stadtgeräusche fehlen.

Einzig in einem der pilzförmigen Wachttürme regt sich etwas: Zwei Vopos beobachten mit Ferngläsern einen Storch. Der Vogel steigt vom Ufer der Aller auf, folgt ihrer Strömung, zieht Kreise, schwebt eine Weile, läßt sich nieder auf der Flußwiese vor der Mauer und stelzt einher auf der Suche nach Fröschen.

Die den Wächtern als Schußfeld dienenden Allerwiesen sind ein Rückzugsort für viele Wildtiere. Sie leben zwischen Fluß und Mauer unbehelligt.

Die Aller, die hier zur Schutzzone der Tiere wird, entspringt in der Magdeburger Börde, fließt östlich des Lappwaldes nach Norden, dringt bei Saalsdorf in den Landkreis Helmstedt und wird auf einer Länge von ungefähr 20 Kilometern zum Grenzfluß zwischen Niedersachsen und der DDR. Inzwischen derart verbreitert und wasserführend, daß bei Büstedt früher Kahnfahrten möglich waren, sogar Flößerei. Solche Nutzung verbieten jetzt die Sperren. Nicht einmal Angler wagen sich ans Wasser.

Nördlich von Oebisfelde hat die Mauer ein Loch. Sie gibt Durchlaß für die Bahntrasse Hannover, Stendal, Berlin. Unmittelbar links und rechts der Schienen setzen sich Stacheldraht, Bunker und Mauer fort. Ein geharkter Spuren-Sicherungsstreifen registriert jeden Fußabdruck. Und auf den Mann dressierte Doggen lauern in den Hundelaufanlagen.

Auch der Durchlaß für die Bahn wird kontrolliert: Beobachtungskanzeln, mit bewaffneten Wächtern besetzt, überblicken die Gleise.

Dagegen bei den westdeutschen Zöllnern im nahen Brome herrscht Gemütlichkeit. Ihre Wachstube liegt im ehemaligen Pferdestall der Burg. Auch zivile Besucher fühlen sich in diesem Umfeld wohl: Brötchen und Sülze stehen auf dem Tisch.

»Vor Jahren ging's hier noch blutig zu«, sagt Herr Unger, Leiter der Dienststelle. Ein Flüchtling aus der DDR geriet in die Selbstschußanlage. Die Geschosse streuten nagelkopfgroße, bizarre Metallsplitter. »Als wir den Grenzgänger fanden, hatte er 38 Einschüsse, aus denen das Blut in haardünnen Strähnen floß«, erinnert sich einer der Beamten. »Das war November '85«, meint er. »Nein, früher«, korrigiert ein anderer. »Schon '84 wurden die Selbstschüsse abgebaut.« Heute, Anfang Mai 1989, verblassen die Bilder. Das Schießen hat aufgehört.

Die DDR-Wächter gehen zu zweit auf Streife, heißt es. Im Gänsemarsch nickt schon mal der letzte, macht ein Handzeichen. Seit der Grundlagenvertrag gilt, existiert ein offizielles Telefon für Notfälle wie Windbruch oder Feuer. Das funktioniert. Vor kurzem kippten Unbekannte ein Dutzend Säcke mit Giftmüll in die Aller. Zentnerweise schwemmten tote Fische ans Ufer. Da liefen von hüben nach drüben die Drähte heiß.

Einen Katzensprung weiter liegt Zicherie. Himmel und Hölle spielen die Kinder direkt an der Sperre auf der Straße nach Böckwitz. Die gemalten Quadrate leuchten auf dem Asphalt. Wer durch das Höllentor hüpft, sitzt in der Falle. Ein Findling trägt eingemeißelt die Inschrift »Deutschland ist unteilbar«. Daneben zeigt eine baumhohe Tafel die Geschichte des Doppeldorfs. Geschichten, die auf keiner Tafel stehen, erzählen die Dorfbewohner: In den ersten Jahren der Teilung ging die Jugend noch zum Tanzen ins Gasthaus Lenz in Böckwitz. Die Russen bewachten damals die Grenze, ließen sich mit Schnaps bestechen oder zeigten Kosakentänze.

»Böckwitz-Zicherie, das war ein Dorf«, sagt Adolf Matthies. Aber im Mai '52 wurde ein drei Meter hoher Zaun gezogen, mitten durchs Dorf. Stacheldraht, Minenfeld und Bunker folgten. Die Häuser im Schußfeld wurden geschleift. In Böckwitz lagen die Schule, die Molkerei und fast alle Handwerksbetriebe. Will heute der Bruder in Zicherie die Schwester in Böckwitz besuchen – eine Strecke von 150 Metern – muß er einen Umweg von 100 Kilometern über Salzwedel machen. Auch das bringt noch Probleme: Böckwitz liegt in der Sperrzone, also müssen sich die Geschwister in der Kreisstadt Klötze treffen.

Der Bauer Adolf Matthies war jahrelang Bürgermeister von Zicherie. Während des Kalten Krieges besuchten Politiker, Militärs, und Wirtschaftsbosse den Ort. Der Bundespräsident Heinrich Lübke war hier, auch die Ministerpräsidenten des Landes Niedersachsen, Diederichs und Albrecht. Sogar McNamara aus den USA kam mit großem Troß, ebenso Miss Universum und Stars aus Hollywood. »Nur Adenauer nicht«, sagt Matthies.

Viele der Größen saßen in Adolf Matthies' guter Stube. Der Blick geht auf den Dorfplatz. Unter Eichen steht das Kriegerdenkmal mit seinen symmetrisch geordneten Totentafeln. Die Denkmäler in dieser Gegend registrieren vier Kriege: 1866 Preußen gegen Hannover, 1871 Deutschland gegen Frankreich, schließlich den Ersten und den Zweiten Weltkrieg. »Das ist eine historische Grenze«, sagt Matthies. Der Name Zicherie kommt aus dem Slawischen und heißt Streitaxt. Seit Generationen galt hier die Devise: *Unser Gott ist hannöversch, unser König ist preußisch.*

Grenzbewohner haben ein ausgeprägtes Geschichtsbewußtsein. Zuweilen bei Familienfeiern, bei Schützenfesten und auch am Stammtisch erzählen die Alteingesessenen

Geschichten von früher: Dort, wo jetzt die schwarz-rot-goldenen Grenzsäulen mit dem DDR-Emblem *Hammer und Zirkel* stehen, markierten ehemals hannoversche und später preußische Wappen die Grenze. In der Dorfchronik wird noch eine Urkunde aus dem Jahr 1866 aufbewahrt, in welcher Wilhelm, der König von Preußen, kundtut:

> *Wir befehlen, die Preußischen Adler an den Grenzen zur Bezeichnung Unserer Landesherrlichkeit aufzurichten, statt der bisher angehefteten Wappen. [...] Wir gebieten allen Einwohnern des nunmehr mit Unserer Monarchie vereinigten ehemaligen Königreichs Hannover, fortan Uns als ihren rechtmäßigen König und Landesherrn zu erkennen und Unseren Gesetzen, Verordnungen und Befehlen mit pflichtgemäßem Gehorsam nachzuleben.*

Heute herrscht ein anderes Wappen. Über dem Haus der Politischen Bildungsstätte weht die Fahne des Landes Niedersachsen: das springende weiße Pferd auf rotem Grund.

Darüber hinaus wirkt ein weiteres Patronat: Zicherie ist ein Schlafdorf von VW. Die ehemaligen Bauern aus Böckwitz, die jetzt im Westen wohnen, pendeln zur Nährmutter im nahen Wolfsburg. Manche betreiben noch Landwirtschaft im Nebenerwerb. Man sieht es, die Häuser sind rausgeputzt, die Menschen leben bürgerlich.

Auch der Grenzübergang Rühen zählt zur Samtgemeinde Brome. Das war nicht immer so. Rühen gehörte seit Generationen zum Land Braunschweig. Davon zeugt auf dem Dorfplatz ein hünengrabgroßer Findling, der steil aufgerichtet haushoch auf einem Feldsteinsockel steht. Unter einem eingeritzten Tatzenkreuz leuchten die rotgefärbten Jahreszahlen 1813-1913. Die Alten im Dorf wissen noch, was die Zahlen bedeuten: Rühen wurde dem von Napoleon geschaffenen Königreich Westfalen einverleibt. 1813 – nach der Völkerschlacht bei Leipzig – zerbrach dieses Reich, und das Dorf wurde wieder Teil des Herzogtums Braunschweig.

Das war Grund genug bei der Einhundertjahrfeier 1913 diesen Gedenkstein aufzustellen.

Ebenfalls gibt der Friedhof von Rühen viel preis aus der Chronik des Ortes: An einem von Immergrün bedeckten Gräberfeld steht eine viereckige mannshohe Steinsäule mit dem eingravierten Text des Vaterunsers. Dazu kündet ein Grabplattentext von der Geschichte der Gräber:

Hier ruhen über hundert russische / und polnische Kinder / die im Kinderlager Rühen / 1944 – 1945 / Opfer der nationalsozialistischen / Gewaltherrschaft wurden / Im Alter von wenigen Tagen / wurden sie ihren Müttern genommen / und kamen jämmerlich zu Tode / ihr Tod mahnt uns / den Krieg und seine Unmenschlichkeit / nicht zu vergessen / aus der Vergangenheit / für die Zukunft zu lernen / zu hoffen und dafür zu wirken / daß menschliche Gewalt / vom Leben füreinander / abgelöst wird / Wir gedenken der Opfer

Nichts von der Friedhofsatmosphäre ist zu spüren in der nahen Gaststätte am Mittellandkanal. Dort treffen sich Binnenschiffer aus Breslau und Prag, aus Basel und Amsterdam. Über der Theke hängen polnische Wimpel, die Trikolore, der Union Jack. Bei Sonnenuntergang schalten die DDR-Behörden die Ampeln auf Rot. Abends wimmelt's in Rühen von Kähnen und buntem Volk. Hinter dem Rücken der Zöllner und deren Spürhunden gedeiht so manches Geschäft.

Der Mittellandkanal dringt hier in den Drömling, ein Moor- und Feuchtwiesenland – gespeist von Aller und Ohre – das weit in die Altmark reicht. Vor ein, zwei Menschenaltern gab's hier noch undurchdringliche Sümpfe. Inzwischen wird der Drömling entwässert. Doch es bleibt ein Hauch von Urlandschaft.

Vom Kanaldamm geht der Blick über Moor- und Auenwälder. Unberührt von Straßen oder Überlanddrähten. Der Grenzzaun als einziges Bauwerk in dieser Wildnis wird zum

Schutzwall für Pflanzen und Tiere. Die Rote Liste der aus-
sterbenden Arten gilt hier nicht. Storch und Himmelsziege,
Otter und Natter finden ein Refugium. Für Botaniker gilt
das etwa 300 Quadratkilometer große Feuchtgebiet als Vorposten der Taiga mit fleischfressenden Pflanzen, Bäumen
und Gräsern mit poetischen Namen, wie Flatterulme und
Knoblauchgamander. Durchs Fernglas ist Buchholz zu er-
ahnen. Dort biegt der Kanal nach Südosten, um bei der ehemals braunschweigischen Exklave Calvörde den Drömling
zu verlassen. Unerreichbar von Rühen aus.

Eine Beschaubrücke mit Wächterhaus und Scheinwer-
fern überspannt die Wasserstraße. Selbst für Taucher und
Aale ist hier kein Durchkommen: Unter Wasser sperrt
abends ein Senkgitter den Weg.

Im Land Brome herrschen noch andere Zäune: Knapp 30
Kilometer Maschendraht begrenzen das VW-Prüfgelände
im Zwillingsdorf Ehra-Lessien. Der Werkschutz hat Argus-
augen. Nur für Personen mit Sonderausweis öffnen sich die
Tore. Dr. Stoffregen, Physiker in der Forschung, kommt ins
Schwärmen: »Wir sind das größte Autotestgelände Europas.« 20 Millionen Fahrkilometer pro Jahr, heißt es. »Hier
wird Zukunftstechnologie erprobt.« Hinter den Lärm-
schutzwällen lauern Blaubasalt und Marterstrecken, Schlamm-
und Salzwasserfurten. Ein künstlicher Berg mit Steilwand
und Serpentinen ermöglicht Alpenfahrten in der Norddeutschen Tiefebene.

Vor Jahren gab's Ärger mit dem nahen Truppenübungs-
platz. Leuchtraketen wehten an Fallschirmen auf den Renn-
beton. Jetzt herrscht freie Bahn im Urwald ohne Wildver-
biß. Die Rehe wurden vertrieben. Statt ihrer fliegen
Fischadler ein.

Unweit im Kaiserwinkel wurde vor Jahren der Journalist
Kurt Lichtenstein von DDR-Wächtern erschossen, als er die
Grenze überschritt. Ein Holzkreuz erinnert daran. Direkt
davor parkt ein Geländewagen. Der Fahrer entrollt ein

Meßtischblatt, zieht Kreise auf dem Papier. »Wenn's mal anders kommt«, sagt er, »werden die Wachttürme Top-Immobilien.« Der Mann entpuppt sich als Makler. Er klappert die Bauern an der Grenze ab. Denen, die drüben Land besitzen, bietet er Vorverträge an. »Das wird wie mit den alten Windmühlen«, meint er, »die sind heute kaum noch zu bezahlen.«

Als Erdenwinkel voller Extreme offenbart sich das Land Brome. Sein magisches Dreieck – markiert durch Ehra-Lessien, den Drömling und Zicherie – weckt Hoffnung und Trauer zugleich: Im Abseits verbirgt sich ein Innovationszentrum der Hochtechnologie. Hier wird an Projekten gearbeitet, die schon bald Natur und Technik versöhnen könnten.

Der Drömling beweist, daß totgesagte Tiere und Pflanzen eine Wiedergeburt erfahren, sofern der Mensch als ihr Hüter und nicht als ihr Zerstörer auftritt. Zwar entstanden die ökologischen Schutzzonen ungewollt als Nebenwirkung der deutsch-deutschen Grenze. Unter friedlichen Vorzeichen könnte diese Grenze hier ein Kristallisationspunkt für den Naturschutz werden.

In Zicherie dagegen gibt's nichts zu beschönigen. Wächter und Waffen, Sichtblenden und Drahtverhau wirken wie die Kulissen eines absurden Theaters.

Die Menschen im Flecken Brome zeigen Zuversicht. Sie lassen sich nicht kleinkriegen vom Eisernen Vorhang, der den Ort von Süden, Norden und Osten wie eine Zange umschließt. Dank eines aktiven Bürgersinns ist die heimische Burg zu einem lebendigen Museum alter Handwerksberufe ausgebaut. Eine Kulturstätte, die inzwischen Besucher von weit her anlockt. Darüber hinaus hat sich die Gemeinde zu einem Erholungsort entwickelt: Die Ohre – nördlich von hier noch Grenzfluß zwischen Niedersachsen und der DDR – wurde gestaut und so zum fischreichen Ohresee, umgeben von idyllischen Wanderwegen. Das jährliche Burgfest quillt über von fröhlichen Menschen. Sie kommen bis aus der französischen Partnerstadt La Guerche de Bretagne. »Nur die Partnerschaft zum nahen Klötze steht noch aus«, sagt Fritz Boldhaus, der Vorsitzende des Museums- und Heimatvereins. Auch auf den Oldtimer-Preußenzug warten die Bromer in diesem Jahr vergeblich, denn die altersschwache Trasse der Osthannoverschen Eisenbahn wurde gesperrt. Aber etwas anderes liegt in der Luft: Statt der wilhelminischen Salonwagen taucht plötzlich ein Trabbi aus Zwickau auf – als habe die Mauer ein Loch.

Henning Ahrens

Wislaugs Wiedergeburt

Bei Wislaugs Wiedergeburt kam es zu zwei Pannen: Erstens wurde er nicht, wie es sich gehört hätte, in seinem Todesjahr 2045 reinkarniert, und zweitens schlug seine Seele im Körper eines Mastbullen ein. Als er sich nach minutenlanger Bestürzung und Verwirrung gesammelt hatte und die Augen öffnete, erblickte er grünes Gras und Löwenzahn, und als er sich umschaute, stellte er fest, daß er mit fünf anderen Bullen auf einer stacheldrahtumzäunten Weide graste, auf der sich außerdem ein Eimer Salz, ein Futtertrog und ein Wasserfaß befanden.

Wislaug, zu Lebzeiten ein Liebhaber des Herzhaften, rupfte ein Büschel Gras aus, und beim Kauen kam er ins Grübeln: Auf dem Seelensammelplatz, unweit des Sitzes der Arno-Schmidt-Stiftung in der Lüneburger Heide, mußte den Cherubim oder Serafim ein Fehler unterlaufen sein, denn auf dem Fragebogen hatte er den Wunsch notiert, als höherer Beamter, am besten als Diplomat – und dies am allerbesten in China oder Indien – wiedergeboren zu werden. Ein Dasein als Mastbulle hatte er nie in Erwägung gezogen. Hatte man seinen Fragebogen vertauscht? Oder hatte man ihn für die Unverschämtheit seines Wunsches nach einer gutbezahlten Arbeit in einer wohlhabenden Weltgegend bestrafen wollen? Wislaug schlug mit dem Schwanz nach einer Mücke und trabte zum nächsten Büschel Gras, das ihm das Wasser im Maul zusammenlaufen ließ – die Physis der Paarhufer hatte schon Besitz von ihm ergriffen, und die Bewegungsabläufe und Bedürfnisse eines Lebens auf vier Beinen kamen ihm ganz natürlich vor.

Wislaug fraß, bis die Weide im Licht der Abendsonne glühte, und legte sich dann hin, um beim Wiederkäuen in aller Ruhe weiter nachzudenken. Nicht, daß ihn lebensphilosophische Fragen beschäftigten, o nein. Er war stets ein pragmatischer Mensch gewesen, hatte als solcher die Vorstellung der Wiedergeburt für Unsinn erklärt und im übrigen bei einer niedersächsischen Versicherung gearbeitet. Als er sich mit 76 Jahren nicht mehr selbst hatte versorgen können, war er in ein Heim gegangen, und als ihm das Siechtum die Würde zu rauben drohte, hatte er sich einschläfern lassen, ohne eine einzige Tat in seinem Leben zu bereuen, nicht einmal die frühzeitige Scheidung von seiner Frau, die ihn als kinderlosen Junggesellen zurückgelassen hatte.

Auch jetzt, umringt von seinen schweigend wiederkäuenden, neuen Artgenossen, empfand er keine Reue, dachte aber mit Bedauern an seine drei Katzen und den KIA mit Wasserstoff-Antrieb, den er zuletzt gefahren war, und als er so dalag, mit den Ohren wedelte, um die Fliegen zu verscheuchen, und mit dem breiten Unterkiefer mahlte, wurde ihm bewußt, daß er als Mastbulle keine hohe Lebenserwartung hatte. Vielleicht ein Vorteil, weil er in ein paar Jahren noch einmal den Wiedergeburtswunsch »Diplomat« auf dem Fragebogen notieren könnte, und womöglich liefe dann alles glatt. Aber, fragte er sich, durfte man als Bulle auf Wiedergeburt hoffen? Und im übrigen behagte ihm trotz seiner Vorliebe für Steaks die Vorstellung nicht, in Kamm, Rippe und Lende, in Oberschale und Unterschale zerlegt zu werden. Besorgt ließ er den Blick über seine Mitbullen gleiten, die weder unruhig wirkten noch erkennen ließen, daß auch sie die Seele eines Menschen beherbergten. Wislaug würgte Futter aus dem Labmagen hoch und dachte zum wiederholten Mal, daß die Engel auf dem Seelensammelplatz bei Bargfeld die Sache komplett verbockt hatten.

Dann dämmerte ihm, daß er sich im Peiner Land befand, seiner Heimat, nur ganz bestimmt nicht im Jahr 2045, denn was da hinten qualmte, war die Ilseder Hütte, die man in den 1990ern zurückgebaut hatte, und was dort drüben aufragte, war der Förderturm des Erzbergwerkes Schacht Emilie, der noch früher abgerissen worden war. Offenbar war Wislaug bei seiner Wiedergeburt rückwärts durch die Zeit gepurzelt, noch ein Fehler dieser hirnlosen Cherubim oder Serafim, denn dies waren die Klein Ilseder Wiesen vor der Stillegung der Hütte, einer Zeit, in der man hier noch Heu geholt und Rüben angebaut hatte. Nach der Stillegung waren die Wiesen durch den Anstieg des Grundwasserspiegels versumpft und hatten Schilfwälder getrieben, in denen seltene Vögel brüteten.

»Ja«, dachte Wislaug so träge, wie Mastbullen eben denken, »vermutlich befinde ich mich im Westdeutschland der frühen achtziger Jahre. Mark und Mauer, graumäusiger Wohlstand, klare Fronten.« Und nicht ganz so träge dachte er: »Aber danach habe ich mich nie zurückgesehnt!«

Dann dachte er nichts mehr, sondern kaute nur noch, und als der Bauer mit dem Trecker das Wasserfaß holte, um es neu zu füllen, und Kraftfutter in den Trog kippte, brüllte Wislaug, kam zuerst auf die Hinterbeine und dann auf die Vorderbeine und trabte zum Zaun. Dort hinten, jenseits der Gleise, lag das Dorf, in dem er aufgewachsen war, die Dächer der Häuser und Höfe leuchteten rot im Licht der sinkenden Sonne.

Nachts quakten die Frösche so laut, daß Wislaug kein Auge zubekam. Seine fünf Mitbullen lagen auch da, sie kauten und blinzelten ins Dunkel. Irgendwann stemmte er sich hoch, trottete zum Zaun und betrachtete wieder das Dorf. Gerade senkten sich bimmelnd die Schranken des Bahnübergangs, und bald darauf fuhr der Zug durch, in dessen Pfannen rot das flüssige Eisen schwappte. Wislaug stieg ein Schwefelgeruch in die Nüstern. Mücken stachen ihn. Das Dorf lag still da, erhellt von Straßenlaternen, und in der Ferne, hinter Reithalle und Wasserturm, zuckte über dem Stahlwerk die Gasflamme. Wislaug war all dies so vertraut, daß er fast glaubte, es hätte sich niemals verändert, und er mußte an seinen Großvater denken, der in seiner Altersdemenz fast alles vergessen und sich zum Ärger seiner Frau nur noch an Kindheit und Jugend erinnert hatte.

»Gediegen!«, hatte Wislaugs Großmutter immer dazu gesagt. »Wirklich gediegen. Ich komme nicht mehr in ihm vor.«

Wislaug, der die Lichter der Autos auf der B 444 betrachtete, stand da, versunken im Anblick seiner lebendig gewordenen Kindheitserinnerungen, und nach einer Weile faßte er einen Beschluß: Er ließe sich nicht schlachten, ganz bestimmt nicht, sondern bräche aus. Dieser Zaun hier – er stemmte den Schädel gegen einen der Weidepfähle – hielte seiner Kraft nicht stand, einer Kraft, deren er sich, anders als seine menschenseelenlosen Mitbullen, deutlich bewußt war. Und danach erfüllte er sich einen Wunsch und täte etwas, das er im jetzigen Damals bzw. im damaligen Jetzt, an die geteilte Wirklichkeit gewöhnt und vom Mauerfall überrumpelt, zu seinem Leidwesen nie getan hatte: Er besuchte die DDR. Als gut gemästetes Westrind bräuchte er sicher weder Paß noch Visum, im übrigen konnte Honecker froh sein, daß einmal jemand von West nach Ost wechselte, und im Notfall nähme er den Grenzposten einfach auf die Hörner. Zum Ausgleich für diese Mißwiedergeburt wollte er ein Abenteuer erleben, wie er noch nie eines erlebt hatte.

Berauscht von der Welt seiner Jugend, der neuen Kraft und dem kühnen Plan, schnob Wislaug, wie ein Bulle schnaubt, und plättete drei Weidepfähle, so daß er mit heiler Haut über den Stacheldraht laufen konnte. Er drehte sich um und brüllte seinen Mitbullen etwas zu, und diese kamen auf die Beine und folgten ihm nach Osten.

Niemand kannte den Herrn des Peiner Landes, doch es gab ihn trotzdem. Er war in allen Zeiten zugleich zu Hause, was ihn nicht unbedingt heiter stimmte, da er wußte, was sich im Kessel der Geschichte an Ungutem zusammenbraute, und er war in jeder Epoche elegant gekleidet, da er die Stillosigkeit verabscheute. Sein Erscheinungsbild konnte er nach Belieben ändern, und fliegen konnte er auch, am liebsten glitt er dicht über die Baumwipfel. Seine Aufgaben waren nicht eindeutig definiert, am ehesten war er wohl als spiritueller Privatier zu bezeichnen, vielleicht auch als Geist der Erinnerung, der sich unsterblich durch die Jahrtausende zappte, seit Menschen hier im fruchtbaren Flachland gesiedelt hatten. Er kannte die Epoche der Mammuts und auch die der Wölfe, wußte, wer in den Hügelgräbern im Gräwig bestattet worden war, hatte die Belagerung Peines miterlebt, hatte gesehen, wie Dörfer zu Wüstungen wurden, war Tilly begegnet, als dieser 1626 bei Groß Lafferde sein Winterlager aufgeschlagen hatte, und wußte über jede Ahnenreihe Bescheid, da konnte ihm keiner das Wasser reichen, auch der gewiefteste Heimatforscher nicht. Doch von all diesem Wissen abgesehen war er so machtlos wie die Queen, sein Dasein rein repräsentativer Natur. Im Grunde, und dies war ihm bewußt, war er ein irrlichterndes Fossil aus Tagen, in denen weder Wasser und Land noch Tag und Nacht voneinander geschieden gewesen waren, und wenn er sich zu Tode hätte langweilen können, dann hätte er dies inzwischen bestimmt getan.

Nun aber, zum ersten Mal in all den Jahrtausenden, hatte er eine Aufgabe. Zwei Engel waren ihm erschienen, sie hatten ihn zu seiner Verblüffung im Jahr 1581 auf dem Gutshof derer von Schwicheldt aufgegabelt, wo der Maler Marten de Vos, zuvor für den Herzog von Celle tätig, eingetroffen war, um einen Flügelaltar zu gestalten. Die Engel hatten dem Herrn des Peiner Landes berichtet, daß man im Jahr 2045 eine Seele fehlinkarniert habe, die eines gewissen Ernst-Otto Wislaug, vormals Versicherungsangestellter, der nun als Bulle durch die Gegend trabe. Er müsse entseelt werden, und zwar hurtig, da er noch viele Lebensläufe vom Ende seiner Seelenreise entfernt sei und diese, keulte man ihn in seiner Fehlinkarnation, nicht vollenden könne.

Die Sache war den Engeln so peinlich, daß sie rot wurden und schamhaft mit den Flügeln flappten.

Der Herr des Peiner Landes hörte aufmerksam zu.

»Wislaug war noch nicht für eine Wiedergeburt vorgesehen«, sagte der erste Engel. »Denn es herrscht ein Überschuß an Alten und ein Mangel an Kindern. Leider hat ein Engelseleve den Seelenbeamer falsch programmiert, und da ist es passiert: verkehrter Leib, verkehrte Zeit.«

»Wir haben Personalmangel und können uns nicht um diesen Wislaug kümmern«, sagte der zweite Engel. »Daher möchten wir Sie bitten, die Sache zu regeln, zumal Sie den Vorteil der Ortskenntnis haben. Wir wären Ihnen dankbar, wenn Sie das Rindvieh deinkarnierten und uns die Seele zukommen ließen. Sie wird dann auf dem Seelensammelplatz bei Bargfeld zwischengelagert, bis ein Kind für die Wiedergeburt zur Verfügung steht.«

Der erste Engel reichte dem Herrn des Peiner Landes ein an einen Handstaubsauger erinnerndes Gerät und sagte: »Dies ist ein Entseeler. Stellen Sie auf maximale Wattstärke, denn Bullen sind dickköpfig.« Des weiteren reichte er ihm einen Zettel mit den Koordinaten.

Wie die Jungfrau zum Kinde war der Herr des Peiner Landes also zu seiner allerersten Aufgabe gekommen. Er schob den Entseeler hinter den Gürtel seiner Pluderhose, und den Zettel steckte er in seine Geldbörse, und dann setzte er zum Raum-Zeit-Sprung an. Dazu ging er in die Hocke und rief, als er auffederte, ein arkanisches Zauberwort, und beim Eintritt in die Gefilde der Zeit- und Raumlosigkeit bedauerte er ein wenig, dem flämischen Maler nicht bei der Arbeit zusehen zu können.

Doch als er sich in einer Sommernacht des Jahres 1982 in der Nähe des Lahbergs materialisierte, war sein Bedauern schon verflogen.

Wislaug wußte, daß es ein Ding der Unmöglichkeit war, als Bulle unbemerkt durch die Gegend zu trotten, und er fragte sich, wie lange er seine Mitbullen, die nur das Fressen im Kopf hatten, bei der Stange halten konnte. Dazu kam, daß es keine grüne Grenze gab – sie mußten den Westwall der DDR beim Grenzübergang Helmstedt passieren und sich im Anschluß von der Transitautobahn aufs Land verkrümeln, auch dies keine leichte Aufgabe.

All das ging Wislaug durch den Schädel, als er an der Spitze seiner kleinen Herde durch die Oberger Tannen trabte, und da er so in Gedanken versunken war, erschrak er fast, als er nach dem Verlassen des Waldes einen barock ge-kleideten Mann unbestimmbaren Alters erblickte.

Der Herr des Peiner Landes stand auf der Brücke, die über den Pissa-Bach führte, und betrachtete die Sterne. Als er die sechs Bullen bemerkte, drehte er sich nach ihnen um und ließ den Blick über die Tiere gleiten, um herauszu-finden, in welchem Wislaug steckte. Die Bullen standen da, das Mondlicht warf ihre Schatten auf den Weg, sie sahen ihn an, und schließlich begannen fünf, am Feldrain zu grasen.

Nur einer rührte sich nicht vom Fleck.

Das mußte Wislaug sein.

»Guten Abend«, sagte der Herr des Peiner Landes, stellte sich vor und erklärte dann: »Ich bin im Auftrag der Engel hier, um Ihre Seele zurückzuführen. Sofern Sie«, fügte er höflich hinzu, »dies wünschen.«

Wislaug trabte auf ihn zu und sah ihn aus großen, dunk-len Augen an. Zwei Dörfer waren von der Brücke aus zu sehen, im Norden Dungelbeck, im Süden Schmedenstedt, und der Herr des Peiner Landes sagte: »Brüllen Sie einfach drauflos, Herr Wislaug, ich verstehe Sie schon.«

Dieser begann, gedämpft zu muhen. Er habe sich, sagte er, schon gedacht, daß dies ein Irrtum sei, denn eigentlich habe er als Diplomat wiedergeboren werden wollen. Doch wenn er ehrlich sei, müsse er zweierlei klarstellen: Erstens habe er so-wieso nie an die Wiedergeburt geglaubt und halte die ganze Sache für einen schlechten Scherz, und zweitens wolle er sich die DDR anschauen, die er zu Lebzeiten nie besucht habe.

»Sie wollen Ihre Chance nutzen«, erwiderte der Herr des Peiner Landes. »Das kann ich verstehen. Aber die beiden Engel …« – er verstummte kurz, weil ihm einfiel, daß der Flügelaltar, den er ja auch im fertigen Zustand kannte, zwei Engel zeigte, die hinter den Bildnissen der früh verstorbenen Söhne derer von Schwicheldt standen, als hätte der Maler die beiden Himmlischen heimlich beobachtet – »… waren in großer Sorge um Sie. Wollen Sie nicht lieber im schönen Peiner Land bleiben? Wir könnten eine Runde im Nordkreis drehen, dort ist es ländlicher als im schwer industrialisierten Südkreis, und die Heide ist nah.«

Wislaug sah sich nach seinen Mitbullen um, die sich grasend zerstreuten. Dann sagte er, daß er auf jeden Fall in die DDR wolle, man müsse schließlich über den Tellerrand blicken.

»Hm«, sagte der Herr des Peiner Landes, der sich in seinem, zwischen den Jahrtausenden vertreuten Dasein stets innerhalb der jeweiligen Kreisgrenzen aufgehalten hatte, »da haben Sie wohl recht.« Er drehte sich um und sah nach Osten. Zog den Seelensauger hervor, musterte ihn, steckte ihn weg, und auf einmal erfaßte ihn eine große Sehnsucht danach, in einer Zeit verortet zu sein und Weg und Ziel zu haben. Er dachte an den Auftrag der Engel. Er sah Wislaug an, der in all seiner Bullenpracht vor ihm stand, und dann verkündete er kurz entschlossen: »Zum Teufel mit diesen Engeln und ihrer Bürokratie. Ich komme mit Ihnen!«

Also zogen beide nach Osten. Der Herr des Peiner Landes, klassisch gebildet und nicht ohne Schalk, nahm die Gestalt einer schönen Frau an und räkelte sich auf Wislaugs Rücken, und wenn jemand fragte, wohin er mit dem Rind denn wolle, erwiderte er stets, er sei zu einem Foto-Shooting unterwegs – ›Eleganz für die Provinz‹ – und heiße, aber dieses nur am Rande, Europa, ein Scherz, den leider niemand verstand.

Bulle und spiritueller Privatier kamen prächtig miteinander klar, dieser erzählte, wie er durch die Zeiten wechselte, jener erzählte von seinem Leben als Versicherungsangestellter, und der Herr des Peiner Landes wußte außerdem zu berichten, daß er die Wislaugs kenne, seit deren Vorfahren in der Bronzezeit am Ufer der Fuhse gesiedelt hatten, ja, er kenne die Geschichte aller hiesigen Familien, von denen allerdings nur wenige bis in fernste Vergangenheit zurückzuverfolgen seien, da Krieg und Arbeitssuche immer wieder alles durcheinanderbrächten, aber das lasse sich nicht ändern, da gebe es weder klare Linien noch Eindeutigkeit, jeder Mensch sei eine wilde Mischung aus unterschiedlichsten Vorfahren, man denke nur an all die Flüchtlinge, die nach dem letzten Krieg hierher gekommen seien.

»Dem vorletzten«, brummte der zeitzurückversetzte Wislaug, der an den zwei Jahre währenden Sezessionskrieg zwischen Ost- und Westeuropa dachte.

»Gut, ja«, erwiderte der Herr des Peiner Landes, der immer noch in Frauengestalt auf Wislaugs breitem Rücken lag, die Hände hinter dem Kopf verschränkt. »Aber nach 1945 war es besonders schwierig. Denken Sie nur an Ihre Eltern: Die Mutter eine evangelische Peinerin, Ihr Vater ein katholischer Schlesier. Solche Ehen, zumal konfessionsübergreifend, hat man sogar noch in den frühen 1970ern mißbilligt!«

Dazu brummte Wislaug nur. Seine Mutter war zu dominant gewesen, sein Vater zu schwach, was die Ehe am Ende zerstört und ihm, die Frauen betreffend, im Leben viel Ärger eingebracht hatte.

»Seit damals hat sich das Landleben unerhört gewandelt!« fuhr der Herr des Peiner Landes fort. »Fast alle traditionellen Strukturen sind zerfallen, vor allem, was die Bauern angeht, die schließlich nur noch Mais für Biogas angebaut haben.« Er verstummte kurz. Sagte dann: »Wissen Sie was, mein lieber Wislaug? Brüste zu haben ist gar nicht übel, die wippen so schön im Rhythmus Ihres Trotts.«

So zogen sie dahin, überquerten die Kreisgrenze und drangen auf braunschweigisches Gebiet vor. Östlich der

Stadt wurden sie von einem Polizeibeamten gestoppt, der, über die Flucht der Bullen in Kenntnis gesetzt, auch den letzten einzufangen versuchte, und da er sich vom Charme Europas partout nicht bezirzen lassen wollte, entseelte ihn der Herr des Peiner Landes mit dem Sauger, etikettierte die Seele listig als jene Wislaugs und verschickte sie nach Bargfeld.

»Nun haben wir unsere Ruhe«, sagte er. »Und zwar in jeder Hinsicht.«

Der um seine Seele erleichterte Beamte tippte sich an die Mütze und ließ die ungleichen Gefährten davontraben, und zwei Wochen später kündigte er seine unkündbare Stelle, um nach Indien in einen Aschram zu gehen.

Der Herr des Peiner Landes wurde immer fröhlicher, zitierte Gedichte von Friedrich von Bodenstedt – »Umringt von Torf- und Heidemooren / Und Acker, der den Bauern nährt, / Liegt rings das Land, der Kunst verloren, / Der es ein Obdach nie gewährt ...« –, und Wislaug bestaunte die Autos, denen sie begegneten, denn er hatte diese lauten, benzinbetriebenen und stinkenden Modelle fast vergessen.

»Unterm Strich war dieser Bodenstedt kein herausragender Dichter«, sagte der Herr des Peiner Landes, »aber er ist nach seiner Peiner Jugend weit gereist – München, Wiesbaden, Amerika, Rußland, Georgien. Und wir«, fügte er hinzu, »ziehen nun auch nach Osten!«

Als Königslutter hinter ihnen lag, sagte er: »Wenn ich eine Frau bleibe, mein bester Wislaug, werde ich mich am Ende noch in Sie verlieben!«

»Bleiben Sie eine Frau«, muhte der nimmermüde trabende Wislaug. »Das kann nur von Nutzen für uns sein.«

Daher war der Herr des Peiner Landes beim Erreichen der Grenzbefestigung immer noch weiblich und ließ sich willig durch die Ferngläser der DDR-Grenzbeamten voyeurisieren. Der Bulle folgte dem von Hochsitzpfählen und Warntafeln markierten Niemandsland, bis der Grenzübergang Helmstedt in Sicht kam.

Er blieb stehen. »Und nun?« fragte er.

»An Magdeburg vorbei ins Havelland!« erwiderte der Herr des Peiner Landes und ließ sich vom Bullenrücken gleiten.

»Aber der Übergang wimmelt von Zoll- und Grenzbeamten.« Wislaug betrachtete die Gebäude und die Autoschlange. »Gut möglich, daß man mich immer noch sucht. Und haben wir den Zuständigkeitsbereich der Engel schon verlassen?«

Der Herr des Peiner Landes schüttelte den Kopf. Er zwirbelte eine dunkle Locke um den rechten Zeigefinger, sah an sich hinab – wirklich, er war eine bildschöne Frau, schlank, steil gekurvt und wohlbebust – und sagte dann: »Wir schaffen das nur mit List und Glück.«

»Die Transitautobahn bringt uns nichts«, sagte Wislaug. »Am besten, wir fahren nach Westberlin und wechseln von dort in den Osten.«

»Gute Idee«, erwiderte der Herr des Peiner Landes. »Zumal Sie gewiß einen Führerschein haben.«

Wislaug brummte und starrte auf seine Hufe. Er hatte, wie er nun merkte, allzu vieles nicht bedacht.

Hell schien die Sonne, und über der Autobahn flirrte die Luft. Nach langem Nachdenken sagte der Herr des Peiner Landes: »Wir müssen auf einen Viehtransporter warten. Es kommt mit Sicherheit bald einer, denn ohne Frischfleisch hungert der Berliner.«

Am Rand der Autobahn im Schatten liegend, beobachteten sie die Autos. Wislaug graste, dann käute er wieder, und der Herr des Peiner Landes wechselte probehalber die Gestalt, kehrte aber stets zu der Europas zurück. »Ich glaube, ich habe mich in mich selbst verliebt«, sagte er. »Ist das anstößig?«

»Narzißtisch vielleicht«, brummte Wislaug. »Aber Sie sind ja ein spezieller Fall.«

Nach drei langen Stunden tauchte am späten Nachmittag im Abgasgewaber ein Viehtransporter auf. Sobald er in der

Schlange stand, wies der Herr des Peiner Landes den Bullen an, in Deckung zu bleiben, strich sein Kleid glatt und ging zu dem Lkw. Wislaug sah ihn über die Autobahn flitzen und an die Fahrertür klopfen. Der Fahrer kurbelte das Fenster hinunter, und offenbar entspann sich ein fröhliches Gespräch, denn es wurde viel gelacht. Schon nach wenigen Minuten kehrte der Herr des Peiner Landes zurück.

»Ich glaube, dieser junge Fernfahrer findet mich attraktiv«, sagte er und errötete wie ein Backfisch. »Er nimmt uns mit. Aber …« – er runzelte die Stirn – »… er bringt Schweine nach Berlin.«

Auf diese Weise fand sich der Bulle, nachdem er sich über die Leitplanke gewuchtet hatte, unter Borstentieren wieder. Sie stanken und grunzten den neuen Mitreisenden fragend an, und bevor die Ladeklappe zufiel, fragte Wislaug: »Was tun Sie, wenn der Mann Sie anbaggert?«

»Das gleiche wie Tiresias: Ich probiere es aus«, erwiderte der Herr des Peiner Landes. »Schließlich bin ich ein spiritueller Privatier und kann als solcher nicht schwanger werden.«

»Und Ihr Paß?« fragte der Bulle.

»Mein lieber Wislaug!« erwiderte sein Reisegefährte. »Der Paß ist das geringste Problem.«

Dann schloß sich die Klappe mit einem Krachen.

Der himmlische Suchtrupp war Wislaug auf den Fersen gewesen, doch als die Engel den Grenzübergang Helmstedt erreichten, befand sich der Viehtransporter bereits auf der Transitstrecke.

»Wir fangen sie in Westberlin ab«, sagte der Oberengel in Unkenntnis des wahren Grundes für Wislaugs Marsch nach Osten. »Gut möglich, daß sie sich über die Friedrichstraße in die DDR absetzen wollen, denn im atheistischen Ausland sind wir machtlos.«

Die Engel flügelten über die Autobahn nach Osten, wobei sie den Viehtransporter im Auge behielten. Und als der

Lkw bei Anbruch der sommerabendlichen Dämmerung auf die erste Raststätte auf Westberliner Boden abbog und sich dort einen abgelegenen Parkplatz suchte, glitten sie lautlos nieder. Hinter Büschen verborgen, beobachteten die elf Mitglieder des Suchtrupps ihren Anführer und Oberengel, der sich an das Fahrzeug anpirschte. Die Lkw standen in einer langen Reihe, an deren Ende die Lichter der Raststätte leuchteten.

Der Himmel wurde zusehends dunkler.

Der Oberengel war einerseits etwas ängstlich, da ein solches Kommandounternehmen neu für ihn war, und andererseits verärgert, weil sich der Herr des Peiner Landes als illoyal erwiesen und außerdem versucht hatte, die Engel auf dem Seelensammelplatz mit einer falschen Seele zu beschummeln. Er huschte zur Beifahrertür und spähte in die Kabine. Diese bebte ein wenig, und als der Oberengel den Blick schärfte, sah er, daß sich auf der Schlafpritsche hinter den Sitzen ein Paar liebte – er konnte ein außerordentlich schönes Frauenbein sowie eine Brust erkennen. Irritiert ließ er sich absinken. Wo steckte der Herr des Peiner Landes? Er glitt neben den Transporter und sah durch die Luftschlitze – der Bulle immerhin war da.

Er winkte seine Gefährten zu sich, dann zischte er: »Wislaug! Wir müssen Sie entseelen, damit Ihre Wiedergeburt ordnungsgemäß über die Bühne gehen kann!«

Die Schweine begannen, aufgeregt zu quieken.

»Hören Sie, Wislaug?«

Der Bulle drückte seine Schnauze an einen Luftschlitz. »Ich möchte nur einmal die DDR bereisen«, bat er. »Das habe ich in meinem früheren Leben versäumt.«

»Wir inkarnieren Sie gern im Lenin der Zukunft«, zischte der Oberengel. »Aber so, wie es ist, befinden Sie sich im falschen Leib und in der falschen Zeit. Wir haben unsere Regeln.« Er befahl einem seiner Untergebenen mit einem Wink, den Seelensauger zu zücken.

Wislaug brüllte. Er lief im Viehtransporter Amok, rammte

seinen Kopf gegen die Wand zur Fahrerkabine, doch er saß in der Falle, und kurz darauf befand sich seine Seele im Sauger, und der Mastbulle war wieder ein dumpfes Tier.

Da öffnete sich die Beifahrertür des Lkw, und eine schöne, halbnackte Frau mit dunklen Locken sprang auf den Asphalt des Parkplatzes. »Wislaug?« rief sie. »Ist etwas passiert?« Sie sah die Engel und verstummte.

Über ihr steckte der Fernfahrer seinen Kopf zur Tür heraus. »Was wollen Sie?« schrie er. »Lassen Sie meine Schweine in Ruhe!«

»Schon gut, Schatz«, sagte die Frau. »Bleib in der Kabine, du bist ja noch nackt. Ich regele das.«

Nach einem wütenden Blick auf die Engel zog der Fahrer die Tür zu.

»Sie sind der Herr des Peiner Landes!« sagte der Oberengel.

»Der war ich«, erwiderte die schöne Frau. »Denn ich habe gerade die Liebe kennengelernt.«

»Wir haben Befehl, Ihnen Unsterblichkeit und Wandelbarkeit zu entziehen. Man wird einen neuen Herrn des Peiner Landes ernennen. Wenn Sie wollen, können Sie Ihre jetzige Gestalt behalten und als Sterbliche bei ihrem Fernfahrer bleiben.«

Die schöne Frau zuckte mit den Schultern. »Und Wislaug?« fragte sie.

»Der wird vorschriftsgemäß reinkarniert werden«, sagte der Oberengel. Er hob eine Hand, winkte mit dem Zeigefinger. »Ihren Seelensauger, bitte!«

Die Frau angelte das Gerät aus der Kabine und reichte es mit spöttischem Lächeln dem Engel. »Sie wissen ja nicht«, sagte sie, »wie schnuppe mir das ist. Ich bereise nun mit meinem Liebsten die Ferne.«

»Jedes Getümmel der Sinne endet mit einer Schlappe!« zitierte der Oberengel den weisen Herrn von der Wense.

Und damit flatterten die Himmlischen ab.

Die schöne Frau verschwand im Lkw. Sie legte sich wieder zu ihrem Fernfahrer. Sie gebar ihm drei Kinder und bereute es nie, dem Peiner Land den Rücken gekehrt zu haben. Sie behielt den Bullen bei sich, den sie weiter Wislaug nannte. Da er nicht geschlachtet wurde, erreichte er ein hohes Alter, und als die Liebe den ehemaligen Herrn des Peiner Landes zur alleinerziehenden Mutter machte, war ihm der Bulle ein großer Trost.

Wislaugs Seele wurde 2047 in einer Frau wiedergeboren, die eine maßgebliche Rolle beim längst überfälligen Umsturz des Kapitalismus spielen sollte. Sie hatte viele Feinde und lebte daher nicht sehr lange.

Aber das, liebe Leser, ist eine andere Geschichte.

Heinz Kattner

Worin noch niemand war
Land schafft Identität

> Und was heißt schon New York? Großstadt ist
> Großstadt ist Großstadt. Ich war oft genug in
> Hannover.
>
> *Arno Schmidt*

Steingrau mit Ruß an den Schwingen. Die vier Adler haben
sich abgewandt und blicken zu beiden Seiten der Gleise in
die Stadt. Bismarckstraße. Er sieht vorbeifahrend nur die
Giebel, die Dächer, die Fenster aufblinken im Sonnenlicht.
Nicht gezählt, wie oft er hier aus dem Zugabteil gesehen
hat. Aber die Jahre schrumpfen im Anblick des Vertrauten.
Aus jedem Lebensalter können die Bilder abgerufen werden. Und die Gefühle.

*

Ferien nach dem ersten Schuljahr? Zum ersten Mal weg von
zu Hause ohne die Eltern. Aufenthalt auf dem hannoverschen Bahnhof. Eine Umhängetasche aus schwarzem Leder
vor dem Bauch, darin das Reisebrot. Unterwegs zu den
Großeltern mit dem alten Mann aus der Nachbarschaft. Der
bedroht das aufkommende Heimweh: Ich gehe jetzt und
lasse dich hier allein. Und verschwindet in der Menge. Umgeben von großen fremden Menschen in dunklen Mänteln.
Hildesheim unerreichbar weit. Alles verschwimmt in Tränen. Unauslöschlich zurück bleibt dieser Einsamkeits-
schock. Verloren in einer unbekannten Welt. Wie bei den
Verschickungen, Mastversuche für magere Nachkriegskin-

der. An welche Bilder hatte er sich in den Nächten zur Rettung erinnert? Und bei jeder Rückkehr ein Wärmestrom von Kopf bis Fuß, wenn er wieder die Michaeliskirche auf dem Hügel sah.

*

Manche Wege aus der Kinderzeit würde er mit verbundenen Augen gehen können. Vor allem zum Bankplatz. Im Haus der Hildesheimer Presse wurde in der Adventszeit Astrid Lindgren für Grundschüler vorgelesen. *Mio mein Mio. Lillebror und Karlson vom Dach.* Lange zu Fuß durch die Stadt gehen, weil er neben dem schönen Mädchen aus seiner Klasse sitzen wollte. Sie roch so gut. Den Duft hatte er noch auf dem Rückweg in der Nase.

*

Den Galgenberg am östlichen Ende der Stadt hatte er beim Rodeln kennengelernt. Und den Brockenblick beim Schulfest. Manchmal am 1. Mai ab Neuhof zum Aussichtsturm gewandert. Und einmal mit Verwandtenbesuch ein Sommersonntag auf der Kaffeeterrasse im Berghölzchen. Von oben auf die Stadt gesehen. Die meisten Straßen lernte er bei den Botengängen kennen. Er trug Stempel und Blumen aus für Taschengeld. Zu Firmen im Industriegebiet am Müggelsee und zu neuen Bungalows hinter dem Kino »Waldquelle«. Für das »Späherheft« fand man die meisten Vogelarten bei den Zwergenlöchern und an der Innerste hinter dem Schützenplatz. Aber jeder der Jungen wollte zuerst ans Fernglas, wenn ein Liebespaar in den Blick kam. Die Höhle auf der alten Stadtmauer im rieselnden Sandstein blieb ein Geheimnis, das er nur mit einem Freund teilte.

*

Bad Salzdetfurth. Im Bus mit der Mutter zum Solebad und zum Spazieren am Gradierwerk entlang. Im neuen Anzug mit kurzen Hosen. Von ihr geschneidert. Zwei Photos mußte ein Kurgast mit der Agfa-Box von ihnen machen. Selten eine Sonntagsfahrt mit Bentes Reisebus in den Harz. Aber im Sommer oft in den Kleingarten neben den Werksgleisen. Zu Fuß drei Kilometer auf Kopfsteinpflaster mit einem rumpelnden Handwagen. Auf der Hälfte gab es Brausepulver am Kiosk und manchmal ein Waffeleis.

*

Vor Groß Düngen der Sonnenberg. Zeltlager der »Jungenschaft« am Waldrand. In Koten auf dem Gras geschlafen, und in der Nachtwache die kälteste Morgenstunde am Feuer gesessen. Jahre später kaufte er dort am Südhang ein Grundstück. Es war der begeisterte Freund, der ihm zuredete. Wieviel Raum nahm der ein, wenn er lachte. Jede Idee von ihm war ein Grenzgang mit ausholender Armbewegung. Und bei den Treffen mit Cognac und Pfeife immer seine kühnen Pläne. Sein Tod war so ungewöhnlich wie sein Leben. Erschossen. Auch bei diesem letzten Schritt ließ er eine unfaßbare Geschichte zurück. Immer noch im Körper spürbar. Als fehlte am Ende einer Treppe eine Stufe. Dieser Lufttritt. Über allem sein Lachen, dieses laute, lebensfrohe Lachen, bei dem er sich manchmal unter Tränen zurückwarf.

*

Und weiter zurück in die Kindheit. Das Dorf im Ambergau lag an der Rückseite des Höhenzuges. Die große Familie lebte in zwei kleinen Zimmern in einem Bauernhaus mit einer Wohnküche über dem Pferdestall. In einem Stück Garten gab es Blumen, Obst- und Gemüsebeete und Tabakpflanzen für den Vater. Als vierjähriger Junge ging er mit den Eltern zum Wald hinauf. Der Geruch von Pilzen und das hölzerne Rascheln der Bucheckern im Beutel. Im Winter voll Freude und Angst mit dem Schlitten hinunter. Das kleine Dorf war an den Südhang gebaut.

*

Fünfundzwanzig Jahre später zog er in der Nähe von Lüneburg in ein Bauernhaus. Das Fünf-Häuser-Dorf liegt in einer Mulde unter einem Hang. Die innere Landschaft hat sich so eingezeichnet, daß der Weg zum Wald hinauf bis heute direkt in die Kindheit führt. Wie oft ist er inzwischen diesen Weg gegangen? Besonders gern im Herbst zum Pilzesuchen. Und unter den Schuhen knacken die Bucheckern.

*

Wieder im Zug. Im Vorbeifahren ragt sie aus dem Wald. Die Marienburg im Sonnenlicht. Auf der Zinne eine Flagge. Der Schloßherr ist anwesend. »Auf die Flagge mußt du achten.« Seit Kindertagen ein unerklärliches Sehnen. Nie hat er sich vorgestellt, dort zu leben. Auch hat er sie in den fast fünfzig Jahren seit der ersten Besichtigung nicht mehr besucht. Damals einer der wenigen Ausflüge über die Stadtgrenze hinaus. Und später immer den Anblick aus der Ferne als Beruhigung erlebt. Jedesmal sagen: Es gibt sie noch. Sich dieser Vergangenheit vergewissern, die fortlebt und für so vieles steht, was nicht verlorengehen soll. Kindersehnen. Eines, das mit der eigenen Geschichte zu tun hat und doch über sie hinausgeht.

*

An neuen Orten ordnet er seine Geschichten ein. Da gibt es Muster fürs Wohlbefinden. Wenn er aus dem kleinen Dorf in die Stadt fährt, sieht er bereits am Industriegebiet unter den Wolken von »Air Products« in gerader Linie den Kirchturm von St. Johannis. Lüneburg. Seit vielen Jahren weiß die Schneiderin, was sie mit seinen neuen Hemden machen soll. Und in den vertrauten Lokalen kennt man seine Vorlieben. Zurück von einem längeren Aufenthalt in Italien, schlenderte er einen ganzen Tag lang durch die Straßen. Wieder Ankommen mit allen Sinnen.

*

Und immer wieder zurück ins Dorf. Im letzten Jahr begrüßten ihn nach einer Reise von weitem schon die weißleuchtenden Flecken der Schlehenblüte. Dann erst sah er vor dem jungen Grün der Felder die wenigen Häuser. Nach der Ankunft ging er gleich am Teich vorbei den Feldweg hinauf.

*

Heute beim Teetrinken mit der Sonne im Nacken die Zeitung gelesen. Und wieder wie früher Artikel ausgeschnitten, was er eigentlich nicht mehr tun wollte. Hochgetragen unters Dach, auf dem langen Regal unter der Schräge abgelegt. Darunter stehen über viele Meter die Ordner mit Briefen, Papieren, die Tagebücher und Notizen, die Photoalben. Und die Terminkalender, die er seit mehr als vierzig Jahren aufgehoben hat. Neben dem Stehpult noch vom gestrigen Nachtbrot ein Weinglas und ein Teller: Graubrotkrümel, die vergessene Vitamintablette und daneben eine Bananenschale. Er tritt an den Schreibtisch. Vor dem Fenster stand bis vor kurzem eine Korkenzieherweide. Seine Mutter hatte sie aus dem Beigrün eines Blumenstraußes gezüchtet und bei einem Besuch als kniehohe Pflanze mitgebracht. Nach zwanzig Jahren überragte sie das Haus. Mit den ebenso kranken hundertjährigen Buchen mußte sie an einem Tag im Advent gefällt werden. Nun geht sein Blick vom Schreibtisch aus direkt auf den Hügel und den Wald. In die Seelenlandschaft. Erinnert tief an etwas, worin noch niemand war. Und er denkt: Du darfst nicht vergessen, wie du am Morgen, bevor alles begann, umarmt wurdest. Natürlich kannst du das nicht vergessen. Zum Glück fing ja alles damit an.

*

Zwischenbilanz

Für J. P. Tammen

Eindrücke ins Wort, in Schrift
Seiten, Bände, Bibliotheken
Im Kopf die Welt vorgestellt
dem Ganzen genähert beim Lesen
beim Schreiben über Synapsen
Metaphern, der innere Globus
Erdkarte der Poesie in Molekülen
wie sie leuchten, Keimlinge im Dunkel
blühen zum Licht, zur Frucht, die Wörter
Engramme einmalig eingeschrieben
ins graue Gewebe dauernd
ins sterbliche Ich.

Die schönen Seiten von Hildesheim

1

Neulich habe ich mir noch einmal *Wonder boys* angesehen, Michael Douglas spielt darin einen Schriftsteller in der typischen Midlife-Schreibkrise, der an einem amerikanischen College *Creative writing* lehrt. Michael Douglas macht das ganz locker und überläßt einfach alles seinen Studenten. In den Seminaren haben sie das große Wort, und wenn der Meister in eine Schaffenskrise gerät, wärmt ihm die Lieblingsstudentin das Bett. Auch der Lieblingsstudent, das Jung-Genie, das mit dem Wahnsinn spielt, tut ihm nur Gutes und ist vorbildlich originell. Am Ende sind alle zufrieden, der Erstling des Jung-Genies wird gedruckt, und Michael Douglas wird einen Oscar bekommen, weil er die Krise gepackt hat und trotzdem sympathisch geblieben ist.

2

Seit sechzehn Jahren unterrichte ich nun an der Universität Hildesheim *Kreatives Schreiben*, vier Seminare pro Woche, Semester für Semester. Es handelt sich um einen einsamen Rekord, der mir in den Augen einiger Schriftstellerkollegen den Ruf eines Verrückten eingebracht hat. So etwas hält keiner durch, sagen sie, an so etwas geht man zugrunde, schließlich braucht Kreativität vor allem so etwas wie »ein größtmögliches Quantum an hochkonzentrierter und von allem Weltgeschehen abgekapselter Lebenszeit« (Durs Grünbein).

Genau das sagte ich meinen Studenten auch, als ich Anfang der neunziger Jahre in Hildesheim zu unterrichten begann. Kreativität, sagte ich, braucht ein größtmögliches Quantum an abgekapselter Lebenszeit, die heben wir uns für die Semesterferien auf. Im Semester aber müssen wir etwas anderes erfinden als die Abkapselung, etwas Dialogischeres, so angenehm tranceartig wie die Abkapselung könnte es ja trotzdem sein.

In den siebziger Jahren, als in Deutschland die Fachdidaktiker das Kreative Schreiben erfanden und daraus etwas Feineres und Kultivierteres machen wollten als das amerikanische *Creative writing*, kam der tranceartige Dialog in Mode. Man nannte ihn *Schreiben in der Gruppe* und verstand darunter sprachliche Geburtshelferkurse mit psychischen Wehen. Stöhnend, leidend und am Ende doch glücklich wurden Texte hervorgebracht und rundum besprochen. Hinterher verstand man sich besser und konnte zu den härteren Drogen übergehen.

3

Meine Studenten hielten Anfang der neunziger Jahre nichts vom *Schreiben in der Gruppe*, das drög-weiche Kommunizieren und Sympathisieren war ihnen nicht ernsthaft genug. Etwas Leitung, etwas Kontrolle, einige Regeln – das wünschte auch ich mir, nicht jeder Lehrer hat schließlich ein solches Glück wie Michael Douglas.

Neben dem Gruppen-Schreiben empfahlen die Fachdidaktiker damals das experimentelle oder das assoziative oder das autobiographische oder das wahrnehmungsbezogene Schreiben, man konnte alles auch mischen und Aufgaben für gleich alle Schreibweisen auf einmal stellen.

Meine Studenten hatten an alldem ihre Freude. Sie schrieben Gedichte der großen Meister um, entwarfen Assoziationsbäume nach Themenvorgabe, erzählten von ihrer Kindheit und belebten ihre Texte durch die strenge Beachtung der Grundregel, daß nach Möglichkeit alle fünf Sinne in einem Text etwas zu tun haben sollten. Gegenüber dem

Schreiben in der Gruppe waren gewisse Fortschritte zu bemerken, zum Beispiel mußte man sich längst nicht mehr für beinahe jedes Wort schämen. Manchmal nur, da hatte alles etwas von fröhlichem Kindergeburtstag.

Muß so sein, sagte meine Lieblingsstudentin, man muß auch mit zwanzig mal albern und wieder Kind sein dürfen, schließlich geht es irgendwann wieder ganz ernsthaft weiter. Ich verstand die leise Drohung und wurde ernsthaft, indem ich zu erklären versuchte, was mit dem Begriff *Kreativität* gemeint sein konnte.

4

Der Kreativitätsbegriff, sagte ich, geht auf die amerikanische Kreativitätsforschung zurück. Als die Russen in den späten fünfziger Jahren ihren ersten Sputnik ins All schossen, packte die Amerikaner die Angst, nicht mehr mithalten zu können. Joy Paul Guilford, ein Psychologe, schlug damals vor, neue Denkwege zu erfinden, nichtkausale, umwegige, *kreative*. Er dachte sogar an Meßverfahren, mit denen man die Menge der gleichsam unkontrolliert entstandenen Ideen erfassen könne, die amerikanischen Unternehmen entwickelten daraus später Ausleseverfahren für Stellenbewerbungen.

Auf diesen ersten Schock-Impuls gehen die meisten *Creative writing*-Lehrbücher zurück. Im Grunde handelt es sich um Effizienzprogramme für wirkungsvolles Schreiben. Viele beginnen damit, daß sie den Schreibern hemmungslos optimistisch Mut machen. Schreiben ist planbar, soufflieren sie aufdringlich auf jeder Seite, auch du kannst es, du mußt nur die Regeln des Handwerks beherrschen.

Das Handwerk besteht aus dem aus der Weltliteratur abrufbaren Wissen, wie man Charaktere aufbaut, einen fesselnden Plot erfindet, Erzählräume plastisch werden läßt oder lebendige Dialoge schreibt. Für jedes handwerkliche Problem werden Lösungen präsentiert, so daß Schreiben zu einem raffinierten Kalkül wird, den Leser emotional zu steuern.

Wie wäre es, wenn wir uns in diesem Handwerk einmal versuchen?, fragte ich. Kein Problem, antworteten damals meine Studenten, versuchen wir es!

5

Viele blühten bei Erprobung solcher Programme regelrecht auf. Nicht im Traum hatten sie daran gedacht, daß Schreiben so übersichtlich und regeltreu geplant werden konnte. Eigentlich verletzt der Gedanke, das Schreiben sei wie ein Handwerk zu lernen, die deutschen Instinkte, sagte ich (indem ich Dietrich Schwanitz zitierte); der deutsche Schreiber sieht sich viel lieber als ein Original-Genie, das auf den Spuren des jungen Goethe seine Inspirationen direkt aus dem Himmel oder aus seiner Autobiographie bezieht. Beim *Creative writing* blickt der Schreiber aber nie auf sich selbst, er denkt ausschließlich an den Leser und daran, wie er sein Interesse wecken, lenken und schließlich ganz packen kann.

Meine Studenten lernten die amerikanischen Techniken schnell. Die Texte wurden immer länger und wirkten auch immer gekonnter, allerdings ähnelten sie einander auch immer mehr. Das Effizienzprogramm des Schreibens tat seine Wirkung wie ein schönes, schleichendes Gift, das lauter gutgeplante Erzählungen mit profilierten Kontrastfiguren und auf dramatische Höhepunkte hin ausgerichteten Plots bescherte. Es war wie ein Rausch, und wie ein Rausch ging alles vorbei.

6

Solche Trainingsprogramme sind gut für Anfänger; wenn man ernsthaft schreiben will, verderben sie einem aber den eigenen Ton, nörgelte plötzlich mein Lieblingsstudent. Ich gab ihm recht und entwickelte einen Grundkurs für Anfänger, der sowohl aus fachdidaktischen wie aus *Creative writ-*

ing-Schreibaufgaben bestand, den Fortgeschrittenen dagegen ließ ich in speziellen Aufbau-Kursen größere Freiheit, damit sie sich auf die *Suche nach dem eigenen Ton* begeben konnten. Woche für Woche las ich eine Flut von Texten und machte bald einige Beobachtungen, die mich selbst überraschten.

Ich unterscheide nun zwischen drei Typen von Kreativität, dozierte ich nach meiner Lektüre vor den älteren Studenten. Der erste ist der *episch-fabulierende.* Er findet leicht den Einstieg in eine Geschichte, er schreibt handlungsbezogen, er verfügt über ein großes, weit entwickeltes Phantasiepotential. Er will erzählen, ausholen, das epische Meer austrinken. So einer war Thomas Mann.

Der zweite Typus schreibt *bildlich-anschaulich.* Er kann und will nicht erzählen, er schaut, nimmt wahr, denkt bildlich und raumbezogen. Seine Beobachtungsgabe ist hoch präzise, aber er verbindet sie nicht mit einem Zeitfluß. Deshalb wirkt sein Schreiben gehemmt, fragmentarisch, in den besten Fällen ist es von stärkster visueller Prägnanz. So einer ist Peter Handke.

Der dritte Typus schließlich empfindet *akustisch.* Er kann parodieren, er hört genau hin, Stil, Rhythmus und Klang spielen für ihn die größte Rolle. Oft ist er extrem sprachspielerisch, wortschöpferisch und originell, die Musikalität der Sprache dominiert in seinen Texten. So einer war Ernst Jandl, auch die Dadaisten waren solche Autoren.

Man muß also unterschiedliche Schreibprogramme entwickeln, die auf diese Kreativitätstypen zugeschnitten sind, sagte ich, im Grunde schließen sich nämlich diese drei Typen aus. Wahrscheinlich waren die meisten literarischen Debatten der letzten Jahrhunderte, die sich um Stilfragen und Schreibdramaturgien drehten, sowieso nur Mißverständnisse. In Wahrheit stritten da Autoren erbittert miteinander, die sich auf Grund ihrer unterschiedlichen Kreativitätsdispositionen gar nicht verstehen *konnten.*

7

Ich weiß jetzt, wie man *Kreatives Schreiben* unterrichten kann, erklärte ich Ende der neunziger Jahre dem Dekan des Hildesheimer Fachbereichs *Kulturwissenschaften und Ästhetische Praxis*. Dann laß uns doch einen eigenen Studiengang gründen, antwortete Professor Hügel, einen achtsemestrigen *Studiengang Kreatives Schreiben und Kulturjournalismus*, der junge, besonders begabte Schreiber anzieht, die später Schriftsteller, Lektoren oder Redakteure werden wollen. Wir nehmen nur zehn Studierende pro Jahr auf, nach einem strengen Auswahlverfahren. Mit denen kannst du dann ganz gezielt und individuell arbeiten, unsere Kulturwissenschaftler mußt du allerdings auch wie bisher weiterbetreuen, du wirst das schon schaffen.

Professor Hügel ist ein Mann mit einem exzeptionellen Organisationstalent, Joy Paul Guilford hätte seine Freude an ihm gehabt. Seit über sechs Jahren ist der Plan nun verwirklicht. Beinahe hundert Studenten haben jetzt den ersten grundständigen *Studiengang Kreatives Schreiben und Kulturjournalismus* an einer deutschen Universität belegt und arbeiten professionell an Romanen, Erzählungen, Essays, Dramen, Gedichten, Hörspielen, Drehbüchern und/oder kulturjournalistischen Texten. Im Vergleich mit den frühen neunziger Jahren erkenne ich die Schreibwelt nicht wieder, alles, aber auch alles hat sich verändert, meine Studenten, das Schreiben, ich selbst.

8

Zunächst hat der Studiengang jetzt ein Zuhause, er ist auf dem Gelände der mittelalterlichen *Domäne Marienburg* im Süden Hildesheims untergebracht, wo seit etwa zehn Jahren ein kulturwissenschaftliches Zentrum entsteht. Im hundertjährigen *Pächterhaus* gibt es großzügige Dienstzimmer, Seminarräume sowie eine Bibliothek, um die uns jede Universität in Deutschland beneiden würde. An das Pächterhaus schließt sich ein weiter Park mit altem Baumbestand an, wo an sonnigen Tagen Seminare und Projekte stattfinden können.

So fahren die Studierenden frühmorgens nicht in eine Betonburg, sondern zu einer Oase mitten im Grünen nahe dem Flüßchen Innerste, sie studieren in einer Residenz und gruppieren sich in einem Park. Wenn ich mich ungestört mit einzelnen von ihnen unterhalten will, gehen wir draußen unter Eichen und Buchen spazieren, wir befinden uns in einer Platonischen Akademie, denkend und redend bewegen wir uns fort, um wenig später in die Seminarräume zurückzukehren, die mich an die Skriptorien mittelalterlicher Klöster erinnern und unter denen es daher auch eine *Schreibstube* gibt. Ein anderer Seminarraum heißt *Blauer Salon*, in ihm finden unsere gemeinsamen Mahlzeiten, Veranstaltungen und Projekt-Treffen statt, es ist, als hätte uns ein großzügiger Mäzen beinahe alle Wünsche erfüllt, es ist, als lebten wir im schriftstellerischen Olymp.

9

Florian arbeitet als Redakteur der studentischen Literaturzeitschrift *bella triste*, hat gerade ein Stipendium der Kunststiftung Baden-Württemberg erhalten und überlegt, ob er noch während des Studiums ein Volontariat bei einem Kölner Verlag antreten soll, Rebecca stellt einen Band mit Erzählungen fertig, für die sie ein Stipendium des Landes Niedersachsen erhalten hat, Katrin schreibt an ihrer Diplomarbeit und hat sich für eine Stelle am neugegründeten Schweizer Literaturinstitut beworben, Kai und Stefan haben einen eigenen Verlag gegründet und bereits mehrere Bücher mit studentischen Publikationen des Studiengangs veröffentlicht, Martin hat einen Dramen-Wettbewerb gewonnen und bereitet ein Seminar zum Thema *Szenisches Schreiben* vor, das er als älterer Student für jüngere Semester halten wird, Thomas hat seine Diplomarbeit abgeschlossen und schon zwei Proseminare an der Universität Hildesheim und eines an der Universität Heidelberg gehalten, Wiebke hat mit ihrem ersten solistischen Kabarett-Programm reüssiert und schreibt eine Diplomarbeit über die Geschichte des jungen deutschen Kabaretts, Paul hat das Manuskript seines zweiten Buches abgeschlossen, das – wie das erste – in der *edition suhrkamp* erscheinen wird, Franziska schreibt Reisejournale, die von ihren Aufenthalten in Pakistan, Griechenland, Südamerika oder Italien berichten, Stefan arbeitet als Texter für eine *comedy-show* bei *RTL* und betreut gleichzeitig die Layout-Programme der Publikationen des Studiengangs, Alexandra schreibt Beiträge für das studentische Radio-Programm, und fast alle Studenten schreiben kulturjournalistische Texte für eine Internet-Plattform, auf der in Zusammenarbeit mit der Berliner Humboldt-Universität neue Bücher und Trends vorgestellt werden ... – so könnte ich weiter und weiter erzählen, von Arbeiten, gewonnenen Stipendien und Wettbewerben, von Projekten, Büchern und Buchmessen, das Ganze ist inzwischen längst ein großes Lebens-Panorama geworden, das sich in das große Panorama der *Domäne Marienburg* einfügt.

10

Die schönen Seiten von Hildesheim befinden sich für mich hier draußen, in der stillen Abgeschiedenheit dieses epikureischen Gartens. Manchmal fahre ich am frühen Morgen mit dem Rad an der Innerste entlang und treffe dann als einer der ersten auf dem mittelalterlichen Gelände ein. Ich schließe die Tür des *Pächterhauses* auf, ich öffne die Fenster und ziehe die Rollos hoch, ich mache mir den ersten Kaffee und fülle das ganze Gebäude mit Musik von Mozart, Scarlatti oder Tschaikowski. Erst bin ich der Hausmeister, dann der Besitzer eines Cafés, dann übernehme ich die Rolle des Lehrers und des Dozenten.

Wenn ich dieses Gelände irgendwann einmal für immer verlasse, werde ich mir von meinen Studenten eine Ballonfahrt wünschen. Mit dem Ballon möchte ich auf dem Gelände der *Domäne Marienburg* aufsteigen, Hildesheim möchte ich überfliegen und dann in den Wolken verschwinden, weit oben, von wo Jean Pauls Luftschiffer Giannozzo berichtet: »Städte sind unter Wolken, Gletscher voll Glut, Abgründe voll Dampf, Wälder finster, und Blitze, Abendstrahlen, Schnee, Tropfen, Wolken, Regenbogen bewohnen zugleich den unendlichen Kreis.«

Paul Brodowsky

Hildesheimer Wald

Hartwig ging über den Wall. Die Gärten und rückwärtigen Fassaden der Fachwerkhäuser. Diese Straße hatte als einzige den Krieg überstanden. Alles puppenstubenhaft, Häuser für Kleinwüchsige. Er ging schneller. Er hörte, wie sich der Splitt in das Profil seiner Schuhe krallte. Die glänzenden, zartgrünen Blätter der Linden. Totholz unten im Teich. Weiter hinten zwei Enten. Wieder nur Stockenten, der Erpel ein Bastard mit einer Flugente. Die gehörten abgeschossen.

Schließlich kam Hartwig zum Gefängnis am Ende des Walls. Eine kleine Steinbrücke. Kopfsteinpflaster, Luisas Kiosk. Trinkhalle Süd. Hartwig war der erste Gast. Er hoffte, daß Karl nicht kommen würde. Luisa hob die Augenbrauen und stellte ihm zwei Lindener Spezial hin. Ihre Haare waren kurz und blondiert, mit dunklem Haaransatz, die Haut um die Augen knittrig. Er trank das erste Lindener ruhig und in einem Rutsch herunter. Hartwig war jünger als Karl, Jochen und die anderen, die regelmäßig unter dem Vordach der Trinkhalle halbe Tage verbrachten. Trotzdem verstand er sich mit Jochen und Luisa, nur Karl wollte ihn immer vertreiben. Seit Hartwig Irina getroffen hatte, war er damit erfolgreich gewesen. Abendelang hatten er und Irina sich stumm gegenübergesessen und in ihrer Wohnung Bier getrunken. Alle diese Abende ein helles Kontinuum. Hierher würde Irina nicht kommen, hier war er vor ihr sicher. Höchstens, daß sie auf ihrem Fahrrad vorbeifahren würde, den Wall herunter. Aber dann konnte Hartwig rasch hinter den Zeitungsständer treten.

Vor dem Gefängnis gegenüber stand eine junge Frau, kupferfarben glänzende Wangen, Maskarawimpern, schwarze Strechhose. Das Gefängnis war ein kleines, festungsartiges Gebäude, mehrere Jahrhunderte alt. Mit deutscher Gründlichkeit gleich mehrfach gegen Ausbruchsversuche gewappnet. Sollte es jemandem gelingen, die Vergitterung der Fenster zu öffnen, müßte er sich knöchelbrechende sechs Meter fallen lassen. Um dann in einem mit Metalldornen bewehrten Graben den sicheren Tod durch Aufspießen zu finden. Hinter den vergitterten Milchglasfenstern konnte Hartwig Neonröhren brennen sehen. Die Frau rief jetzt etwas und bekam von drinnen Antwort. Ich liebe dich auch, rief sie. Ihre Stimme klang schrill, fast überschlug sie sich. Dann drehte sie sich unvermittelt um und verschwand in dem Park.

Hartwig zündete sich eine Zigarette an. Er hatte sich das Rauchen verkniffen, seit er dreizehn war, in mühevoller Kleinarbeit. Irina war hartnäckig geblieben. Als er ihr eröffnete, daß seine Tante beim Rauchen im Bett gestorben sei, drehte sie sich zu ihm um und drückte ihm den Filter zwischen die Lippen, ein Bein zwischen seine Oberschenkel. Hartwig machte sein zweites Lindener auf. Vorne sah er Karl um die Ecke schlendern. Er trug Cordhosen und ein blaues Flanellhemd. In seinem braunen Vollbart zeigten sich erste graue Haare. Karl hatte eine tiefe Stimme und stechende, beinahe schwarze Augen. Die Absätze seiner Lederstiefel schleiften über das Pflaster. Kopfsteinpflaster. Jeder Stein ein einzelner, versteinerter Kopf. Die dazugehörigen Körper im darunterliegenden Erdreich vergraben. Luisa stellte Karl zwei Lindener hin. Karl schaute Hartwig spöttisch an, öffnete eines der Biere. Und ich dachte, den sind wir los, sagte er. Nun laß Hartwig, sagte Luisa. Kundenbindung, sagte Karl. Luisa stellte Hartwig zwei neue Bier hin. Sie drehten sich wieder zum Fluß. Die Sonne schien durch die Bäume. Hartwig erinnerte sich daran, daß er sich als Jugendlicher gefragt hatte, wie man freiwillig in

Orten wie Elze, Northeim oder Uelzen leben könnte. Städte, die er beim Blick aus dem IC-Fenster betrachtet hatte. Gleisdurchfahrt. Hinter den petunienumrankten Plastikfenstern, hinter den rußgrauen Fassaden lebten Menschen. Die jetzt womöglich auf den vorbeifahrenden Zug lauschten. Während er aus dem Zug heraus ihre Fenster und Zäune betrachtete. Die angrenzenden Friedhöfe. Dann wieder: Waldstrecke.

Ein Fahrrad kam über das Kopfsteinpflaster. Das Scheppern des Schutzblechs. Irina hatte ihn zweimal gebeten, etwas gegen das Klappern ihres Rads zu unternehmen. Anstatt wie geplant in die Ecke hinter den Zeitungen zu treten, blieb Hartwig stehen, unfähig sich zu bewegen. Tatsächlich war es Irina; nur sah sie besser aus als Irina. Sie saß sehr aufrecht auf dem dunkelgrünen Hollandrad. Ihre blonden Haare waren zu einem Pferdeschwanz zusammengebunden, einzelne Strähnen hatten sich aus dem Gummi gelöst und flatterten im Fahrtwind um ihre Stirn. Die Sonne fiel in einem gestochenen Kegel zwischen zwei Bäumen hindurch und beleuchtete für einen Moment den Haarkranz, die ganze Irina in dem weißen T-Shirt. Die Muttermale auf Schlüsselbein und Schulterblatt. Durch die Baumwolle schimmerte der blaue Stoff des Bikinioberteils. Im Fahrradkorb lagen ein Handtuch und eine kleine Tasche. Luisa und Karl blickten sie an wie eine Erscheinung. Zum ersten Mal sehen sie eine Studentin auf dem Weg zum Freibad. Als Irina Hartwig sah, erschrak sie, machte aber keine Anstalten zu bremsen. Sie hob eine Hand wie zum Gruß, halbhoch, besann sich aber wieder und legte die Hand zurück an den Lenker. Das Fahrrad schepperte weiter, Irina bog in die Straße Richtung Freibad ab.

Verstehe, sagte Karl jetzt. Hartwig stellte sich vor, daß sich Irina im Freibad mit Alexej träfe, um in einer der Umkleidekabinen oder unter der Dusche eines der Kinder zu zeugen, von denen sie in letzter Zeit immer wieder gesprochen hatte. Alexej war Rettungsschwimmer. Luisa schob

Hartwig zwei neue Lindener hin. Die gehen aufs Haus, sagte sie. Nicht daß Irina vorher nicht viel von Kindern geredet hatte. Aber in den letzten Wochen hatte sie erzählt, daß sie jetzt mit dem Abschluß kaum mehr warten könne, selbst schwanger zu werden. Irina war Hebamme. Hartwig hatte dazu geschwiegen.

Jochen kam aus dem Park. Er trug eine rutschende Brille, die er durch gelegentliches, ausdrucksloses Rümpfen der Nase bei zurückgelegtem Kopf wieder hochschob. Hartwig kannte Jochen aus dem Rechenzentrum der Uni. Ein halbes Jahr nachdem Hartwig dort zu jobben angefangen hatte, war Jochen rausgeflogen. Warum, hatte Hartwig nie ganz verstanden. Die Sekretärin kicherte nur. Jochen war einer der ersten Informatikstudenten an der Uni gewesen, Hartwig in dem letzten Jahrgang. Als der Studiengang eingestellt wurde, hatten sie auf dem Campus einen Grabstein in die Wiese eingelassen. Mit Gründungs- und Sterbedatum. Es gab Wodka. Jochen war auch gekommen, obwohl er schon seit Jahren exmatrikuliert war. Einer der Professoren hielt eine Ansprache. Drei Sätze. Als er fertig war, schüttete er ein Glas Wodka auf den Rasen am Fuße des Steins. Hartwig konnte sehen, daß Jochen Tränen über die Wangen liefen. Ein Trauergast. Jetzt stellte Luisa ihm zwei Lindener hin. Jochen grüßte nie.

Seit Jochen aufgetaucht war, hatte Karl begonnen auf Hartwig einzureden. Nur weil Hartwigs Frau. Das sei kein Grund. Die Trinkhalle sei zu klein für sie beide. Einer sei hier zu viel. Dergleichen. Auch Luisa kam nicht mehr dazwischen. Hartwig nahm sich noch zwei Lindener und schlenderte über die Brücke in den Park. Noch mehr Stockenten. Diesmal auf der Wiese, regungslos. Vor drei Wochen noch hatte er Irina erklärt, daß Enten von Fischen abstammten. Die Federn eigentlich eine besondere Sorte Schuppen seien. Die Füße mit den Schwimmhäuten Flossen. Auf der Liegewiese die übliche Frühlingsmischung. Knutschende Kulturwissenschaftler. Mütter mit Sandkastenkindern. Sonnenbadende in Halbtrauer. Hartwig durchquerte die Wiese und ging über die Brücke des Flüßchens. In der Mitte blieb er stehen, ließ die leeren Bierflaschen ins Wasser fallen. Er schaute zu, wie sie in der Strömung trieben, über das kleine Wehr gezogen wurden, unten in die Strudel gerieten. Eine der Flaschen wurde noch einmal kurz hochgespült, dann sank sie zu der ersten auf dem Grund des Flußes.

Hartwig ging den Kiesweg weiter in Richtung des Stadtsees. Ein mittelalter Mann in einem blauen Polyesteranzug kam ihm entgegen, Dreitagebart, die Haare zurückgegelt, das grüne Seidenhemd bis knapp über dem Bauchnabel offen. Ergrauendes Brusthaar. Dann ein sechzigjähriger Jogger. Jeder Schritt sah aus, als wäre es sein letzter. Endlich erreichte Hartwig den Kioskverkauf des Seerestaurants, er deckte sich mit Bier ein. Dann ging er weiter um den See herum, bis an die Stelle, an der das Freibadareal begann, das Ufer abgezäunt war. Er legte alle Flaschen bis auf eine ins Wasser und setzte sich ins Gras. Quer über den See war eine Reihe roter Bojen gespannt, die den zur Freibadanlage gehörenden Teil des Sees von dem Rest trennte. Es badete niemand, vermutlich war das Wasser noch zu kalt. Die Sonne brannte herunter.

An dem sandigen Ufer des Sees in der Freibadzone erschienen jetzt zwei Menschen. Ein großgewachsener Mann, kräftig, mit sehr heller Haut und dunklen Haaren. Und eine Frau, eher klein, blonde Haare, blauer Bikini. Eindeutig. Irina. Dann mußte der Bleiche Alexej sein. Die beiden legten sich auf dem angeschütteten Sandstreifen in die Sonne. Hartwig holte sich eine der seegekühlten Bierflaschen. Als er wieder zum anderen Ufer rüberschaute, waren die beiden verschwunden, die Badetücher leer. Hartwigs Blick schweifte über das Wäldchen, das Buschwerk am anderen Ufer. Er trank seine Flasche aus, langsam, konzentriert. Als er zum Wasser ging, um sich ein weiteres Bier zu holen, hörte er einen spitzen Schrei, etwa von der Mitte des Sees kommend. Dort konnte er zwei Köpfe ausmachen. Die

Sonne schien auf die strohblonden Haare des einen Kopfes, dahinter ein zweiter, dunkelhaariger Kopf. Der dunkle Kopf tauchte weg, zwei Sekunden später hörte er wieder einen Schrei, fast ein Kreischen, ängstlich, lustvoll, dann verschwand auch der blonde Kopf von der Oberfläche. Wie runtergezogen. Nach einigen Sekunden tauchte er wieder auf. Japste nach Luft. Dann verschwand er erneut. Eine Weile später tauchten beide Köpfe wieder auf, dicht beieinander, fast meinte Hartwig ihr Atmen zu hören, ihre tiefen Luftzüge, bevor sie versanken. Hartwig öffnete das Bier im Stehen. Keine Schwimmer. Drei Stockenten. Er trank. Noch immer nichts. Jetzt waren auch die Badetücher am Strand verschwunden. Die leichte Wellung der Seeoberfläche. Eine Bö ging darüber hinweg, riffelte das Wasser zu kleinen Kanten auf, die sofort wieder verschwanden. Der See wie ausgestorben. Hartwig zog seine Schuhe aus und lief in das Wasser hinein. Die Sonne brannte herunter, er konnte bis auf den Grund sehen. Das Wasser war körperwarm. Irina aus den Klauen des Wassers befreien. Zuletzt hatte er sie in der Nähe der Bojenlinie in der Mitte des Sees gesehen. Hartwigs Kleider sogen sich voll, trotzdem kam er gut voran. Er machte Fortschritte. Wer war jetzt der Rettungsschwimmer. Er war schon fast bei den Bojen. Als er tauchte, konnte er den Grund sehen. Wahrscheinlich konnte er hier fast noch stehen. Er schwamm weiter, beinahe außer Atem jetzt. Von Irina nichts. Er holte Luft und tauchte wieder. Mit kräftigen Zügen. Tiefer runter diesmal. Die nasse Kleidung half dabei. Als er nach oben schaute, erkannte er weit über sich den Schatten eines Bootes. Man kam ihm zur Hilfe. Der Rumpf eines Bootes oder der Körper einer Stockente. Wasserpflanzen, von der Sonne beschienen. Ihr zartes Grün. Totholz am Grund. Durch das Wasser hörte er ein Summen, sehr hoch, wie das Singen von Bahnschienen. Ein sich näherndes Motorboot, ein unter Wasser ausgestoßener Schrei. Oder ein Geräusch in seinem Innenohr. Gleich würde er Irina finden. Nur noch wenige Züge. Ein leichtes

Brennen in den Lungen. Weniger rauchen. Auch hier unten war das Wasser nicht kalt. Es lag um seine nackte Haut wie ein Fell. Moosgrün. Die Waldstrecken. Oben brannte Licht. Neonröhren. Die Sonne. Die in einem gestochenen Kegel durch die Bäume fiel. Das Holz. Es roch hier nach Erde. Nach Wald. Oben der Himmel, gekräuselt, in den er hineintauchen wollte. Ins Licht.

Hannelies Taschau

Mein dein sein ihr unser euer ihr
Hameln

Du kommst vom Werder. Das ist ungewöhnlich. Du willst nicht »Hallo, Touristin« angesprochen werden? Hast du den direkten Weg in die Altstadt, aus welchen Gründen auch immer, verfehlt? Bist du hier geboren und meidest sie? Bist du zufällig hier? Bist du gegen deinen Willen hier? Weißt du vielleicht gar nicht, wo du bist?

Bist du mit dem Zug gekommen, hast du den Bahnhof erlebt als verbotene Zone. Die Informationstafel verheißt, daß hier ein Prachtstück wiedererstehr. Es wird zwar vom MAXX und vom Busbahnhof erdrückt, aber das ist eine dieser nur scheinbar lokalen Katastrophen. Sie muß dir nicht wirklich nahegehen. Überall und unaufhörlich tickt die Zeituhr der alltäglichen Bausünden.

Noch lungerst du etwas verloren auf unserer Münster-brücke. Ist sie neu? Ist sie nicht neu? Selbst wir wissen das nicht mehr so genau.
Sie ist von Grund auf saniert, ist eine der möglichen mit fester Stimme gegebenen Antworten.
Also neu?
Beiderseits der Fahrbahnen sind den Flanierern und Entdek-kern großzügige Anlagen gewidmet worden. Du nutzt sie, treppab, treppauf, verweilst in den Brückenbuchten und warest ein schönes Motiv für Maler und Fotografen.
Betrachtungen zur Stadt als Gibraltar des Nordens bleiben wahrscheinlich, so ganz ohne Anleitung, im ungefähren

stecken. Und der alte Fischpaß im Oberen Wehr, ein düsterer Schacht, bleibt verborgen unterm Hochwasser. Lachstreppe, sagten wir. Nur wenn du hier zu Hause bist, kannst du das wissen.

Im Sommer zählt man hier Kinder, Dampfer und Kormorane.

Du drehst dich einmal um dich selbst und gehst ein paar Schritte stadtauswärts. Kommst du aus Osteuropa und willst in den kleinen, abends herzrot beleuchteten Club mit dem so schön verwildernden Garten am Uferhang? Oder folgst du den Spuren des Rattenfängers, der in diese Richtung mit den hundertdreißig Kindern für immer verschwand?
Wir alle sind Lockvögel … Es läßt sich nichts zu Ende denken am gefährlichen Rand zwischen Verstand und Intuition.

Du hast plötzlich, quasi in letzter Sekunde, die Biege nach rechts genommen, in die Inselstraße, Richtung Werder.
Du passierst die alte Schleusenanlage, wahrscheinlich auch Reste alter Mühlen. (Die Thiewallbrücke, das können wir mit Bestimmtheit sagen, ist ein Neubau. Ich mag sie nicht. Aber das wäre die Antwort auf eine Frage, die du nicht gestellt hast.)

Du gehst auf historischem Boden, das kann Folgen haben. Trotzig drängeln sich Tote nach vorn:
Leibniz prüft, wo die Seidenraupenzucht in Hameln anzusiedeln sei, Sertürner, der Morphiumentdecker und Frühaufsteher, flaniert in Hausschuhen, Wilhelm Busch nimmt sein Wellenbad, Ernst Jünger, Abiturient, treibt müde und verkatert im Kajak flußabwärts.

Weserwasser ruht abgrundtief, süß und grün zwischen Wänden. Vielleicht bist du verunsichert: Ist die Schleuse noch in Betrieb? Vielleicht hast du eine Idee und eine Emp-fehlung an die Stadt?

Wer einen Bahnhof so wiederherstellt, der sollte auch ein Schwimmbad im Fluß errichten. Irgendwo hier ist früher eins gewesen. Es gibt nichts Aufregenderes, als in einem Fluß zu schwimmen.

Du gehst zügig vorbei an alltäglicher Gastronomie mit Pla-stikmöbeln, Kinderspielplatz, Sandkasten, Grill, »Kaffee-und-Kuchen-satt«. Ein Lieferwagen aus dem Emmertal lie-fert Weserbergland-*Vollei – Eigelb – Eiweiß – Rührei*.

Und längst hat dich die Pfortmühle im Visier. Du staunst vorbehaltlos, du bist noch in dem Alter, über das Ungetüm. Es zieht all deine Aufmerksamkeit auf sich, es klotzt und leuchtet, auch bei schlechtem Wetter, wie von einer immer-währenden Sonne beschienen.

Und schon hast du den Werder, der den Fluß teilt, gequert. Ich sehe zu aus einem der Fenster zwischen den zwei mitt-leren linken Pilastern des vierten Geschosses. Der schönste Sitzplatz in der Stadt, behaupte ich. Er ist rollbar, gepol-stert, auch für längeres Verweilen geeignet, Schultern, Kopf und Arme finden Halt. Über mir tickt eine Uhr, groß wie eine Bahnhofsuhr, mit klaren arabischen Ziffern.

Du verläßt den Werder über die Brücke für Geher und Rad-ler, eine, wie man sie heute überall baut. Sie besteht aus Be-ton, Rohren und Seilen. Diese Rohre sind blau. Die vergol-dete Ratte über dir im Gestänge nimmst du gerade noch wahr, weil die Aprilsonne sie blitzt.

Wäre Sommer und Niedrigwasser, sähest du auf wan-dernde Kiesinseln hinunter, und große Fische stünden scheinbar unbewegt im Seichten.

Noch lange nach der »Wende« kamen aus dem Osten Salzwasserfrachten, die Weser war zeitweise salziger als die

Nordsee, die wenigen Fische hatten Furunkulose. So gäbe es zu allem und jedem etwas zu sagen.

Du hast dich wieder um dich selbst gedreht. Stehst unschlüssig.

Links Weserpromenade, rechts Weserpromenade. Links Bänke, schattige Anpflanzungen, Stadtindianer mit ihren Hunden.

Rechts die Pfortmühle, du machst ein paar Schritte, insgesamt sind es wenigstens sechsundsechzig (zweiundzwanzig an der Breitseite), auf die Plattform mit der Informationstafel zu. Im Sommer sitzen hier Gäste des »Böhmerwald«, und Glühbirnen markieren den Abgrund.

Bereitwillig liest du, daß der »Mäanderfischpaß an der Pfortmühle im Unteren Weserwehr« zur »Wiedereinbürgerung« des Lachses gebaut wurde. Du vergleichst das Gelesene mit der Wirklichkeit. Vom Unterirdischen, dem verlängerten Flußrohr, der Durchdringung des Wehrkörpers, dem Kanal zur Eisabführung, den Bypaßleitungen, den Gewebematten für Kleinlebewesen, dem Einschwimmkanal und der turbinenbetriebenen stromerzeugenden Rarität aus dem Jahre 1912 ist eh nichts zu sehen. Aber auch von den Mäanderbecken siehst du nur Strudel, denn der Fluß führt ja Hochwasser.

Die Münsterbrücke, die du kennst, ist jetzt fern rechts von dir und für uns noch immer eine Neuheit.

Eine Baustelle der Dramen und Rätsel ist sie gewesen. Nichts war von uns zu verantworten, allein Männer mit Schutzhelmen schienen zu wissen, was zu tun war. Der Fluß verschwunden unter Kähnen, in denen Häuser Platz gehabt hätten, ein alles beherrschendes Pochen und Dröhnen, Eisen auf Eisen, ein Glassturz aus Lärm und Willkür lag über der Stadt. Das Drama Baustelle ist fast vergessen. Waren das nun Jahre oder nur Monate?

Von den Veränderungen zum Schönen wollen wir gern reden.

Für die Ohren und die Augen. Zum Beispiel das Tosen und die weiße Gischt unterhalb des Wehrs, weil die Weser auf Steinbrocken stürzt, die es vorher dort nicht gegeben hat ...

Fremde haben sich längst anderen Offerten zugewendet, aber wir möchten immer noch einen Augenblick länger bleiben.

Alles ist so frisch, so unversaut, wie eine Verheißung, und wir wollen für diesen guten Zustand mitverantwortlich gemacht werden.

Kuppel und Kappe von Sankt Bonifatii waren nicht zu übersehen, auch Stockhaus oder Karrengefängnis oder Kettenhaus hast du zur Kenntnis genommen, aber als »Hotel Stadt Hameln«. Und wieder hast du um Haaresbreite einen Zugang zur Altstadt vermieden oder verpaßt.

Einst berichtete ein Besucher über die Pein, die an den Füßen in Ketten gelegten Häftlinge ansehen zu müssen. Jeder konnte sie mieten für Arbeiten in Haus und Garten.

Bevor es Hotel wurde, war es noch einmal Jugend-»Vollzugsanstalt«, was immer das heißen mag. Wir gingen dort ein und aus, selbstlose Betreuer, Bildhauer auf Profilsuche, Autoren auf Suche nach O-Tönen, Sozial-, Christ- und Freie Demokraten als Werber. Einträchtig kümmerte man sich um die jungen Räuber, Schläger und Mörder. Heiligabend zog man mit Freigängern über den Weihnachtsmarkt, jede Tanne, jeder Grill, jeder Mädchenhals, jeder freundliche Wink mit Glühwein löste bei den Knackis kriminelle Energien aus. Aber alles ging gut. Euch zuliebe, sagten sie.

Später übernahmen Gruppendynamiker der Uni Göttingen.

Die Pfortmühle ist ja, verglichen mit unseren anderen Schätzchen, ein junges Ding von 112 Jahren. Leonard Woolley, Sir, Gelehrter und berühmtester Ausgräber seiner Zeit, zeigte 1957 mit seinem Gehstock auf den »Neubau« und wünschte sich an die Stelle eine Windmühle. Einheimischen, die 1984 im Rat den Abriß der Pfortmühle befürwortet hatten und überstimmt worden waren, ist sie vielleicht immer noch peinlich. Nachahmung von etwas, das es nie gegeben hat? Andere sind stolz auf das Bauwerk, weil es die letzte Erinnerung an das vom Fluß abhängige traditionelle Gewerbe der Stadt verherrlicht. Den meisten ist sie gleichgültig, nur als Sitz der Stadtbibliothek (seit 1990) sowie des Stadtarchivs ein Begriff.

Nachahmung? Fast alles ist Nachahmung. Diese ist sechsgeschossig, flachgedeckt, attikagefaßt, abwechselnd aus karminroten und zitronengelben Ziegelsteinen gemauert, der Sockel ist in die Weser gestellt.

Das sechste, ziemlich niedrige Geschoß duckt sich hinter weit ausladenden Konsolen, die mit dem schweren Traufgesims die gemauerte Attika tragen. Zum Fluß hin schwebt über dem von vier Pilastern markierten Mittelrisalit eine imposante Bekrönung: Zwei weibliche Figuren lagern bequem und anmutig, die eine langlockig und lieblicher als die andere, kurzlockige mit ihren runden Schmutz-Schmerz-Schatten um die Augen. Beide Grazien stützen sich auf ein ovales Wappenschild mit Mühlrad. Und sie schauen lotrecht hinunter auf dich. Die einst über der Attika aufragenden Vasen und Balustraden sind verlorengegangen.

Wünschen wir uns zu dem Fluß-Schwimmbad ein Café auf dem Dach, Blickrichtung Klüt. Unterstützen wir einander bei unseren Wünschen. Wer einen Bahnhof so wiederherstellt …

Im Erdgeschoß, das muß ich unbedingt noch anbringen, sind die Ziegelsteine der Pfortmühle horizontal geschichtet, die weiteren fünf Etagen sind durch Pilaster gegliedert. Eine so großflächige Fassade ist oft ein Problem. Hier nicht. Eine gute Lösung. Geschickt gemacht. Dem Auge angenehm. Und erst das Innere! Es ist gelungen. Die Optimisten behielten recht. Ich kenne viele Stadtbibliotheken in diesem Land, und keine ist einladender.

Ich werde angefallen von dem Wunsch zu erkunden, was für ein Mensch der Mühlen-Meyer war und was er sich bei der Planung der Pfortmühle gedacht hat. Und ich warte darauf, daß der Wunsch wieder versinkt.

Im vierten Geschoß, hoch über dem Fluß, komfortabel in meinem Sessel, die Uhr zeigt ein Viertel vor sechs, erwarte ich dich.

Wir müssen davon ausgehen, daß selbst auf jemanden, der einfach nur wie ich im Sessel sitzt, pro Sekunde elf Millionen Sinneseindrücke einprasseln, dazu gehören auch der Druck der Lehne im Rücken und des Sitzes unterm Hintern, das Ticken der Zeituhr der alltäglichen Bausünden, der Salamigeschmack auf meiner Zunge von einem Brötchen, das ich vor einer halben Stunde gegessen habe …
    Wenn das stimmt, wenn wir davon ausgehen müssen, habe ich mich dann nicht doch noch ganz gut sortiert?

Ich blicke über das schnellfließende Wasser, auf den Werder und die sich nähernde Frauengestalt unbestimmbaren Alters. Sie trägt einen dunklen langen schlanken Mantel, Handschuhe, eine Hand hält den hochgeschlagenen Kragen. Ich lasse die Augen steigen auf unseren Hausberg, der einst von Wehr- und Festungsanlagen strotzte. Restaurant und nadelspitzes Funkgestänge lösche ich kraft Imagination. Was bleibt, ist der rundliche Aussichtsturm, ein Lavipedium nannte man das, vulgär, aber geliebt. Vom Turm wimpelt etwas zu mir herüber, eine ansehnliche Fahne muß das sein.

Es ist der sechste April, am siebten beginnt der »Autofrühling«.

Er jährt sich zum vierten Mal. Die Multiplikatoren in der Region waren von der EWR zu überzeugen. Ein Bogen war schnell geschlagen vom fahrenden Traum über »Erlebniswelt Renaissance« im Hochzeitshaus zu Leonardo da Vincis beflügeltem, wenn auch nur federangetriebenen Auto ...

Der Mäanderfischpaß ist dir auch von hier oben nicht zu erklären, nur Schaum und wild kreisende Wasser, die Wehre sind für den nur erkennbar, der sie sucht, als eine in die Länge gezogene aufhüpfende Welle.
Seit heute steigt der Pegel nicht mehr, die Schneeschmelze war spät in diesem Jahr. Kein Grund zur Besorgnis, es wird nur zu dem üblichen Frühjahrshochwasser kommen.
Ein eisiger Wind mäht das weiße Sonnenlicht vom Fluß.

Du blickst verstohlen auf die Uhr, ich habe es bemerkt, das hast du wiederum bemerkt und entschuldigst dich.

Schnell noch die etwa zweiundzwanzig Schritte durch die Breite der Bibliothek gemacht, mit der Handkante die Richtung gewiesen: Altstadt, Bahnhof, Hannover ... auf unsere neueste, größte, eben eröffnete Baustelle geblickt, wo alte Bausünden durch neue ersetzt werden. Das Kaufhaus ist wahrhaftig scheußlich und verdient den Abriß. Aber wo kaufen wir nun zwei Jahre lang unseren Ebracher und die Flagioletten?
Zwischen Baukränen, Raupenfahrzeugen und LKW wuseln frierend junge Leute mit kleinem Handwerkszeug, lockern, kratzen, tupfen, schreiben und markieren. Wahrscheinlich haben sie die Reste des alten Zehnthofs gefunden.
Ein Einkaufszentrum wird hier entstehen, Stadtgalerie wird es heißen. Mehr als 90 Geschäfte mehr als 800 Arbeitsplätze mehr als 500 Parkplätze – Argumente sind Waffen. Weiß schlägt Schwarz. Prognose schlägt Leben. Bis 2008 wird es fertig sein.

Die Gegenwehr hielt sich in Grenzen. ECE: Kein Reiz-wort wie ehemals »Altstadtsanierung, Kleine Straße, Stu-benstraße ...«

Die Beschlußfassung in Bonn über die Altstadtsanierung war die größte aller Naturkatastrophen seit der Heimsu-chung durch den Rattenfänger ..., frei nach Elsa zitiert.

Interessiert dich das überhaupt?

Über die Sage werde ich kein Wort verlieren, das mache ich vorsorglich klar. Vor mehr als vierzig Jahren kam ich in diese Stadt und las die erste erhaltene Fassung, die aus der Lüneburger Handschrift. Nur die. Sie ist das Beste, sie ist nicht zu toppen in ihrer grausamen Lakonie. Mehr ist dazu nicht zu sagen.

Geschenkt, sagst du, ich bin hier geboren. Und einen An-flug von Melancholie glaube ich festzustellen.

Die Bibliothek schließt um 18.00 Uhr, der erste von zwei Aufrufen über Lautsprecher. Es ist noch hell

Jutta Sauer

Leveste

Wenn mich mein Vater zärtlich herzt;
Wenn meine Mutter mit mir scherzt;
So brauch' ich sonst nichts mehr.
(aus einem Gedicht von Philippine Knigge)

Jeder Tag beginnt mit den gleichen Ritualen. Der erste Blick
fällt auf das Bild, der zweite durch das geöffnete Fenster.
Auf der Wiese haben sich wie jeden Morgen neun Schafe zu
einer Herde versammelt. Da sind sie, höre ich eine Stimme
sagen und erschrecke. Aus dem vergilbten Atelierrahmen
schaut ein kleines Mädchen an mir vorbei. Seine Augen,
himmelblau wie die Schleife im blonden Haar, blicken in die
Ferne, aber auch in sich selbst hinein. Der leicht geöffnete
Mund deutet ein schüchternes Lächeln an und sieht aus, als
wolle er etwas sagen. Vor der kirschroten Schürze hält das
Mädchen neun Margeriten im Arm. Zwei davon leuchten
besonders hell. Unten rechts ist das Bild mit einem schwung-
vollen P und der Jahreszahl 1946 signiert. Der Maler ist erst
vor wenigen Jahren hochbetagt in Bayern gestorben.

Manchmal beneide ich Menschen, die immer in ihrem Geburtsort geblieben sind. Sie haben dort die Schule besucht,
Freunde und sogar Arbeit gefunden, wurden geliebt und haben ihr Leben, so gut es ging, zu leben versucht. Aufgrund
ihrer Herkunft und der richtigen Ankunft im Leben scheinen diese Menschen einfach nur Glück gehabt zu haben. Es
wird jedoch niemand darüber Auskunft geben können, ob
diese Personen in Wirklichkeit nur zufriedener oder lang-
weiliger waren als andere, die es immer wieder umtreibt.

Mein Leben hat es notwendig gemacht, den Wohnsitz oft zu wechseln. Ich bin fünfzehnmal umgezogen und habe in acht verschiedenen Orten in vier Bundesländern gelebt, aber nie den Wunsch verspürt, in einen davon zurückzukehren. Jeder Aufbruch war immer auch ein Abbruch oder ein Niemalswiedersehen. Auch der letzte Umzug wird nicht der allerletzte gewesen sein. Seit aber das Bild über meinem Bett endlich seinen Platz gefunden hat, läßt mich der Wunsch nicht mehr los, das niedersächsische Leveste wiederzusehen, das mich mit dem Mädchen und seinem Maler verbindet.

Auf der Autobahn Richtung Hannover ist dichter Wochenendverkehr. Ich fahre bis Bad Nenndorf und über die Ausfahrt auf die Bundesstraße nach Barsinghausen bis Großgoltern. Am Ortsausgang biege ich nach Gehrden ab und bin so schnell in Leveste, daß ich es kaum glauben kann. Ich halte vor der Gaststätte Wolter und versuche, trotz schnellem Puls, die gerade gewonnene Orientierung nicht gleich wieder zu verlieren. Wo früher die Straßenbahn abfuhr, mit der man über Empelde die Landeshauptstadt erreichen konnte, fahren jetzt nur noch Busse in die umliegenden Gemeinden. Nach dem Krieg wurde in der Gaststätte jeden Tag die Schulspeisung für Kinder ausgegeben, ein aus mit viel Wasser verdünnter Milch und Mehl gekochter Brei, der oft angebrannt schmeckte. Ich fahre weiter bis zum Ortsausgang und wende am Magnusdenkmal, das immer noch an den blutigen Ehrenmord des Herzogs Magnus Torquatus im Jahre 1373 erinnert. Über die Hauptstraße erreiche ich den Dorfplatz und steige dort aus. Mit schnellen Schritten gehe ich zur St.-Agatha-Kirche hinauf. Das Kirchenportal ist fest verschlossen. Außerhalb der Gottesdienstzeiten ist das älteste Bauwerk der Gemeinde leider nicht geöffnet. Während des Krieges waren die Glocken im Turm zum Einschmelzen eingezogen worden. Eine davon soll schon 1947 unbeschadet wieder an ihren Platz zurückgekommen sein. Neben dem Pfarrhaus steht eine mächtige

Eiche, die zum 400. Geburtstag Martin Luthers am 10. November 1883 dort gepflanzt wurde, was auf dem kleinen Gedenkstein zu lesen ist. Es gibt bestimmt nur wenige Bäume, von denen man wie bei diesem Naturdenkmal das genaue Alter kennt. Auf dem Kirchengelände spielen einige Dorfkinder Verstecken und sind dabei so laut wie damals, als der Pfarrer seine Predigt abbrechen und die Kanzel verlassen mußte, um vor der Kirche für Ruhe zu sorgen.

In diesem Umfeld muß die Levester Geschichte des Mädchens begonnen haben. Es wird erst einige Monate alt gewesen sein, als es mit seiner Mutter in das Haus der Waldvogels gleich gegenüber der Kirche einquartiert wurde. Während eines Urlaubs vom Vater im Bett eines Rostocker Kapitäns gezeugt und von der Mutter trotz Kriegsgefahr noch in Pommern gesund zur Welt gebracht, war Leveste nach der Flucht nach Niedersachsen und der Bombardierung Hannovers schon der dritte Aufenthaltsort in seinem nur wenige Monate alten Leben. In diesem Haus ist die Mutter noch einmal schwanger geworden. Es wurde ein Junge geboren, der nicht gesund zur Welt kam. Trotz der ärztlichen Bemühungen und einer Blutübertragung der Mutter starb der notgetaufte Säugling nach sieben Monaten und wurde auf dem Levester Friedhof beigesetzt. Damals hatte eine Nachbarin gemeint, das kleine Mädchen hätte mit der Mutter das Brüderchen wohl zu wenig mit dem Kinderwagen ausgefahren, als es noch am Leben war. Das Kind sprach tagelang kein Wort mehr. Es stand nur noch am Dachfenster, von wo aus es den vor der Kirche spielenden Kindern zusehen konnte. Manchmal saß es auch still auf dem Sofa und spielte mit einem Wollfaden, weil es nichts anderes gab. Einmal hatte es in einem unbeobachteten Moment die Lebensmittelkarten vom Tisch gezogen und mit seinen kleinen Fingern in winzige Fetzen zerrissen. Das Mädchen begriff nicht, wieso die Mutter sich aufregte, als sie den unersetzlichen Schaden bemerkt hatte. Vor dem Einschlafen hörte es, wie die Mäuse mit den Zahnbürsten im Glas spielten oder über sein Bettchen huschten, immer öfter aber auch das Weinen der Mutter.

Eines Tages war das Mädchen allein die Treppe hinuntergelaufen. In der Diele im Erdgeschoß stand der mit Pellkartoffeln gefüllte Katzennapf. Das Mädchen nahm eine nach der anderen heraus und aß mit großem Appetit. Die Mutter, die das Kind überall gesucht hatte, konnte gerade noch sehen, wie es die letzte Kartoffel in seinen Mund steckte. Sie riß das Mädchen entsetzt an sich und rannte mit dem Kind auf dem Arm die Treppe hinauf. Mit viel kaltem Wasser und Kernseife wusch sie ihm so lange den Mund aus, bis nur noch Seifenblasen aus seinem zum Weinen verzogenen Mund quollen.

Ich gehe am Friedhof vorbei bis zum alten Schulhaus, das jetzt als Kindergarten genutzt wird. Hier wurden früher in nur einem Klassenraum vier Jahrgänge gleichzeitig unterrichtet. Der Lehrer sorgte mit dem Rohrstock für Aufmerksamkeit und ordnete oft auch Indereckestehen an. Schon in der ersten Klasse mußte das Mädchen wie alle anderen Kinder die Finger ausstrecken, um sich züchtigen zu lassen. Die wahren Übeltäter konnten vom Lehrer niemals ausfindig gemacht werden, zumal von niemandem gepetzt wurde. Manchmal mußte auch das Mädchen für den Rest der Schulstunde in der Ecke stehen, ohne sich einer Schuld bewußt zu sein. Jeder Schultag war von Angst vor Strafe und Ungerechtigkeit besetzt.

Im Frühsommer 1945 war der Vater unerwartet schnell und unversehrt aus dem Krieg zurückgekehrt. Er hatte sich danach gesehnt, endlich seine junge Frau wieder in die Arme schließen zu können. Nun stand sie mit einem kleinen Mädchen auf dem Arm vor dem Mann, dem es so fremd war wie er dem Kind. Neben dem Mangel an allem, was zum Leben notwendig war, gab es bei allen, die den Krieg heil überstanden hatten, auch viel Hunger nach Liebe und Leben. Seit Monaten waren Vertriebene und Flüchtlinge nach Leveste gekommen, und jeden Tag kamen neue dazu. In der bäuerlichen Gemeinschaft des Dorfes fanden sie nicht nur den notwendigen Wohnraum, sondern durch das rege Vereinsleben auch bald ihren Platz im dörflichen Leben. Was allen fehlte, war eine zuverlässige Grundlage für den Lebensunterhalt. Das Geld hatte überhaupt keinen Wert mehr. Wer nichts besaß, konnte auch nichts eintauschen gegen das wenige, was andere abgeben konnten. Die den Krieg überlebt hatten, fürchteten jetzt die Not, die nur mit viel Überlebenswillen und kreativer Phantasie zu überstehen war.

Der gerade aus dem Krieg zurückgekehrte Vater besann sich auf sein Talent und reiste noch im Sommer mit seiner Staffelei, der Palette und einem Koffer voller Ölfarben nach Bayern. Dort malte er wochenlang immer wieder den Königssee, die Berge und viele Sonnenuntergänge. Manchmal gab ein Besatzungssoldat auch ein Porträt in Auftrag, das er in weniger als einer Stunde nach einem Foto malte, was sich herumsprach. Die im Akkord gemalten Bilder wurden ihm von den Amerikanern noch feucht von der Staffelei gerissen und mit Zigaretten bezahlt, der zuverlässigsten Währung während der Inflation. Wenn der Vater mit dem, was er schon unterwegs gegen die Zigaretten eingetauscht hatte, endlich nach Leveste zurückkam, war die Zeit des Hungers vorerst vorbei. Die Eltern ermahnten das Kind, niemandem etwas zu erzählen, weil der Vater sonst eingesperrt würde. Das Kind verstand nicht, was die Eltern meinten, sprach aber mit niemandem ein Wort.

Ich gehe über die Burgdorfer Straße bis zur Einmündung in die Hauptstraße, wo unter einer riesigen Eiche das dreiteilige Ehrenmal für die Gefallenen und Vermißten des Ersten und Zweiten Weltkrieges steht. In den bereits um 1920 aufgestellten Hauptstein mit dem darauf liegenden mächtigen Löwen sind die Opfer des Ersten Weltkrieges eingraviert.

Neben Jobst Freiherr und Adele Freiin Knigge, die im Dienst des Roten Kreuzes ihr Leben verlor, stehen Namen wie Pardey, Hunte, Giesecke, Blume und Waldvogel, die eng mit dem Dorf verbunden sind. Das Schicksal dieser und anderer Familien findet auf den beiden um 1950 aufgestellten Gedenksteinen für die Opfer des Zweiten Weltkrieges seine traurige Fortsetzung. Der Name Waldvogel ist hier noch einmal und Pardey sogar zweimal zu finden.

In einem Dorf bleibt nichts lange verborgen. Eines Tages hatte der Baron dem Maler eine Botschaft zukommen lassen. Er beauftragte ihn, im Schloß einige beschädigte Gemälde zu restaurieren. Andreas Freiherr Knigge muß mit der Arbeit des Malers zufrieden gewesen sein, denn schon kurze Zeit später durfte die Flüchtlingsfamilie mit seiner Genehmigung in den Schloßpark ziehen. Der Vater hatte dort zwei leerstehende Gewächshäuser entdeckt, die durch einen achteckigen Pavillon mit beschädigtem Kuppeldach verbunden waren, der einst als Orangerie zur Überwinterung von Palmen und Orangenbäumen gedient hatte. Der Baron war damit einverstanden, daß der Maler das linke Gewächshaus für seine Familie zum Wohnen und das rechte für sich als Atelier nutzen würde.

Am Feuerwehrhaus entdecke ich einen Aushang, der vom Ortsbrandmeister Feuerhahn unterzeichnet ist. Als ich mich umdrehe, sehe ich, wie sich an einem Fenster eine Gardine bewegt. Kurz darauf kommt eine Frau aus dem Haus und gleich auf mich zu. Von ihr erfahre ich, daß es den Laden des Kaufmanns Rohe, der früher hier gewesen ist, schon lange nicht mehr gibt. Das Geschäft des Bäckers Rache ist noch da, sagt sie, allerdings ist es an einen Großbäcker vermietet. Den Schlachter Pfingsten und den Friseur Fröhlich gibt es auch nicht mehr. Einkaufen kann man in Leveste eigentlich gar nichts mehr, klagt die Frau und blickt mich neugierig an. Als sie mich fragt, ob ich auch in das Neubaugebiet ziehen will, verabschiede ich mich schnell und steige in meinen Wagen.

Das kleine Mädchen wird schon zwei Jahre alt gewesen sein, als es mit den Eltern vom Dorf in den Schloßpark umzog. Der Vater hatte in das Glashaus eine Decke eingezogen und über einem Sockel mit Holzlatten einen Fußboden installiert. Das Haus hatte zwei Haustüren, vier Innentüren und wurde durch weiß gestrichene Hartfaserplatten in vier gleich große Räume unterteilt. Von einer Haustür ging es gleich in die Küche, durch die Küchentür in das Kinderzimmer, durch die nächste Tür ins Elternschlafzimmer und von dort aus ins Wohnzimmer. Durch eine zweite Tür konnte man von dort aus wieder nach draußen gehen. Das Plumpsklo befand sich in einem angebauten Schuppen, in dem es kein Licht, aber wenigstens eine Luke nach draußen gab. Nur im Wohnzimmer und in der Küche gab es Öfen, die aber nur ganz selten im Winter befeuert wurden. Das Haus wurde meist genug von der Sonne aufgeheizt, wenn sie auf das Glasdach schien. An heißen Tagen hielt sich die Familie am liebsten im Schatten der alten Eiche hinter dem Haus auf, wo nebenan im Schuppen der Franz unermüdlich mit der Axt das Holz für die Beheizung des Schlosses hackte.

Ich fahre an der Mauer entlang, die den Schloßpark vom Dorf trennt, und komme am Gasthaus Behnsen vorbei, in dem schon früher Fasching gefeiert wurde und auch die Feuerwehr- und Sportfeste stattfanden. Das Gasthaus scheint nach wie vor der Mittelpunkt des dörflichen Gemeinschaftslebens zu sein. Die einzig offene Einfahrt zum Schloß, die über den Gutshof führt, finde ich gleich und halte vor dem Tor an. Auf einem dort angebrachten Schild steht schwarz auf weiß, daß das Betreten des Privatbesitzes des Freiherrn streng verboten ist. In Erinnerung an die Großzügigkeit der Knigges steige ich dennoch aus und gehe, ohne zu zögern, durch das Tor. Im Innenhof bleibe ich mit klopfendem Herzen stehen. Mein Blick fällt auf das Herrenhaus mit dem angebauten Seitenflügel, in dem neben Adeligen wie von Cölln, von Oppeln und von Zeppelin auch einfache Bürger eine Unterkunft gefunden hatten. Die meisten machten sich als Gegenleistung im Schloß nützlich. Unten im Seitenflügel hatten die Droschkengäule Hans und Liese, auf denen die Kinder manchmal reiten durften, ihr Quartier. Jetzt steht ein gepflegtes Auto im ehemaligen Stall. Ich gehe auf das Herrenhaus zu und warte ein paar Minuten, ob sich vielleicht jemand zeigt, aber alles bleibt still. Im Vertrauen auf das Verständnis des Freiherrn für meine innere Mission gehe ich am Schloß vorbei, um von dort aus in den Park zu gelangen.

Für die Flüchtlingsfamilie muß die neue Umgebung das Paradies gewesen sein. Neben mehr Wohnraum und einem eigenen Zimmer für die Tochter gab es zusätzlich den großen Park, in dem sie ohne Aufsicht spielen durfte. In der ersten Zeit stand das Mädchen meist wie gewohnt auf einem Hocker vor dem Fenster und schaute auf das Schloß, das durch einen breiten Wassergraben, den großen Rasen und riesige Bäume vom Glashaus getrennt war. Die Familie des Barons war bis auf Ernst August, der ab und zu mit Alexander von Oppeln, den er Atti nannte, im Park herumstrolchte, nur selten zu sehen. Im Schloß erzählte man, daß Ernst August und Beninga, die Kinder des Freiherrn, in Internaten untergebracht und nur in den Ferien zu Hause wären. Manchmal kam auch die alte Baronin, die Kniggenmutter genannt wurde, in den Park, um dort spazierenzugehen. Zwischendurch lehnte sie sich an die Wand des Glashauses, um etwas auszuruhen oder sich von der Sonne wärmen zu lassen. Durch das Fenster konnte das Mädchen dann die spitzen Riemchenschuhe der Baronin bewundern, mit denen die alte Dame trotz der hohen Absätze sicher über die Kieswege gelaufen war. Das Kind hatte davon gehört, daß Kniggenmutter oft spät in der Nacht um Hilfe rufen würde.

Wenn die müden Mamsellen dann in ihr Schlafzimmer ge-
eilt waren, wäre die Baronin immer in bester Verfassung
gewesen. Sie hätte nur nicht schlafen können und sich
furchtbar gelangweilt. Eines Nachts, als wieder ihre Hilfe-
rufe ertönten, wäre niemand mehr darauf reingefallen. Erst
am nächsten Morgen hätte man die alte Baronin mit einem
Oberschenkelhalsbruch hilflos auf dem kalten Fußboden
liegend gefunden.

In seinem neuen Atelier konnte der Vater endlich wieder
nach seinen künstlerischen Vorstellungen malen, was er
lange entbehrt hatte. Hier muß auch das Porträt der Tochter
mit den Margeriten entstanden sein. Zunächst hatte er einen
Strauß aus sieben Blumen gemalt. Weil die Mutter sich dadurch aber an den Tod des im Alter von sieben Monaten
verstorbenen Sohnes erinnert fühlte, malte er mit weißer
Farbe aus einer neuen Tube erst eine achte und schließlich
noch die neunte Margerite dazu, um die Harmonie des Bildes nicht ganz zu zerstören. Manchmal kam auch der Maler
Paul Smalian zu Besuch, der in einem Holzhaus am Steinhuder Meer lebte. Einmal hatte er sein Modell Corenchen
mitgebracht, um mit dem Freund eine Serie von Aktbildern
zu malen. Corenchen, die seit dem frühen Morgen ununterbrochen posiert hatte, lag gegen Abend plötzlich bleich auf
dem Sandboden. Der Vater rief hilflos nach seiner Frau, die
gleich mit der Tochter an der Hand ins Atelier kam. Das
Mädchen blickte erstaunt auf den nackten Frauenkörper,
der nur vom Abendlicht beleuchtet wurde. Der Mutter gelang es, das magere Modell mit viel kaltem Wasser und einer
Scheibe Brot schnell wieder ins Leben zurückzuholen. Der
Maler Smalian hatte neben seinem Hund, der den ganzen
Tag geschlafen hatte, sein Abendessen mitgebracht. Vor den
gierigen Blicken des Tieres aß er einen rohen Hering mit
Kopf, Gräte und Schwanz, ohne dem bettelnden Hund et-
was davon abzugeben.

Aufgrund ihrer bäuerlichen Herkunft wußte die Mutter,
daß man Zeiten wie diese nur als Selbstversorger überstehen

konnte. Oft stand sie bis zum Abend am großen Kessel, um aus Zuckerrüben einen Aufstrich für das von ihr selbst gebackene Brot zu kochen. Manchmal stellte sie aus Rübensirup und etwas Zucker in einer Pfanne auch klebrige Karamellbonbons her, die ersten Süßigkeiten für die Tochter. Was fehlte, war vor allem Fett und Fleisch. Das Mädchen hatte in letzter Zeit immer wieder seltsame Geräusche gehört, die aus dem Schuppen kamen. Die Mutter hatte behauptet, das wäre bestimmt ein Igel, der dort sein Winterquartier hätte. Eines Tages hatte sich das schwarze Schwein, das heimlich von ihr gemästet wurde, unter dem Schuppen hindurch ins Freie gewühlt und gleich damit angefangen, hinter dem Haus nach Eicheln zu suchen. Der Mutter blieb vor Schreck das Herz stehen, als sie im Schloßpark die Stimme von Klingel-Röwer hörte. Der Mann war eine Amtsperson, die alles wußte, neben der Post auch die amtlichen Anordnungen ins Haus brachte und sämtliche Neuigkeiten im Dorf verbreitete. Der Mutter gelang es nicht mehr, das gierige Schwein in den Schuppen zurückzutreiben. Der Mann, der sein Rad bereits abgestellt hatte, kam schon mit einem Brief winkend direkt auf sie zu. Sie war kreidebleich, als sie ihm die Post abnahm. Mit großen Augen schaute sie an dem Mann vorbei und fixierte ununterbrochen eine alte Buche im Park. Der Mann folgte ihrem Blick, konnte aber nichts Besonderes erkennen. Kopfschüttelnd stieg er wieder auf das Rad und fuhr davon, ohne das Schwein, das in diesem Augenblick hinter der großen Eiche hervorkam, noch bemerkt zu haben. Trotz der ständigen Angst vor Bestrafung führte die Mutter kurze Zeit später im Schuppen die erste Hausschlachtung ihres Lebens durch. Danach gab es reichlich Fleisch, Wurst und sogar Schinken, was natürlich niemand wissen durfte. Auch der Vater hatte mit einem Bekannten in einem Glasballon heimlich Rübenschnaps gebrannt, was bei Höchststrafe verboten war. Die wenigen Mitwisser waren durch ihren Anteil, den sie bekommen hatten, zum Schweigen gezwungen, was allen Beteiligten eine gewisse Sicherheit gab.

Hinter dem Herrenhaus bleibe ich irritiert stehen. Den breiten Graben, der einst den Park vom Schloß trennte, gibt es nicht mehr. Er ist ganz mit Erde zugeschüttet und von Gras überwachsen. Die alte Brücke führt noch vom Schloß in den Park, hat aber jeglichen Sinn verloren. Ich gehe zum Park hinunter und erstarre. Das Glashaus ist verschwunden, auch das Atelier, nur der Pavillon steht noch an seinem Platz, allerdings fehlt das alte Kuppeldach.

Durch diesen Pavillon, in dem es seltsam nach Salpeter roch und viele Fledermäuse hausten, gelangte der Maler in sein Atelier, in dem ihn niemand stören durfte. Trotzdem war das kleine Mädchen eines Tages heimlich in das Atelier gegangen und hatte dort mit einem Stock einen Hahn in den Sandboden gezeichnet. Als die Mutter die Zeichnung entdeckt hatte, machte sie den Vater stolz auf das Talent der Tochter aufmerksam. Er schaute das Kind mißtrauisch an und forderte es streng auf, die Zeichnung vor seinen Augen zu wiederholen. Das Mädchen stand mit gesenktem Blick vor dem Vater und starrte auf den Boden. Nachdem es ein paar unsichere Linien in den Sand gezogen hatte, warf das Kind ihm den Stock vor die Füße und rannte in den Park hinaus.

Der einst barocke Park wurde auch in der Nachkriegszeit von fleißigen Gärtnern gepflegt. Sogar die Kieswege wurden täglich geharkt. Der gepflegte Rasen war von Steinfiguren, die allegorisch die vier Jahreszeiten darstellten, und herrlichen Blumenrabatten umrahmt. Neben einem Tulpenbaum, Magnolien und vielfarbigen Rhododendronbüschen wuchsen dort mächtige Buchen, Trauerweiden und allerlei Gehölz, das sich gut als Versteck eignete. Im Schloßgraben schwammen neben zwei Schwänen auch viele bunte Enten. Im Sommer war das abendliche Konzert der Frösche sogar durch die geschlossenen Fenster zu hören. Wenn der Baron und die Baronin Besuch hatten, spielten sie manchmal Krokket im Park. Nur im Winter, wenn der Schloßgraben fest zugefroren war, durften auch die Dorfkinder den Schloßpark betreten. Die Baronin gab dann die Eisfläche zum Schlittschuhlaufen frei.

Eines Tages hatte der Vater eine Mischlingshündin mitgebracht, die das Haus bewachen sollte. Wegen ihres weißen Fells wurde sie Motte genannt. Bald kamen noch ein Hahn, einige Hühner und die Ente Jakob dazu, die versehentlich aus einem der bebrüteten Eier geschlüpft war, und schließlich ein junger Igel und eine alte Kröte aus dem Schloßgraben. Am Abend traf am Fenster des Kinderzimmers regelmäßig eine Eule ein, die dort ihren Stammplatz hatte. Das Mädchen fing an, mit den Tieren zu leben, aber auch zu sprechen. Nachts schlief es mit seinem Teddybären, während es die neue Puppe aus Zelluloid überhaupt nicht leiden konnte, weil sie immer kalt war. Nachdem beim Hinfallen die Schlafaugen der Puppe in den Zelluloidkörper gefallen waren, hatte die Mutter sie kurzerhand vor den Augen der Tochter im Ofen verbrannt.

Obwohl der Vater es nicht gern sah, kamen seit einiger Zeit zwei Spielkameradinnen ins Haus. Marlies hatte meist eine Rotznase, aber kein Taschentuch und aß am liebsten Brote mit Rübensirup, was man ihrem Gesicht ansehen konnte. Sie wohnte in dem Haus, durch das man direkt ins Dorf gehen konnte, weil es in die Schloßmauer gebaut war. Marion, die mit ihren Eltern im Schloß wohnte, hatte den Vorzug, sogar aus zwei Meter Entfernung jedem mitten ins Gesicht spucken zu können, aber auch keine Angst, einen Regenwurm zu küssen. Manchmal kam Marions adelige Großmutter aus Hamburg zu Besuch, die eine starke Raucherin war. Die Mädchen hatten schon wochenlang Zigarettenkippen von der Straße aufgesammelt, die von Besatzungssoldaten achtlos weggeworfen worden waren. Tante Ise, wie das Mädchen zu Marions Oma sagen durfte, freute sich immer über die Tabakreste, aus denen sie sich manchmal mehr als nur eine Zigarette drehen konnte. Das Mädchen wäre wahrscheinlich mit einer einzigen Freundin zufriedener gewesen, zumal es zu dritt immer zu Streit kam.

Marlies und Marion vertrugen sich überhaupt nicht und prügelten sich fast jeden Tag. Eine von beiden war immer das Opfer, manchmal auch das Mädchen aus dem Glashaus, obwohl es nur zugeschaut hatte. Einmal schlug Marion mit ihrer Sandschaufel so unglücklich zu, daß das Mädchen mit einem stark blutenden Loch im Kopf nach Hause kam. Du mußt dich wehren, hatte die Mutter die Tochter beschworen. Danach hatte das Mädchen die Freundin einmal so unglücklich mit den Knöpfen ihrer Strickjacke an der Lippe getroffen, daß sie blutete. Nach diesem Vorfall hatte es sich nie wieder zu wehren versucht.

Vor dem Schlafengehen fand immer das gleiche Ritual statt. Auf Wunsch der Mutter sollte das Mädchen dem Vater einen Gutenachtkuß geben, mußte aber immer erst einen Vers aufsagen, den der Vater ihm nach der Rückkehr aus dem Krieg beigebracht hatte. Dabei ging es um ein armes Mädchen, das schon zwei Jahre alt war, aber noch keinen Mann hatte. Das Kind wußte, daß es dem Vater damit gefallen konnte. Wenn er danach endlich seinen Kuß entgegengenommen hatte, wischte er ihn mit seiner Hand gleich wieder ab. Einmal hatte sich das Mädchen geweigert, den Vers aufzusagen. Niemand hat mich lieb, hatte es gesagt und angekündigt, einfach wegzugehen und niemals wiederzukommen. Der Vater öffnete gleich die Tür und wartete im Beisein seiner Frau auf das, was nun geschehen würde. Das Mädchen blieb lange mit seinem Teddybären im Arm auf der Schwelle stehen. Draußen war es schon dunkel, und die Blätter an den Ästen der alten Bäume rauschten unheimlich im kalten Wind. Geh nur, ermunterte der Vater das trotzige Kind und lachte es aus, als es weinend vor der Tür sitzen blieb. Dann machte er die Tür von innen zu.

Ich setze mich ins Gras und lehne mich an den Pavillon. Alles ist jetzt so klein und unbedeutend. Die Mauer und auch die alten Bäume im Park sind nur halb so hoch wie in der Erinnerung. Auch der Hain am Rande des Parks, der von den Kindern als Wildnis bezeichnet wurde, ist nichts als ein unscheinbares Wäldchen. Auf einmal ist Hundegebell zu hören, das zum Glück nicht näher kommt und bald ganz verstummt.

Das Mädchen versteckte sich immer hinter der Mutter, wenn mal jemand zu Besuch kam. Das änderte sich erst, als die pommersche Großmutter zum ersten Mal nach Leveste gekommen war. Nach der Vertreibung war sie von einem ihrer sieben Söhne, der inzwischen in Broitzem lebte, aufgenommen worden. Sie freute sich, neben ihrer einzigen Tochter endlich auch die Enkelin sehen zu können. Mit der Oma wurde das Leben bunt und schön. Mit ihr konnte das Kind lachen und den ganzen Tag fröhlich sein. Die Großmutter erzählte oft wundersame Geschichten, die manchmal zum Weinen traurig waren. Das Mädchen konnte nicht genug davon bekommen und bestand darauf, mit der Oma in einem Bett zu schlafen. Jeder Besuch, der meist mit einem Zerwürfnis mit ihrer Tochter endete, war für die Großmutter und ihre Enkelin eine wunderbare Zeit, die beiden ganz allein zu gehören schien.

Ich stehe auf und klopfe mir ein paar Grashalme von der Hose. Diese Wiesenlandschaft hat mit dem Zauberpark des kleinen Mädchens, das hier einmal aufgewachsen ist, nichts mehr zu tun. Vielleicht sind es ja die Bilder im Kopf, die wichtiger sind als das, was die Augen wahrnehmen. Wahrscheinlich bin auch ich ganz anders, als ich mich sehe. Vielleicht kann ich hier aber noch lernen, mich in der Gegenwart besser zurechtzufinden und das Heute vom Damals zu trennen.

Mit der Währungsreform im Sommer 1948 änderte sich schlagartig alles. Wer genug Geld hatte, konnte wieder fast alles einkaufen, wer keines hatte, mußte es sich verdienen. In Leveste wurde der Laden des Kaufmanns Rohe zum Mittelpunkt des täglichen Lebens. Nachdem das Mädchen mit einer vom Vater aus Pappe und Silberpapier gebastelten Schultüte nach Ostern 1950 eingeschult worden war, kam es täglich zweimal beim Kaufmann vorbei. Mit dem Geld von der Oma kaufte es sich Lakritze und Ahoi-Brausepulver und mußte fast jeden Tag mit dem Schultornister auf dem Rücken die hohe Mauer um den Park überwinden. Manchmal besuchte das Mädchen auch die einzige Freundin seiner Mutter, die im Dorf wohnte. Sie hieß Irene, wurde von den Eltern aber Reni genannt. Das Mädchen durfte Henchen sagen und zu ihrer alten Mutter, mit der sie ein großes Zimmer teilen mußte, Oma Balnuss. Nachdem es die Schloßmauer überwunden hatte, ging das Mädchen immer über einen schmalen Fußweg, den alle die Twetsche nannten, zu den Frauen, bei denen es sich aufgehoben fühlte wie sonst nur bei der Oma. Henchen war eine attraktive Kriegerwitwe, die ihren Mann nach nur einem Ehejahr im Krieg verloren hatte. Ihre Trauer hatte sie nie ganz überwunden, war aber trotzdem eine lebensfrohe Frau geblieben. Seit kurzem hatte sie einen neuen Verlobten, der in Hannover als Filmvorführer im Amerikahaus arbeitete. Mit ihm besuchte sie oft die Eltern im Park, wo man sich im Schutz mannshoher Disteln zum gemeinsamen Sonnenbaden traf oder unter der großen Eiche hinter dem Glashaus bis in die Nacht hinein feierte.

Das Mädchen wurde immer öfter zu Tante Martha in der Göxer Straße gebracht, einer Witwe, die keine eigenen Kinder bekommen, aber einen Jungen adoptiert und großgezogen hatte. Das Mädchen fing an, darüber nachzudenken, ob es vielleicht wie der Onkel Hubert, wie sie den Adoptivsohn von Tante Martha nannte, von den Eltern auch nur adoptiert worden wäre. Natürlich war Tante Martha keine richtige Tante, aber das Kind fühlte sich bei ihr wohl und war immer herzlich willkommen, weil es artig war und niemals weinte. Es durfte im großen Doppelbett neben der Witwe schlafen, auf deren Nachttisch immer eine alte Bibel lag. Seit es dazu fähig war, las das Mädchen in dem spannenden Buch und machte immer schnell das Licht aus, wenn die Tante vom Kirchenchor nach Hause kam.

Ich stelle mir vor, wie der Freiherr oben im Schloß an eines der hohen Fenster tritt und mich im Park auf dem Rasen sitzen sieht. Wenn es ihn interessieren würde, was ich hier zu suchen hätte, würde ich ihm sagen, daß ich wegen eines Bildes hier bin, das 1946 in dem verschwundenen Glashaus in diesem Park entstanden ist, und vielleicht noch, daß die Erinnerung manchmal hilfreich sein kann, um in der Gegenwart besser leben zu können.

Nach der endlosen Zeit der Entbehrungen begrüßten die Menschen jeden Tag wieder mit Zuversicht. Überall wurden Geschäfte und Betriebe eröffnet, die Arbeitskräfte brauchten. Auch im Schloßpark war es mit der Ruhe vorbei. Kurz bevor 1950 in Hannover erstmals die Deutsche Industrie-Messe unter Beteiligung ausländischer Aussteller stattfand, hatte sich der Vater als Dekorateur selbständig gemacht. Zum Malen kam er nun überhaupt nicht mehr. Statt dessen baute er in seinem Atelier riesige Dekorationen für die Messestände, die er mit einem auf Kredit angeschafften Opel Sechszylinder Cabrio nach Hannover transportierte. Meist arbeitete er bis in die Nacht hinein und kam nur noch zum Essen und Schlafen ins Wohnhaus. Die vielen Aufträge konnte er kaum noch bewältigen und stellte bald einen Lehrling ein. Er hieß Feodor und war in den ersten Tagen vor allem damit beschäftigt, die leeren Flaschen wegzuräumen, die sich im Atelier angesammelt hatten. Die Mutter hatte im Dorf gehört, daß auch die Baronesse als Zigarettenverkäuferin auf der Messe gearbeitet hätte, was sie erst nicht glauben wollte. Beninga wäre dabei einem Mann begegnet, den sie heiraten wolle. Tatsächlich wurde die Baronesse kurze Zeit später mit diesem Mann aus Südamerika in der Levester St.-Agatha-Kirche getraut. Fast alle Levester hatten sich vor der Kirche und auch auf dem Dorfplatz versammelt, um bei diesem Ereignis dabeizusein. Unmittelbar nach der Hochzeit folgte Beninga ihrem Mann nach Peru.

Ich gehe in den Park hinein und freue mich, den alten Nußbaum wiederzuerkennen, unter dem das Mädchen oft stundenlang gewartet hatte, bis endlich eine Walnuß herunterfiel. Von hier aus führte ein Weg zur Gärtnerei, die das Schloß mit Obst und Gemüse versorgte. Neben Kirsch- und anderen Obstbäumen gab es dort auch einen Pfirsichbaum, der einmal sogar Früchte trug. Das Mädchen und ihre Freundinnen konnten ihrem Duft nicht widerstehen. Als der Gärtner Rissmann die Mädchen an den Ästen des Pfirsichbaumes erwischte, knallte er mit seiner Peitsche so laut in die Luft, daß die Kinder in die nahe Wildnis flüchteten, wo sie sich vor Angst versteckten.

Der Maler hatte es sich zur Gewohnheit gemacht, am Sonntag mit der Familie im neuen Auto Fahrten ins Blaue zu machen, wie er das nannte. Neben ihm saß die Mutter, auf dem Rücksitz das Mädchen, dem schon nach wenigen Kilometern schlecht wurde, daneben der Hund und manchmal auch die Oma, wenn sie zu Besuch da war. Der Vater fuhr immer frühmorgens los, ohne sein Ziel zu verraten. Die schnelle Fahrt durch die Gegend wurde von ihm nur unterbrochen, wenn es unbedingt nötig war. Das Mädchen preßte sein Gesicht gegen das Fenster, an dem die Bäume, Kühe und Häuser vorbeizufliegen schienen, bis es erschöpft einschlief. Man kam eigentlich nirgendwo an, außer spät in der Nacht wieder in Leveste. Seit der Vater das Auto besaß, war er eigentlich immer unterwegs. Er kam jeden Tag später und manchmal überhaupt nicht mehr nach Hause. Außerdem fing er an, regelmäßig Bier und Weinbrand zu trinken.

Bald wurde die erste Urlaubsreise geplant. Gemeinsam mit Henchen und ihrem Verlobten fuhr die Familie an den textilfreien Strand der Insel Sylt, der von den Anhängern der Freikörperkultur Abessinien genannt wurde. Die erste Woche verlief trotz der ersten Sonnenbrände noch harmonisch. Eines Abends hatte der angeheiterte Vater aber vor den Freunden ausgeplaudert, daß sein Ideal schon immer dunkelhaarige Frauen gewesen wären. Weil die Freundin der Mutter diesem Typ entsprach, während sie selbst blond war, war ab sofort die Freundschaft, aber auch der Urlaub von ihrer Eifersucht belastet. Das Mädchen begriff nicht, wieso die Mutter nicht mehr mit dem Vater und der Freundin sprach. Der Urlaub endete mit der vorzeitigen Rückreise der Familie. Das Kind war traurig, aber auch erleichtert, als es wieder in Leveste angekommen war.

Nachdem die Mutter wegen des nächtlichen Todeskampfes einer vergifteten Ratte in der Kartoffelkiste wieder keinen Schlaf gefunden und gleich am Morgen eine Kartoffelpflanze entdeckt hatte, die im Wohnzimmer neben dem Teppich durch den Fußboden gewachsen war, verlangte sie von ihrem Mann, sich unverzüglich um eine Anstellung in Hannover zu bemühen. Wenn er seine Selbständigkeit nicht sofort aufgeben würde, gäbe es nur noch die Trennung. Über eine Woche sprach das Ehepaar kein Wort miteinander. Die Tochter war mit dem Hund nur noch im Park unterwegs.

Das Mädchen war fast neun Jahre alt, als die Levester Kindheit endgültig vorbei war. Mitten im vierten Schuljahr mußte es die Dorfschule, das Glashaus und auch den Schloßpark verlassen. Die Mutter, die ihren Willen erfolgreich durchgesetzt hatte, war wohl die einzige, die sich über den Ortswechsel freute. Auf ihr Betreiben hatte der Vater in Hannover eine Anstellung als Dekorateur in einem Kaufhaus und für die Familie eine Wohnung in der Nordstadt gefunden, die sich in einem großen Mietshaus ohne Aufzug im vierten Stock befand. Es gab drei Zimmer und einen winzigen Balkon, der nur ein Austritt für den Hund war. Motte war das einzige Tier, das mitgenommen werden konnte. Die Ente hatte die Mutter schon geschlachtet und alle Hühner im Dorf verkauft. Von solch einer Neubauwohnung in der

Großstadt hätte sie immer geträumt, schwärmte sie in Leveste allen vor, die ihr beim Umzug halfen.

Nichts ist so, wie es scheint. Auch Leveste, seit 1225 eine der ältesten Siedlungen im Calenberger Land, das schöne niedersächsische Dorf mit dem Wappen aus einem Kesselhaken als Sinnbild des bäuerlichen Lebens und dem roten Löwen über zwei roten Balken auf silbernem Schild in Anlehnung an das Familienwappen der Knigges, ist nicht so geblieben, wie es einmal war. Ich gehe über die Brücke zum Herrenhaus zurück, in dem jetzt Ernst August Freiherr Knigge residiert. Wahrscheinlich hängen im Schloß noch die Bilder, die der Maler nach dem Krieg dort restauriert hatte. Im Innenhof bleibe ich noch einmal stehen. Im Sommer war hier manchmal der Eismann mit dem Motorrad laut hupend um das Rondell gefahren, bis alle Kinder aus dem Schloß angerannt kamen, um ihm ein Eis abzukaufen. Nur das Mädchen aus dem Glashaus hatte einmal kein Geld bei sich. Da war die Baronin Marie Helene, zu der Marion Tante Kätzchen sagte, die Freitreppe heruntergekommen und hatte dem schüchternen Mädchen ein Hörnchen mit einer Kugel Vanilleeis gekauft. Das Kind bedankte sich mit einen Knicks, weil es davon gehört hatte, daß der Name Knigge mit gutem Benehmen verbunden wäre. Es hatte keine Ahnung, daß der 1752 auf Schloß Bredenbeck bei Hannover geborene Adolph Freiherr Knigge schon im Alter von dreißig Jahren erklärt hatte, nur noch der freie Herr Knigge sein zu wollen und deshalb das »von« aus seinem Namen gestrichen hatte. Als aufklärerischer Schriftsteller hatte er wie kein anderer seiner Zeit die Nation polarisiert. Er muß ein unruhiger Geist gewesen sein, was auch die vielen Ortswechsel beweisen, die sein kurzes Leben von nicht einmal 44 Jahren geprägt haben. Es würde ihm bestimmt nicht gefallen haben, bis heute auf seine in einem einzigen Buch publizierten Bemerkungen *Über den Umgang mit Menschen* reduziert zu werden. Ich finde den vierbändigen

Roman seines Lebens oder sein Buch *Über die Schriftsteller und Schriftstellerey* viel interessanter, vor allem aber seine wunderbaren Briefe an die Tochter Philippine, die Einblicke in die außergewöhnliche Beziehung zwischen ihm und der Tochter ermöglichen, die von gegenseitigem Respekt und Vertrauen, vor allem aber von Liebe getragen war.

»Schon zwei Jahr und noch kein Mann, was fang ich armes Mädchen an. Zur Erinnerung an Deine schöne Kinderzeit in Leveste, gemalt von Deinem Vater!«

Diese handschriftliche Widmung mit dem Ausrufezeichen hinter dem Wort Vater hatte der Maler nicht in Leveste, sondern erst auf die Rückseite des Bildes geschrieben, als die Tochter längst erwachsen war. Sie hatte von Anfang an immer nur einen Mann geliebt, später den jeweiligen, und immer zuviel und mehr als sich selbst. Die Wahrheit ist eine zweifelhafte Angelegenheit. Wahrscheinlich sind es nicht die Orte, die wichtig sind. Was wirklich zählt, ist die gefühlte Wahrheit. Auf meinem Schreibtisch steht eine russische Matrioschka, ein Geschenk meiner geliebten Großmutter. Wenn man eine Puppe nach der anderen herausnimmt, findet man zum Schluß endlich die kleinste, die in allen anderen verborgen war. Wer seinen Sinnen wieder trauen kann, muß sich nicht länger belügen. Ich kann jetzt in aller Ruhe zurückfahren, weil ich in meinem Innern wieder zu Hause bin. Wo immer ich auch sein werde, kann ich nun alle Gefühle zulassen, die zu mir und meiner Geschichte gehören.

Hanjo Kesting

Und was heißt schon New York?

Begegnungen und Erinnerungen

Soll ich anfangen wie einst Heinrich Heine in seinem *Wintermärchen*? »Im traurigen Monat November wars, / Die Tage wurden trüber, / Der Wind riß von den Bäumen das Laub, / Da reist ich – nach Hannover hinüber«. Nein, es war kein trauriges Wintermärchen, als ich am 5. November 1973 nach Hannover kam, um mein neues Amt beim NDR anzutreten: »Leitung der Redaktion Kulturelles Wort«. Zwar war es November, ein trüber und nebliger Tag, die Bäume standen fast kahl, zwar hatte ich noch, ich gebe es zu, den Abschiedsschmerz vom schönen Hamburg zu verwinden, doch kam ich voller Erwartung und Tatendrang in die Stadt an der Leine, gerade dreißig Jahre alt, da besteht das Leben größtenteils aus Zukunft.

Ich kannte Hannover nicht. Und wußte wenig von dieser Stadt, Landeshauptstadt immerhin. Ein gewisser Herr Leibniz hatte hier einen großen Teil seines Lebens verbracht, die Namen Pelikan und Bahlsen waren mir geläufig, ein Fußballverein aus Hannover war 1954 deutscher Meister geworden (mit einem 5:1-Sieg ausgerechnet über den 1. FC Kaiserslautern, aus dessen Mannschaft fünf Spieler nur wenig später zur Wunder-von-Bern-Mannschaft gehörten). Dann gab es noch, mir vage bekannt, eine Literaturzeitschrift, die einen von Friedrich Schiller übernommenen und durch ihn geadelten Namen trug: *die horen*. Aus so knappen Informationen erschließt sich nicht das Bild einer Stadt, noch weniger das eines (Bundes-)Landes: Niedersachsen. Was ist Niedersachsen? Das wußte ich nicht. Und ich stellte mir auch nicht die Frage, als ich mein Büro im Funkhaus am Maschsee bezog.

Bayern, das alte Herzogtum und spätere Königreich, besitzt ein historisches Profil, nicht anders als Hamburg und Bremen, die alten Hansestädte, als Schleswig-Holstein, das Dänemark abgewonnen wurde, als sogar Hessen und Rheinland-Pfalz, sooft sie auch historisch geteilt und mit neuen Grenzen zusammengesetzt worden sind. Aber Niedersachsen, so schien es mir damals, war ein durchaus künstliches Gebilde, vom alten Sachsenland, das Karl der Große nach schlimmen Kriegen seinem Frankenreich einverleibt hatte, tausend Jahre weit entfernt, zu weit, um darauf eine Identität zu gründen. Daran vermögen auch ein »Niedersachsentag«, an dem diese Identität alljährlich beschworen wird, und ein »Niedersachsenlied«, die Landeshymne, wenig zu ändern. »Man kann sehr allein sein in Niedersachsen«, schrieb Karl Krolow 1972, seine heimatlichen Erfahrungen resümierend: »Allein – unter Niedersachsen. Auch heute, natürlich – unterm Niedersachsen-Roß, trotz Niedersachsen-Stadion, trotz Niedersachsentag und Niedersachsenweg, auf dem jeder 135 Kilometer lang durch die Heide wandern kann, trotz Niedersächsischer Heimstätte und Niedersächsischer Landesmedaille ... trotz Hannover-Messe, Schützenfest und selbstgemachten Maschsee-Freuden für Wasserfeste.«

Krolow, im Kriegsjahr 1915 in Hannover geboren, verließ die »beamtengraue Stadt des Fleißes« früh nach ersten Erfolgen. Von seinem Wohnort in Darmstadt kam er nur noch selten nach Hannover, und es wirkte wie Hohn, daß er später einen Zyklus erotischer Gedichte von raffinierter Genauigkeit und exquisiter Drastik unter dem Pseudonym Karol Kröpcke herausgab, anspielend auf einen zentralen Platz in Hannover, Treffpunkt der galanten Welt. Auch Krolows Jugenderinnerungen fielen zwiespältig aus:

Realgymnasiasten-Hannover mit Schulpausen, verbracht auf dem alten Georgsplatz, wo jetzt die neuen Banken unseres Wohlstandes stehen, verbracht unter einem zum Denkmal gewordenen Schiller, der so aussah, als wäre er soeben von einem Deutschlehrer erfunden worden: ein unnatürlich idealischer Mann, der jedem Wetter trotzte, während Höltys Grab auf dem nahegelegenen Nikolai-friedhof verkümmerte, trotz der leicht bekleideten, einladend melancholischen Jünglingsgestalt auf der rechten Seite des Denkmalsockels, weil ihm der Frühling in diesem Lande als Freund erschienen war, der Frühling Niedersachsens mit der wehenden Hainbundlocke.

Hölty, »der einzige namhafte Dichter der welfischen Lande«, wie er genannt worden ist, starb 1776 in Hannover, nur siebenundzwanzig Jahre alt. Er hatte gedichtet: »Ruft einst der Tod mich weg von meinem Hügel, / Von meiner Flur, ich zittre nicht, / Er kommt als Freund, gibt meiner Seele Flügel, / Gibt ihr ein Kleid von Licht«. Welch ein Kontrast zur Poesie des »Niedersachsenliedes«: »Wir sind die Niedersachsen, / sturmfest und erdverwachsen …«

Höltys bei aller Schwermut silberhellen Ton im Ohr, halte ich es, Niedersachsen vor Augen, mit Hölderlin: »Was bleibet aber, stiften die Dichter.« Von den Dichtern und Denkern des Landes waren mir einige bereits vertraut, bevor es mich dorthin verschlug: der geniale Leibniz, der die »beste aller Welten« erfand und von Voltaire verspottet wurde; Lichtenberg, der bucklige Zwerg aus Göttingen, der ein dreizehn Jahre altes Blumenmädchen zu sich ins Haus nahm und es nach vier Jahren wieder im Kindbett verlor; oder Johann Peter Eckermann, der sich mit dreißig Jahren von Hannover aus auf den beschwerlichen Fußweg nach Weimar machte, um dort Goethes Sekretär und Verfasser eines Buches mit »Gesprächen« zu werden, über das Nietzsche gesagt hat, es sei »das beste deutsche Buch, das es gibt«. Der Autor ist Niedersachse. Doch las und liebte ich diese Schriftsteller am wenigsten in ihrer Eigenschaft als »Niedersachsen«, von der sie selber noch nichts wußten. Ich hingegen kam in ein reales Niedersachsen. Doch wenn ich bei meinen vielen Fahrten zwischen Hamburg und Hannover – über dreitausend dürften es im Laufe der Zeit geworden sein – den Wegweiser nach Winsen/L. sah, kam mir der Name Eckermann nicht in den Sinn. Erst spät, in Eckermanns Jubiläumsjahr, wurde ich durch die Spottverse eines gewissen Benno Papentrigk auf den Zusammenhang aufmerksam: »Auf Winsen sich die Ruhe legt, / Kein Windeshauch die Luhe regt. / Da hebt Gemuh, Gemecker an: / Die Herde heim treibt Eckermann«. Hinter dem Verfasser des Schüttelreims verbirgt sich kein anderer als Anton Kippenberg, der Mitbegründer des Insel-Verlags. Wollte er andeuten, Eckermann wäre wohl besser da geblieben, wo er herstamme und folglich auch hingehöre, nämlich bei seinem Leisten oder seinen Kühen? Aus der Sicht des Leipziger Verlags, der dem Geist des *fin de siècle* entsprang und dessen Hausautor Rilke war, mochte das Land, das heute Niedersachsen heißt, damals nur für einen Spottvers taugen.

Auch die Hauptstadt Hannover fand wenig Gunst, es ist ein Leitmotiv in ihrer literarischen Geschichte: »Hannover war für mich ziemlich lange ein anderes Wort für naßkalt, naßkalt und zuweilen naßforsch«, schrieb Karl Krolow, hadernd mit dem Land seiner Herkunft. Den Zugereisten erging es nicht anders, wie dem Dr. Gottfried Benn, der im März 1935 die Bellelliance-Straße in Berlin verließ und nach Hannover kam – Hohenzollernstraße 11, »bei Saller«, lautete seine erste Adresse. Er vermißte sein Berlin: »Ich kann mich nicht erinnern, seit gestern mittag ein Wort gesprochen zu haben ...« Ein Gedicht Benns kommt einem in den Sinn: »Einsamer nie ...«, es ist nicht zufällig in der hannoverschen Zeit entstanden – »auf einem Hügelgasthof auf einem der kleinen Höhenzüge bei Hannover (Deister, Ith, Solling), hingefahren mit Autobus, wie ich das damals immer tat. Nachmittag. Ernteende ...« Das berühmte *Weinhaus Wolf*, die große Zeitanalyse, deren Titel anspielt auf Friedrich Wolfs Weingroßhandlung und Weinstuben in der

Großen Aegidienstraße, beginnt mit den Worten: »Eine bestimmte Zeit meines Lebens verbrachte ich in einer mittelgroßen Stadt, fast Großstadt. Schlechtes Klima, keine Landschaft, flach alles, riesig öde.«

Und ein dritter Name sei erwähnt: Hans Mayer, auch er ein Zugereister. Er verließ Hannover nach einem knappen Jahrzehnt Lehrtätigkeit an der TU just in dem Augenblick, als ich dorthin kam, und bezog seinen Alterswohnsitz in Tübingen. Sein Lebenswerk schien getan, doch in Wirklichkeit setzte er damals erst an zur großen Alterskarriere als Schriftsteller. Soeben war sein Goethe-Buch (»Ein Versuch über den Erfolg«) erschienen, dem eine Sendereihe über Goethe vorausgegangen war. Hans Mayer war schon damals eine Säule des dritten Hörfunkprogramms und sollte es, wenn es nach mir ging, auch bleiben. Das ist, wenn ich auf die am Maschsee verbrachten Jahrzehnte zurückblicke, auch gelungen.

Gedenkblatt für Hans Mayer

Als er aus Anlaß seines neunzigsten Geburtstags im März 1997 ins Funkhaus kam (zum vorletzten Mal), um über sein neues Buch *Reisen nach Jerusalem* zu sprechen, dankte er dem Norddeutschen Rundfunk für die langjährige Verbundenheit, was uns insofern beschämte, weil *wir* zu danken hatten: für das »dritte Lebenswerk«, wie ich es damals nannte. Das dritte Lebenswerk neben dem literarischen Werk als Autor und dem pädagogischen Werk als Hochschullehrer, nämlich das rundfunkpublizistische Werk. Knapp dreihundert Sendungen von Hans Mayer liegen im Archiv des Norddeutschen Rundfunks in Hannover, kein Autor hat das geistige Profil des Kulturprogramms so nachhaltig geprägt wie er.

Wie vieles wäre in Erinnerung zu rufen: die Schriftstellergespräche im *Literarischen Caféhaus*, zusammen mit Marcel Reich-Ranicki, dem einstigen Freund, mit dem er sich später so bitter überwarf; die Sendereihen über deutsche Briefwechsel und die Tagebücher Thomas Manns; die Sendungen über (und manchmal auch mit) Max Frisch, Peter Huchel, Friedrich Dürrenmatt, Hubert Fichte, Heinrich Böll (die er alle persönlich gut kannte), über Theodor Lessing, Ludwig Börne und Heinrich Heine. Nicht anders im Bereich der Musik: über Gustav Mahler, Arnold Schönberg, Jacques Offenbach, Johannes Brahms, über »Mozart auf dem Theater« und den *Ring der Nibelungen* von Richard Wagner, ganz zu schweigen von den Interpretationsvergleichen. Hans Mayer war ein exquisiter Musikkenner, fast alle großen Interpreten des zwanzigsten Jahrhunderts hat er selber noch gehört: Horowitz, Heifetz, Milstein, Adolf Busch, Rudolf Serkin, Eugène d'Albert, Sergej Rachmaninoff, Jacques Thibaud, Clara Haskil, Alfred Cortot, Bronislaw Hubermann oder seinen großen Jugendfreund und Mitschüler aus Köln, Emmanuel Feuermann. Über sie alle hat er im Rundfunk gesprochen, es ist der gleichsam unsichtbare Teil seines Lebenswerks und, wie gesagt, rein quantitativ ein Lebenswerk für sich.

Im November 1997 kam Hans Mayer ein zweites Mal ins Funkhaus, diesmal um über Heinrich Heine – zu dessen zweihundertstem Geburtstag – zu sprechen. Sein Manuskript hatte er mitgebracht. Doch mit dem Lesen hatte der Neunzigjährige Schwierigkeiten. Also sprach er frei, improvisierte – das Manuskript auf dem Tisch, aber ohne ein einziges Mal hineinzuschauen. Den gleichen Vortrag hat Hans Mayer wenig später auch in Bremen gehalten, auf Einladung des Bremer Theaters. Dessen Intendant Klaus Pierwoß hat darüber später berichtet: »Hans Mayer ist schon am Vorabend gekommen, wir hatten ihn zum Abendessen eingeladen und haben also dem Rotwein kräftig zugesprochen bis morgens ein, zwei Uhr, und Hans Mayer hat die ganze Zeit erzählt. Dann habe ich ihn am andern Morgen abgeholt und gefragt: ›Haben Sie denn wenigstens gut geschlafen?‹ ›Wo denken Sie hin!

Ich habe kerzengerade im Bett gesessen und zweimal meinen heutigen Vortrag memoriert!‹«

Wie sich die Bilder gleichen! Genauso habe ich es erlebt – bis hin zu der halben Memorierstunde vor Beginn des Vortrags. Dieser selbst war ein brillantes Extempore über »den Weg Heinrich Heines« – so der Titel –, den Weg zwischen politischem Engagement (das Heine in die Nähe von Karl Marx führte) und künstlerischer Autonomie (die Heine so entschieden gegenüber Ludwig Börne zu behaupten suchte). Man saß gebannt, gefesselt. Es war immer faszinierend, Hans Mayer zuzuhören, seiner gespannten, phonetisch explosiven Stimme zu lauschen – einbezogen in den Duktus seines Denkens, in die allmähliche Verfertigung der Gedanken beim Reden. Der Vortrag sollte eine Stunde dauern, entsprechend der Sendezeit. Er dauerte dann volle zwei Stunden. Riesiger Beifall, endlose Signierschlangen. Ich brachte Hans Mayer danach ins Hotel, versuchte ihm mit unzureichenden Worten meine Bewunderung auszudrücken. Er lachte. In seiner Jugend, sagte er, sei er in Köln zum Einkaufen in Kolonialwarenhandlungen geschickt worden. Manchmal aber sei die gewünschte Ware nicht mehr vorrätig gewesen, und der Händler habe gesagt (und Hans Mayer wiederholte die Worte im kölnischen Tonfall): »Dat kriege mer och nit widder rin.«

Hans Mayer und Hannover. Obwohl die Stadt in seinem Leben keine unwichtige Rolle gespielt hat, muß sie zurückstehen hinter den anderen Städten seines Lebens: der Geburtsstadt Köln, die auch die Stadt seiner Kindheit und Jugend war; hinter Paris und Genf, den Städten des Exils, zunächst in Frankreich, später in der Schweiz; hinter Frankfurt, wo er nach 1945 Chefredakteur bei Radio Frankfurt war; hinter Leipzig in den Anfangsjahren einer Deutschen Demokratischen Republik; schließlich hinter Tübingen, dem Alterssitz für fast drei Jahrzehnte.

Dazwischen die acht Jahre – von 1965 bis 1972 – in Hannover. Das Resümee dieser Jahre im Erinnerungsbuch *Ein Deutscher auf Widerruf* fällt zwiespältig aus: Woran lag es? An der Stadt, die bis dahin hauptsächlich Haltestation des Zuges auf dem Weg von Köln nach Berlin gewesen war? Hans Mayer zitiert in seinem Buch den Ministerialdirektor der Hochschulabteilung, der ihn in Hannover begrüßte: »Nun gehören Sie also zu uns, und da wollte ich Ihnen bloß sagen: Hannover hat kein schlechtes Klima! Hannover hat überhaupt kein Klima!« Ein alter Scherz, gewiß. Hans Mayers Kommentar: »Es ist etwas daran.« Oder lag es an der Universität? Es war »nur« eine *Technische Universität,* keine traditionsreiche Landesuniversität wie Leipzig oder Tübingen – in Niedersachsen erhebt allein Göttingen Anspruch auf diese Rolle. Auch hatte man Hans Mayer, den renommierten, ja berühmten Hochschulprofessor in Hannover, unter einem freidemokratischen Kultusminister, zunächst gar nicht haben wollen, kam er doch aus Leipzig, also aus der DDR. Als er dann da war, wußte man seinen Wirkungskreis nicht so recht zu schätzen.

Hans Mayer gründete in Hannover nach Walter Höllerers Berliner Vorbild ein *Literarisches Kolloquium.* Illustre Gäste kamen: Siegfried Lenz, Uwe Johnson, Thomas Bernhard, Günter Eich, Ernst Jandl, Friederike Mayröcker, der junge Peter Handke, Paul Celan. Auch Karl Krolow war für einen Abend zu Gast, aber, wie Hans Mayer berichtet: »Den aufgestauten Widerstand des Lyrikers gegen seine Jugendzeit und die Gesellschaft seiner Vaterstadt entdeckte ich …, als Krolow zu uns in die Universität kam … das von mir vermutete (oder befürchtete) Spiel ›Großer Sohn der Stadt‹ [konnte sich] gar nicht erst entfalten. Der Sohn wollte es nicht spielen, die Stadt wohl auch nicht.« Auch Elias Canetti, damals noch nicht Nobelpreisträger für Literatur, las vor den Studenten aus seiner *Komödie der Eitelkeit,* ein hochvirtuoser Interpret des eigenen Textes, der in drei Dutzend Rollen schlüpfte. (Das singuläre Tondokument bewahrt der Sender im Schallarchiv auf, vor einigen Jahren ist es als CD erschienen.) Aber was da, dank Hans Mayer, so ungewöhnlich aufblühte, blieb in der Stadt weitgehend unbemerkt, fast könnte man sagen: unter Ausschluß der Öffentlichkeit. Noch ein Zitat aus den Erinnerungen: »Zu einer Nachfeier des 60. Geburtstages, im März 1967, lud ich ziemlich viel Menschen, die ich dabeihaben wollte, zum Abendempfang ins Hotel. Sie kamen alle: die Professoren und Theaterleute, Buchhändler und Kritiker, Rundfunkleute und ein paar Politiker. Dunkler Anzug und kleines Abendkleid. Ich hatte viel damit zu tun, all diese Hannoveraner miteinander bekanntzumachen. Man kannte einander nicht ...«

Nicht ungern kehrte Hans Mayer Hannover den Rücken. Und umgekehrt kann man sagen: Hannover vermißte Hans Mayer nicht. Es dauerte sechsundzwanzig Jahre und bis zum Jahr 1998, bis die Stadt den berühmten, inzwischen 91jährigen Gelehrten einlud, mit einem Vortrag über Richard Wagner und Karl Marx – »Zwei 48er« – den *Diskurs im Rathaus* zu gründen. Auch den neunzigsten Geburtstag ließ man verstreichen – wir feierten ihn dann, wie erwähnt, vor vollbesetztem Saal im Funkhaus. Hans Mayers Hannover-Bilanz blieb bis zuletzt zwiespältig. In *Ein Deutscher auf Widerruf* heißt es: »War es ein Fehler, nach Hannover zu gehen und dort abermals, wie vor siebzehn Jahren in Leipzig, ein Forschungs- und Lehrinstitut der deutschen Literatur nach meinem Konzept zu entwickeln? Das weiß ich nach wie vor nicht. Manchmal freue ich mich beim Rückblick über die an der Leine und der Aller getane Arbeit, häufiger noch spüre ich den bitteren Geschmack einer Niederlage.«

Das alles wußte ich 1973 nicht, aber es war zu spüren beim ersten Kontakt mit dem großen Gelehrten. Hätte es zur Warnung dienen sollen? Nur zweimal war ich zuvor zu beruflichen Stippvisiten in Hannover gewesen, aus Hamburg angereist als junger politischer Redakteur. Zuerst im März

1972, um an einer Diskussion über das Thema »Radikale im öffentlichen Dienst« teilzunehmen. Mit am Tisch saßen Jürgen Seifert, Politologe an der TU, Walter Remmers für die Christdemokraten, Ernst Gottfried Mahrenholz, Leiter der niedersächsischen Staatskanzlei (vormals Funkhausdirektor am Maschsee, später Verfassungsrichter in Karlsruhe), schließlich als Leiter der Diskussion Eike Christian Hirsch, ein Kollege vom NDR, den ich damals nur flüchtig kannte, später näher kennen- und bewundern lernte als hannoverschen Originalautor, der über Leibniz, den Leuchtturm unter Niedersachsens Geistesgrößen, ein erleuchtetes Buch verfaßte und den »offiziellsten« Preis gewann, den das Land zu vergeben hat, den Niedersachsenpreis.

Salut für Christian Hirsch

Man kennt ihn noch in vielerlei Rollen und Funktionen: als Theologen und Sinnstifter auf der Himmelsleiter; als Sprachkritiker und Stilkünstler; als Witzforscher und Fachmann für Humor; als Glossenschreiber für viele Lebenslagen, nicht zuletzt als Autor des legendären *Reißwolfs,* der viele Jahre allsonntäglich im Radio sein satirisches Gebiß erprobte. Christian Hirsch, im Maul des Reißwolfs ein markanter Schneidezahn, steuerte das *Wort der Woche* bei. 1969 war er zum NDR gekommen. Nie habe ich erfahren, wer ihn eingefangen hatte, wer sozusagen der Hirsch-Fänger war. Ein Hirschfänger ist, laut Lexikon, eine zweischneidige Waffe, mit der der Jäger waidwundes Wild abfängt. Mit der Metapher wage ich mich auf Christian Hirschs ureigenes Gebiet, das Gebiet des Wortwitzes, Unterabteilung Namenskomik. Er wird es mir hoffentlich verzeihen. Der Hirsch ist ein schönes und vornehmes Tier, auch ein scheues Tier, dem man nicht einfach nahe kommt. Man unterscheidet zwischen den »Trughirschen« und den »Edelhirschen«. Unseren Hirsch zählen wir ohne Zögern zu den Edelhirschen, und zwar zu den witzigen und promovierten.

Ein Autor wie Christian Hirsch könnte mit seinem intellektuellen Temperament Anlaß geben für tiefsinnige Fragen: nach dem Verhältnis von Theologie und Sprache, Theologie und Humor, Theologie und Unterhaltung. Die Bereiche, oft getrennt, haben mehr miteinander zu tun, als man denkt. Fragen der Transzendenz bedürfen für die gemeinen Sterblichen der *Vermittlung.* Durch Kanzelreden gelingt das wahrscheinlich am wenigsten. Ein Journalist, dessen Aufgabe »Vermittlung« ist, vermittelt durch treffenden Gebrauch der Sprache, die Fähigkeit zur Unterhaltung und die Farbe des Humors. So bei Christian Hirsch. Seine Vortragsweise verrät, daß er den eigenen Witz mitgenießen kann. Er gehört nicht zu den Melancholikern unter den Humoristen. So ist er eine der markantesten Stimmen aus Niedersachsen geworden. Als Buchautor ist er seit dreißig Jahren produktiv, und zu seinem Werk gehört auch ein veritabler Roman: *Im Haus des Seidenspinners,* eine Familiengeschichte aus dem deutsch-französischen Krieg von 1870/71. Alle Bücher haben ihr Publikum gefunden, einige sind Erfolgsbücher geworden. Im Zentrum der Arbeit aber stand und steht noch immer die Theologie, das Nachdenken über die Grundfragen unserer Welt. Christian Hirsch verknüpft theologische Fragestellungen mit den Erkenntnissen der Philosophie und der modernen Naturwissenschaften, verbindet Altes und Neues, Archaisches und Modernes, Religion und Wissenschaft. Er ist ein vielseitiger Hirsch: mit manchem Lorbeer am Geweih, darunter der Niedersachsenpreis. In meinem Lexikon steht: »Mit dem Hirsch verband man seit alter Zeit die Vorstellung zauberischer Kräfte. Das Hirschhorn wurde pulverisiert oder gebrannt und sollte vor bösem Zauber schützen.«
Da ist uns gar nicht bange. Wir profitieren hoffentlich noch lange von diesen Zauberkräften.

Mein zweiter Hannover-Besuch im April 1973 galt dem Bundesparteitag der SPD. Er fand im Congreß-Centrum statt, damals schlicht Stadthalle genannt, und ist mir memorabel geblieben durch eine Grundsatzrede Willy Brandts, wenige Monate nach seinem großen Wahlsieg, und eine kuriose Einzelheit, den sogenannten »Maklerbeschluß«. Durch ihn sollte der Staat ein Monopol bei der Wohnungsvermittlung erhalten und dem »sittenwidrigen« Beruf des Maklers die Grundlage entzogen werden. Nicht erst heute, in Zeiten der »Deregulierung«, klingt das verwegen, es war auch schon damals reichlich weltfremd, doch hatte die Parteibasis es nach einer schwarmgeisterhaften Debatte mehrheitlich beschlossen. Unnötig zu sagen, daß daraus keine politische Praxis wurde.

Ein Parteitag ist keine gute Gelegenheit, sich mit einer Stadt bekannt zu machen. So trat ich ein halbes Jahr später als unbeschriebenes Blatt meinen Job in Hannover an. Von der Autobahn kommend, fuhr ich auf den Messeschnellweg, am Pferdeturm (damals noch ohne Tunnel) in die Marienstraße. Meine Augen suchten nach Merkmalen der Stadt, die nun die meine werden sollte. Der ganze Straßenzug in die Innenstadt geprägt von der Architektur der fünfziger Jahre. Unübersehbar die Spuren, die der Bombenkrieg der Stadt geschlagen hatte – er hat sie mehr Substanz gekostet als selbst das vom Feuersturm verwüstete Hamburg. Ernst Jünger in den Kirchhorster Blättern:

»Nachmittags in der Stadt: Die Trümmer sind neu und schwerer getroffen; dem Geißel- folgte der Skorpionenschlag. Die Südstadt brannte; in den Häusern der Podbielski- und der Alten Celler Heerstraße, die ich mit dem Rade entlangfuhr, glühten die Kohlenkeller, und funkenrieselnd stürzten die Decken ein … Gewaltige Trichter umringten auch den Bahnhof, vor dessen kahlen Hallen der König Ernst August immer noch zu Rosse saß. Zwei Eingänge des großen Bunkers, in dem sechsundzwanzigtausend Menschen Zuflucht gesucht hatten, waren verschüttet worden; die Ventilation hatte zeitweise ausgesetzt, so daß die eingekeilte Menge bereits begonnen hatte, sich in den ersten Stadien des Erstickens die Kleider vom Leibe zu reißen und nach Luft zu schreien.«

Am Aegi die ungewöhnlich häßliche, in einer Krümmung verlaufende Hochstraße, die erst siebenundzwanzig Jahre später, am Vorabend der EXPO, demontiert wurde. Dahinter das Neue Rathaus, neugotisch und gewaltig. Und dann bereits der Maschsee, das Rudolf-von-Bennigsen-Ufer, noch ohne Sprengel-Museum, doch mit dem Funkhaus, meiner neuen Arbeitsstätte, und einem Büro, von dem aus ich auf den Maschsee blicken konnte.

Ich war, wie gesagt, dreißig Jahre alt und voller Tatendrang. Was ich (glücklicherweise?) nicht wußte, war, daß mehr als dreißig Jahre in Hannover vor mir lagen. Da ich einen ergiebigen Zitatenkopf mit mir herumtrage, fällt mir ein weiteres Hölderlin-Gedicht ein: *Hälfte des Lebens*. Die erste Strophe beginnt mit den Zeilen: »Mit gelben Birnen hänget / Und voll mit wilden Rosen / Das Land in den See«, die zweite endet: »Die Mauern stehn / Sprachlos und kalt, im Winde / Klirren die Fahnen«. Doch so war es nicht. Nichts klirrte, aber vieles lockte, vor allem der Vorsatz, ein reizvolles und interessantes Kulturprogramm zu machen. Damals hieß dieses Programm, um es von den anderen Programmen *NDR 1* und *NDR 2*, den Normal- oder Strapazprogrammen, zu unterscheiden, das *Dritte Programm*, nach dem Vorbild der BBC. Es war also etwas Besonderes. Ich selber bildete mir ein, den schönsten und attraktivsten Posten bekommen zu haben, den der große Sender zu vergeben hatte, noch vor dem des Intendanten und des Korrespondenten in Paris. Es war wahrscheinlich eine Illusion! Es war ganz sicher eine Illusion!! Doch sind Illusionen dafür da, entzaubert zu werden. *Illusions perdues* heißt ein berühmter Roman von Balzac, der die Geschichte einer solchen Entzauberung erzählt. Ein ganzes Romangenre des neunzehnten Jahrhunderts läuft in dieser Spur. Dennoch: Es war nicht *nur* Illusion! Schließlich würde man ohne die Fähigkeit zur Illusion, die besonders jungen Menschen zu eigen ist, niemals etwas halbwegs Gescheites zustande bringen.

Also gingen wir, eine Handvoll Redakteure, daran, den Vorsatz, ein reizvolles und interessantes Kulturprogramm zu machen, in die Tat umzusetzen. Dabei ergänzten wir einander aufs glücklichste: Wolfgang Hausmann, der erfahrene und gelassene Wissenschaftsredakteur; Alfred Paffenholz, der linkskatholische Moralist mit einem Tick von Ästhetentum; die strenge und passionierte Literaturredakteurin Gisela Lindemann; der rastlos-nervöse, leidenschaftliche Cinéast Armin Halstenberg (vom Typus des Spielers); und ich selber, ungestüm vermutlich in der Wahrnehmung meiner Kollegen, voll hochfliegender Pläne. Ob diese Pläne aufgingen, kann ich am wenigsten beurteilen. Schon damals schwebte man, wie jedes Kulturprogramm, zwischen Skylla und Charybdis, zwischen »Image« und »Quote«, zwischen hohem Renommee und begrenzten Zuhörerzahlen. Wir waren immerzu bestrebt, die Quote zu erhöhen, ohne das Renommee zu beeinträchtigen. Was nützt der Anspruch, wenn keiner zuhört. Was nützt der Erfolg, wenn die Substanz verlorengeht. Es war unsere berufliche Maxime, die Begriffe Image und Quote, Anspruch und Erfolg nicht als Gegensätze zu denken.

Allem Anfang, heißt es, wohnt ein Zauber inne. Wir alle fingen damals an, wir waren jung, keiner älter als fünfunddreißig, ein wirkliches Team, bei aller Verschiedenheit der Temperamente, ja *wegen* dieser Verschiedenheit. Wir hatten unterschiedliche Schwerpunkte, Vorlieben, Interessen, unterschiedliche Sichtweisen und Schreibweisen, ergänzten einander aufs glücklichste, auf der Basis einer nicht leicht erschütterbaren Gemeinsamkeit. So prägten wir das *Dritte Programm* wie wahrscheinlich keine Redaktion vorher und später niemals wieder. Das *Kulturelle Wort*, klein, aber fein, war eine Institution, ein Faktor im intellektuellen und literarischen Leben. In Günter Grass' Roman *Die Rättin* heißt es: »Ach Ratte, Rättlein! Was bleibt uns noch außer dem Dritten Programm? Wo ist noch Hoffnung? Mit wem zur Hand könnte ich, wenn mir träumt, sagen: Noch sind wir! Es gibt uns! Wir wollen und werden ...« Das ist zwanzig Jahre her. Doch glaube ich nicht, daß ich die Zeit im Rückblick verkläre: Es waren glückliche und einträchtige Jahre. Von den Kollegen ist außer mir nur Wolfgang Hausmann noch am Leben, die anderen starben zur Unzeit. Doch sind sie gegenwärtig geblieben.

Gedenkblatt für Armin Halstenberg
Ich sehe ihn noch vor mir: an den Flügel gelehnt, einige Blätter Papier in den leicht zitternden Händen, nervös, angespannt, schnell sprechend, wie es seine Art war, mit dem vertrauten Staccato seiner Stimme und dem unverwechselbaren, rheinisch getönten Singsang seiner Sprachmelodie. Er sprach, wie immer, knapp, bündig, präzis, ohne große Worte, ohne Pathos. Armin Halstenberg mochte die leeren Rituale nicht, er hatte Respekt vor dem Wort. Schreiben war für ihn die intensivste Form von Nachdenken.
Ich habe ihn 1974 in Köln kennengelernt. Er war damals Feuilletonchef des *Stadtanzeigers*, renommiert als Filmkritiker. Wir saßen bei ihm zu Hause, in seinem »blauen Zimmer«, sprachen »über Gott und die Welt«, eine *tour d'horizon* durch alle Bereiche der Kultur. Er sprach von seiner Zeitung, ich vom Rundfunk, für den ich ihn gewinnen wollte. Das gelang. Er kam nach Hannover, zunächst, um sich umzuschauen und die Stadt kennenzulernen. Es war der 30. Juli 1975, ein herrlicher Sommertag. Wir gingen den Maschsee entlang, saßen in einem Café, aßen Aalbrötchen vom Steinhuder Meer, die uns zwei junge Damen in *hot pants* servierten. Diese Anekdote hat er später immer wieder erzählt, mit dem Unterton heiterer Melancholie: »So kam ich nach Hannover ...«

Mit dem Medium Radio tat er sich zunächst schwer. Er war ein in der Wolle gefärbter Zeitungsmensch. Aber das Beste, das man in der Schule des Journalismus lernen kann, hatte er im Zeitungsgeschäft gelernt: den genauen und schnörkellosen Umgang mit Sprache. Er war ein brillanter Autor, überhaupt ein Könner des journalistischen Handwerks, ein Redakteur aus Profession und Leidenschaft. Er redigierte souverän und unbestechlich, strich jedes überflüssige Wort, die Füllsel, das »Literaturfett«, bemüht um den knappen Ausdruck, die prägnante Linie. Sein bevorzugtes Satzzeichen war der Doppelpunkt. Man konnte viel von ihm lernen. Das bezeugen alle, die durch seine Schule gegangen sind. Das deutsche Feuilleton insgesamt hat davon profitiert. Profitiert hat besonders die Radiokultur im Norden: durch das Kulturjournal *Texte und Zeichen,* das er dreizehn Jahre lang prägte – »das wichtigste Radio-Feuilleton der Republik«, wie die *Frankfurter Rundschau* in ihrem Nachruf auf Armin Halstenberg schrieb.

Er führte die Redaktionsgeschäfte kollegial und energisch, ein souveräner Redakteur und erfahrener Ratgeber seiner Mitarbeiter. Er arbeitete rastlos. Zuweilen entdeckte man an ihm herrische Züge, aber sie wurden aufgewogen durch Charme und Herzlichkeit. Tolerant und liberal dem Temperament nach, verabscheute er Borniertheit, den Dünkel, die Dummheit. Darüber konnte er lachen, doch blieb dahinter seine Verletzlichkeit spürbar. Er war tolerant, großzügig, weltoffen, er durchschaute die Dinge und ließ sich nichts vormachen. Professionalität war ein Lieblingswort von Armin Halstenberg, und wir, seine Kollegen, nannten ihn gern den »Profi«. In den Konferenzen entzündete er das Feuerwerk seiner Ideen, die er rasch, in knappen Minuten, zu Papier gebracht hatte, in seiner weiträumigen, steilen Handschrift, die wie seine Sprechweise, wie sein Schritt, einen staccatohaften Duktus hatte. In Notlagen schrieb er oft selber über naheliegende und entfernte Gegenstände, über Literatur, Film, Bildende Kunst bis hin zu den entlegenen Kulturen der Dritten Welt. Armin Halstenberg war unser Mann für Indien, Arabien, Afrika und Lateinamerika, nicht aus Vorliebe fürs sogenannte »Exotische«, sondern aus Interesse am anderen, am Fremden, auch am fremden Blick, mit dem er das Eigene, scheinbar Vertraute gern konfrontierte. Er war ein Profi, und also kannte er sich aus. Ein Journalist ist ein Mensch, der für den Tag arbeitet. Armin Halstenberg hat diese Regel akzeptiert und auf sie sein Berufsethos gegründet.

Er war ein vitaler und prägender Mann, von oft bezwingendem persönlichen Charme, der die äußere Hülle seiner Kurzangebundenheit mühelos durchstrahlte. Da war ein ganz eigener trockener Humor, der seine Moderationen und knappen, pointierten Glossen prägte, und ein heiterer Fatalismus, der sich gerade unter schwierigen Umständen Bahn brach. Als leidenschaftlicher Cinéast kannte er zahllose Filme und bewahrte sie in seinem Gedächtnis auf. Auf den Festspielen in Cannes, Berlin und Venedig verbrachte er ganze Tage im Kino, schrieb über die Filme im Zustand der Erschöpfung und saß danach noch in der Bar bei Wein oder Whisky. Das Kino war für ihn eine Form der Existenz, und so hatte er auch in seinem eigenen Habitus etwas von einer Kinofigur: den Umriß des Einzelgängers, des verletzlichen Individualisten, des urbanen Intellektuellen, des *homme à femme* voll Lebenslust, ja Lebensgier, mit Zügen von Rastlosigkeit und nervöser Hektik. Zuweilen brach er aus der Arbeit aus, tauchte ab – in irgend etwas, das »Leben« hieß, nicht um sich zu erholen, sondern um sich zu stimulieren und anders zu erschöpfen. Auch darin war er ungewöhnlich: ein Mann, der seine Träume nicht preisgab, auch wenn sie unerfüllbar waren, ein existentialistischer Dandy mit Seidenschal und Borsalino, der seinem Lebensentwurf nachjagte. Einmal planten wir eine Sendereihe, in der jeder Redakteur seinem Lieblingsbuch nachreisen sollte. Armin Halstenberg wählte *Lord Jim*, die Welt der Südsee, die Welt des romantisch-realistischen Abenteuers. So stelle ich ihn mir gern vor, wenn ich an ihn zurückdenke: im großen Rohrstuhl, mit hellem Leinenanzug, vor der Kulisse des Meeres.

Das *Kulturelle Wort* ist eine Rundfunkredaktion, zuständig für Radioprogramme. Doch wir hatten noch anderes im Sinn: nämlich den Sitz in Hannover zu nutzen, um ein eigener Kulturfaktor in der Stadt zu werden: durch öffentliche Veranstaltungen. Bewußt knüpften wir an Hans Mayers *Literarisches Kolloquium* an: mit den »Literarischen Abenden« im Funkhaus, dem »Literarischen Caféhaus« von Wend Kässens, dem einen oder anderen »Literaturfrühling« oder »Literatursommer« am Maschsee. Die älteste Kreation hieß *Autoren lesen im Funkhaus,* eine Traditionsreihe, die noch heute besteht mit inzwischen fast dreihundert Veranstaltungen. Im Januar 1977 fand die erste Lesung statt, der Gast des Abends war Alfred Andersch. Er las einen autobiographischen Text: *Der Seesack.* Dieser Sack und sein Inhalt, vor allem Bücher, waren das einzige, was der 1945 aus amerikanischer Kriegsgefangenschaft heimkehrende angehende Schriftsteller besaß. Andersch las: »Ich war 31 Jahre alt. Jetzt, dreißig Jahre später, besitze ich eine Bibliothek. Eine Bibliothek, zweihundert Schallplatten, ein Stereogerät, ein Auto, einen Garten, ein Haus. So sind wir. Von Zeit zu Zeit nimmt man uns unsere Bücher und Wohnungen weg, aber emsig beginnen wir, immer wieder von neuem, uns Bücher und Wohnungen anzuschaffen.«

Alfred Andersch führt die lange Liste von Schriftstellern an, die uns nur noch durch Erinnerungen und ihre Bücher gegenwärtig sind: Nicolas Born, Peter Huchel, Erich Fried, Helmut Heißenbüttel, Uwe Johnson, Wolfgang Koeppen, Heinar Kipphardt – sie alle nur aus den ersten beiden Jahren der Reihe. Dann auch Hubert Fichte, Franz Fühmann,

Manès Sperber, Wolfdietrich Schnurre, Gisela Elsner, Heiner Müller, Wolfgang Hildesheimer, Friedrich Dürrenmatt, Ernst Jandl. Sie alle haben im kleinen Sendesaal gelesen: meist aus Manuskripten, die erst Bücher werden sollten. Manche Texte sind für den Auftritt im Funkhaus überhaupt erst konzipiert worden: Auftragsarbeiten sozusagen, wie Rolf Hochhuths *Alan Turing-Novelle*. Andere wurden zur Keimzelle von Büchern, die heute bereits zur Literaturgeschichte gehören. Nicolas Born las aus einen Text, von dem damals, im März 1977, nicht mehr existierte als dreißig Manuskriptseiten – daraus wurde der Roman *Die Fälschung* (den Volker Schlöndorff verfilmt hat). Hubert Fichte las aus einem großen Werk über die afroamerikanischen Religionen, später erschienen unter dem Titel *Petersilie*. Uwe Johnson las im Juni 1983 – wenige Monate vor seinem Tod – aus dem vierten Band der wider alles Erwarten doch noch vollendeten *Jahrestage*. Der letzte Satz des großen Werkes lautet: »... unterwegs an den Ort, wo die Toten sind.« Walter Kempowski machte uns zum ersten Mal mit seinem *Echolot* bekannt, dem kollektiven Tagebuch, und wir bekamen auch ein Bruchstück zu fassen von Wolfgang Koeppens sagenhaftem Roman *In Staub mit allen Feinden Brandenburgs* – dreißig Seiten eines literarischen Magiers, dessen Lesung ebenso unvergeßlich bleibt wie sein Verstummen bei den anschließenden Fragen des Publikums.

Das alles gehört zur Geschichte von *Autoren lesen im Funkhaus*. Hans Mayer war es, der bei seinem letzten Auftritt im November 1997 die Reihe »einzigartig« nannte. Im Rückblick fließt vieles zusammen und sondert sich wieder: Erich Fried an seinem Stock; Wolf Biermann mit seiner Gitarre; Ernst Jandl und Friederike Mayröcker im Doppelbild; der alte George Tabori, die junge Zoë Jenny; Gerhard Rühm an der Schreibmaschine, Goethes *Erlkönig* in ein Lautgedicht verwandelnd; Friedrich Dürrenmatt, überlebensgroß, im Labyrinth des Minotaurus; Christa Wolf vor dem Löwentor von Mykene; Tankred Dorst im Garten

d'Annunzios; Stanisław Lem, lesend mit Lichtgeschwindig-
keit; und Alfred Andersch, im Januar 1977, ganz am Anfang, mit einem Gedicht über das Verhältnis von Moral und
Vergnügen:

> ausgeschlossen
> sagen viele   moral und
> vergnügen
> schließen sich aus
> ich aber schreib's in
> eine
> zeile
> empört auch der himmel ist blau

Auch in die Literatur hat die Reihe Eingang gefunden. Peter
Rühmkorfs Tagebuch *TABU 1* läßt sich mit den Sätzen zitieren: »Eben, 22.15 Uhr, meine eigene Stimme in NDR 3
und – als hoffnungslos überanstrengt=druckreif am Medium
vorbei empfunden. Hätte mir immer wieder ins Wort fallen,
korrigieren, verrankt-verrenktes Satzwerk entflechten und
das Surplus an Adjektiven aus dem Mund herausziehen mögen … Wie unangestrengt dagegen neulich die wie extempo-
riert erscheinenden Ausführungen Jurek Beckers. Bringt
offenbar nur ein paar Stichworte mit und erzählt dann lustig
drauflos.« Brigitte Kronauer las im Mai 1989 im Funkhaus,
ihr zwei Jahre später erschienener Roman *Das Taschentuch*
beginnt mit der Beschreibung dieses Leseabends und führt,
nur leicht maskiert, zwei Rundfunkredakteure in das Ro-
manpersonal ein, Herbert Althoff (»kaum denkbar, daß es
einen Kinofilm gibt, den er nicht wenigstens auszugsweise
gesehen hat«) und Lisbeth Gerber, hinter denen ein Kundi-
ger leicht Armin Halstenberg und Gisela Lindemann erkennen kann: »Lisbeth Gerber, eine auf den ersten Blick
keinesfalls anziehende Frau, offenbar zu jeder Tageszeit
übernächtigt, ein Dauerzustand wie der ihrer unzeitgemäß
dunklen, nicht korrigierten Zähne und des nervös zerzau-

sten Haares in der Farbe eines alten Kleppermantels, das sie aber immer noch, wohl aus Zerstreutheit, jungmädchenhaft mit Samtbändern schmückt, kann durch ein Lächeln ihre Falten glätten zu unwiderstehlicher Lieblichkeit. Sie weiß es, und macht Gebrauch davon.« Gisela Lindemann starb 1989, kurz nach ihrem fünfzigsten Geburtstag, als sie bei einer Bergwanderung abstürzte. Ihr widmete ich damals ein Gedicht.

Die Anti-Furie

Für Gisela Lindemann

Doyenne der Redaktion
Liebhaberin der Bücher
Passionata der Literatur
Freund der Autoren

Mäzenatin ohne Furcht und Tadel
Vorkämpferin hoher Honorare
Furchtlose Lektorin niemals schwindender
                              Manuskriptstapel
Fleißige Mehrerin des Schallarchivs in
                  zweiundzwanzig Jahren

Anwältin des Gegenwärtigen
Kennerin der Tradition
Sachwalterin des Schwierigen
Verbündete des Unangepaßten

Souveräne Lyrik-Anthologistin,
selbstlose Nachlaßverwalterin Hubert Fichtes
Jurorin in Klagenfurt, Kranichstein, Baden-Baden
Spurensucherin zwischen Literatur und
                              Psychoanalyse

Herausgeberin Jean Amérys
Interpretin Ilse Aichingers, Fritzi Mayröckers
Prophetin Oskar Pastiors
mater dolorosa Uwe Johnsons

Vertraute Freundin Erich Frieds
Wunderliche Enkelin Jean Pauls –
Fritz J. Raddatz schickt ihr fünfzig weiße Rosen
Auch Hans Mayer vermißt zuweilen ihren Anruf

Luzide Essayistin
Schatzgräberin
Harzreisende im Winter
Virtuosin der Parenthese

Starke Raucherin, französische Marke, blau
Genießerin hoher Prozente (Whisky)
Nächtliche Statthalterin ihres Schreibtischs –
aus welchem Stoff bist du eigentlich gemacht?

Du Feindin aller Stereotypen
Strenge Schutzherrin des Literaturprogramms
Partisanin der Wörter
Anti-Furie des Verschwindens

Gisela Lindemann war es zu danken, daß das Funkhaus seit
den frühen siebziger Jahren zu einer favorisierten Adresse
für Autoren und Schriftsteller wurde – »aus Ost und West«,
wie man damals sagte. Die Koryphäen einer »DDR-Litera-
tur« gingen ein und aus: Peter Huchel, Stefan Heym, Franz
Fühmann, Christa Wolf, Irmtraud Morgner, Klaus Schle-
singer, Volker Braun, Jurek Becker, Fritz Rudolf Fries, Heiner Müller, die Autoren aus den anderen deutschsprachigen
Ländern sowieso. Nur wenige ließen schmerzhaft ihre Ab-
wesenheit spüren: Thomas Bernhard, Peter Handke, Botho
Strauß, Anna Seghers. Ein dichtes Netz war gesponnen zu
Autoren aus Niedersachsen: Nicolas Born gehörte zu ihnen, der sich im Landkreis Dannenberg niedergelassen hatte,
»auf der Suche nach einem richtigen, einem authentischen
Leben.« Man meint, von heute aus, in dieser Formel etwas
vom Geist der siebziger Jahre wahrzunehmen, vom gesell-
schaftlichen Ungenügen und Selbstverwirklichungswahn.
Doch war es bei Nicolas Born keine Formel, seine ganze

Arbeit beruhte darauf, er begriff das »authentische Leben« als Aufgabe des Dichters. Wir arbeiteten zusammen an Rowohlts *Literaturmagazin*, dessen Herausgeber er 1975 wurde und dessen zwölfter Band, Nietzsche gewidmet, sein letzter war. Da war er schon von Krankheit gezeichnet, er starb 1979, nur zweiundvierzig Jahre alt. Seine Mitherausgeber schrieben: »Er hat mit seiner unglaublichen Höflichkeit versucht, uns den Abschied leichter zu machen.« Er selber hatte es in einem Gedicht mit dem Titel *Selbstbildnis* härter ausgedrückt: »Ich Zigarettenraucher halb schon Asche / Kaffeetrinker mit älteren Damen / die mir halfen / wegen meiner sympathischen Fresse und / die Rücksichtslosigkeit mit der / ich höflich bin«.

Ein anderer niedersächsischer Dichter, der im Funkhaus ein und aus ging, kam aus Hannover: Adam Seide. Er selber hätte korrigierend gesagt: »nicht Hannoveraner, Lindener«. Sein Vater war Galerist in Hannover-Linden gewesen, im neugotischen Saal des Alten Lindener Rathauses. Der Sohn gab, nachdem er der Geburtsstadt entwichen war, in Frankfurt einige Nummern der Zeitschrift »Der Egoist« heraus, deren Titel eine Form von immoralistischem Ästhetentum vermuten ließ, das aber Adam Seides empfindsam-verletzlicher Poetenseele denkbar fernlag. Ins Niedersächsische nach Wunstorf zurückgekehrt, erneuerte er die Zeitschrift unter dem Titel »Der neue Egoist« und gab nebenbei eine »Poetische Schnellpost« heraus, geheftete Blätter, die er auf Flohmärkten selber vertrieb und Heft für Heft ins Funkhaus trug, eine radiophone Verwendung erhoffend und manchmal erlangend. Sein Hauptwerk dieser Zeit war der Roman *Im Zustand wie gesehen*, 1980 bei Rowohlt erschienen, eine vielgliedrige, generationenübergreifende, genau beobachtete, im Tonfall spröde Familiengeschichte mit reichem »Lokalkolorit«, doch nicht von der pittoresken Sorte. Dann machte sich Adam Seide ein zweites Mal auf nach Frankfurt, aus der Stadt seiner Herkunft sich wegflüchtend wie vor ihm so viele andere Autoren zwischen Moritz und

Krolow. Kurz vor seinem Tod 2004 erhielt er den Nicolas Born-Preis und widmete seine Dankrede dem »Andenken von Gisela Lindemann«.

Zu den Flüchtigen gehörte auch Hans Jürgen Fröhlich, 1932 in Hannover geboren, Sohn eines Weinhändlers, Komponist, Musikologe, Kritiker und Schriftsteller, Autor von einem halben Dutzend Bücher, darunter der in seiner Geburtsstadt spielende Roman *Anhand meines Bruders* und eine bedeutende Studie über Franz Schubert (gibt es ein besseres Buch über den Komponisten der *Winterreise*?). »Zu Unrecht vergessen«: der leidige Kehrreim drängt sich auf bei diesem allzu früh Verstorbenen, dem es nicht gelang, seine große Begabung zu fokussieren und ganz zu entfalten. Immerhin, ein Werk liegt vor, das eine Neubesichtigung verdiente – warum sollte sie nicht von Hannover ausgehen?

Die niedersächsische Landkarte, anfangs noch *terra incognita*, wurde im Laufe der Jahre immer dichter schraffiert, noch mancher Name wäre zu nennen von den vielen, die Jürgen Peters, Dirck Linck und Wilhelm Heinrich Pott, mein Redaktionskollege, in ihrer »Kleinen Niedersächsischen Literaturgeschichte« versammelt haben: *Von Dichterfürsten und anderen Poeten*. Auch Christian Geissler, dem so wenig Dichterfürstliches anhaftet, ist darin vertreten, ein Hamburger von Hause aus, der sich 1985 in der »Aaltuikerei« an der Emsmündung niederließ, zusammen mit der Schriftstellerin Sabine Peters, für zwei Jahrzehnte ein Dauergast im Funkhaus am Maschsee. Den Titel »Dichterfürst« längst erworben und verdient hat Walter Kempowski, auch wenn er selber abwinken würde, kein Freund der großen Worte, der er ist. Doch hat er ein Werk aufgetürmt in vierzig Jahren, das ihn immer stärker, wenn auch zu seinem Leidwesen verspätet, als Großfigur der deutschen Literatur sichtbar macht. 1969 erschien bei Rowohlt sein Haftbericht *Im Block*, das Protokoll von acht Jahren im Zuchthaus von Bautzen – ein düsteres, dem Zeitgeist konträres Debüt, das ihn in ein atmosphärisches Abseits beförderte, obwohl er danach Erfolgsbuch an Erfolgsbuch reihte, voran die sechs Bände einer »Deutschen Chronik«. Der Erfolg war schmerzlich erkauft durch den Bannstrahl des vermeintlichen Populismus, der sogleich gegen ihren Verfasser geschleudert wurde. Man verglich Kempowskis Romane mit dem Familienalbum, das einlädt zu nostalgischer Betrachtung der Vergangenheit. Die Sicht war kennzeichnend für das öffentliche Bild des Schriftstellers in den siebziger und achtziger Jahren, dazu gehörte auch eine locker sitzende Geringschätzung von seiten der Intelligenz. Waren wir, die Redakteure des *Kulturellen Wortes*, ganz davon frei? Kempowski kam regelmäßig ins Funkhaus, aus allen seinen Büchern hat er im Radio vorgelesen, doch die angemessene Anerkennung, fürchte ich, blieben wir ihm schuldig. Heute steht er, immerzu wachsend, neben den anderen großen Autoren des »großen Jahrgangs« 1929, wie Rühmkorf & Enzensberger hüben und Christa Wolf drüben, denen der Beifall des intellektuellen Justemilieu schon früh zuteil wurde. Als Walter Kempowski unlängst in Wolfsburg den Hoffmann-von-Fallersleben-Preis erhielt, wurde die Problematik in Wend Kässens' Laudatio nicht verschwiegen: »Kempowski war bürgerlich erzogen und vaterländisch geprägt. Er liebt Deutschland, die Wiedervereinigung war ihm immer ein ernsthaftes Anliegen – die Liebe zu Rostock, zur Heimat, ist in sein Werk eingeschrieben. Insofern ist es legitim, ihn als einen Patrioten zu bezeichnen. Als Dorfschullehrer war er ein glühender Anhänger der Reformpädagogik, mit der er bei Heinrich Heise, dem damaligen Leiter der Göttinger Pädagogischen Hochschule, intensiv konfrontiert worden war. In diesem Umfeld hatte er auch gelernt: Tatsachen sind wichtiger als Meinungen.«

Wend Kässens, der Autor dieser Laudatio, war nach Gisela Lindemanns Tod ihr Nachfolger als Redakteur der Reihe *Autoren lesen*. Später kam das *Literarische Caféhaus* hinzu, zu dem er Monat für Monat drei oder vier Autoren einlädt, in wechselnden Groß- oder Kleinstädten Norddeutschlands zwischen Flensburg und Göttingen, Greifs- wald und Oldenburg. Ich weiß keinen besseren Kenner der deutschsprachigen Gegenwartsliteratur als ihn, keinen, der intensiver vernetzt, aber auch belesener und erfahrener wäre. Von »Dichterfürsten« war schon die Rede, doch auch Wend Kässens ist ein »Fürst in seinem Reich«.

Salut für Wend Kässens
Er kam von Suhrkamp, speziell dem Theaterverlag. Hin- ter ihm türmte sich der Riese vom Berge auf, Siegfried Unseld – mit dem es offensichtlich wenige auf Dauer aus- halten konnten, am besten noch die Autoren. Um Wend Kässens schwebte schon damals, Anfang der achtziger, auratisch ein Dunstkreis von Theater und Literatur; zwi- schen beiden schwankte er unentschieden, mit dem Kopf zur Literatur, mit dem Herzen zum Theater hingezogen. Ihm hing der Theaterschal um den Hals, den er seither nicht abgenommen hat, auch wenn die Literatur ins Zen- trum der Arbeit gerückt ist.
Seine Autorenkontakte sind enorm: George Tabori, Tankred Dorst, Franz Xaver Kroetz, Gerlind Reinsha- gen, Elfriede Jelinek, Paul Nizon – für Wend Kässens sind sie jederzeit präsent. Obwohl das Radio lange nicht mehr die Rolle eines »Leitmediums« spielt, weiß der *Ca- féhaus*-Gastgeber den Nachteil wettzumachen. Man ahnt den Zeitaufwand, die Mühe, den persönlichen Einsatz, die endlosen Lektüren, die sich dahinter verbergen.
Wend Kässens, mit dem Büro am Maschsee, hat für sich und seine Frau Barbara das flache Land als Wohnort (oder Fluchtburg?) bevorzugt: Marwede, Eschede, La- chendorf. Marwede war ein Brückenkopf zur strategi- schen Ausbreitung der Kässens-Kultur ins Ländliche. Das »Heidenspektakel« entstand als veritables (Avant- garde-)Festival. Wend Kässens hat es buchstäblich aus dem Boden gestampft und energievoll für einige Jahre am Leben gehalten, auch dank besonderer Kontakte zu ört-

lichen Zelebritäten, die erst gewonnen sein wollten. Ganze Orchester und Theaterensembles belebten das Heidenspektakel: die Radio-Philharmonie aus Hannover oder Taboris Theatertruppe aus Wien. Sie spielte in einer Escheder Turnhalle Shakespeares *Romeo und Julia*. Der alte Mann legte seinen Kopf in Julias Schoß, es war ein Wunder. Nicht das einzige. Wir haben Wend Kässens staunend zugesehen.

Er kommt mir vor wie ein König in der Heide. Ein Fürst in seinem Reich.

Die Impulse aus dem Funkhaus, die das hannoversche »Kulturleben« bereichern sollten, sind in der Stadt (hoffentlich) nicht unbemerkt geblieben. Über kulturelle Impulse für Hannover diskutierten wir vor dreißig Jahren, auf Anregung von Harald Böhlmann, damals Leiter des Kulturamtes, heute Kulturdezernent der Stadt. Er gehört zu meinen Weggefährten in dieser Zeit wie auch Herbert Schmalstieg, der Oberbürgermeister, damals der jüngste in der Bundesrepublik, heute der dienstälteste. Ein Oberbürgermeister mit Liebe zur Literatur. Nicht nur weil ein kompletter Satz der Zeitschrift *die horen* – 221 Nummern – in seinem Besitz ist. Er ist auch einer der wenigen, vielleicht der einzige, der sie alle gelesen hat und im Gedächtnis trägt. Zum Beleg eine Anekdote. Im Oktober 2000 las Günter Grass, frisch geschmückt mit dem Nobelpreis für Literatur, im Schauspielhaus aus seinem Buch *Mein Jahrhundert*. Ich durfte die Lesung einleiten, Herbert Schmalstieg war als Besucher gekommen. Wenige Tage zuvor hatte der chinesische Schriftsteller Gao Xingjian den Nobelpreis des Jahres 2000 erhalten. Ich kannte ihn nicht und redete mich als sogenannter »Mann vom Fach« darauf heraus, daß von Gao Xingjian in deutscher Sprache kaum etwas verlegt worden sei. Wenige Tage später erhielt ich von Herbert Schmalstieg einen Brief, worin es hieß: »Es ließ mich nicht ruhen, ob nun doch in der Zeitschrift *Die Horen* von Gao Xingjian einiges abgedruckt worden ist. Meine Erinnerung hat mich nicht getäuscht: So ist in der Ausgabe *Die Horen* 3/1989 (Band 155) die Erzählung *Ein Verkehrsunfall* abgedruckt, darüber hinaus sechs Zeichnungen mit Tusche auf Reispapier. Ferner ist in *Die Horen* 2/1985 (Band 138) die 1. Szene des Schauspiels *Die Busstation* erschienen, und in dem Band 136 ›Chinathemen‹ schreibt Monica Basting über ... Gao Xingjians Theaterstück *Die Wilden*. Falls Sie die Horen-Bände nicht in Ihrer Bibliothek haben, kann ich sie Ihnen gerne ausleihen.«

Damit sind wir bei der Zeitschrift *die horen* und ihrem Begründer Kurt Morawietz. 1930 in Hannover geboren, wäre er im zurückliegenden Jahr fünfundsiebzig geworden, so wie die Zeitschrift, die er mit fünfundzwanzig begründete, fünfzig Jahre alt wurde. Ein Doppeljubiläum. Ich habe Kurt Morawietz bereits in meinen ersten Hannover-Wochen kennengelernt – man konnte ihn, wenn man mit Kultur zu tun hatte, in dieser Stadt schwerlich übersehen. Er war seit 1962 für mehr als drei Jahrzehnte im hannoverschen Kulturamt tätig, zuständig für Heimat- und Denkmalpflege, aber vor allem für Literatur. In dieser Funktion erwarb er sich große Verdienste um die Literatur in Hannover und in Niedersachsen. Er war im Schriftstellerverband (VS) aktiv und an der Spitze des »Förderkreises Deutscher Schriftsteller in Niedersachen und Bremen«. Hannover hat einen seiner beiden Literaturpreise nach ihm benannt. Da gibt es den älteren Gerrit-Engelke-Preis, der 1979 ins Leben gerufen wurde, und den jüngeren, nach seinem Tod 1995 begründeten Kurt-Morawietz-Preis. Morawietz hat 1979 die erste Biographie über Gerrit Engelke, *Mich aber schone, Tod*, publiziert und damit Engelke, den sogenannten »Arbeiterdichter« aus dem Umkreis des Expressionismus, der 1890 in Hannover geboren wurde und im Oktober 1918, in den letzten Tagen des Ersten Weltkriegs, bei Cambrai in Frankreich fiel, mit seinem Leben und Werk wieder zugänglich gemacht. Morawietz war auch die treibende Kraft bei der

Stiftung des Engelke-Preises durch die Stadt Hannover. Man bat mich damals, in der Jury des Preises mitzuwirken, doch ich verhehlte damals nicht meine Skepsis gegenüber einem Literaturpreis im Namen Gerrit Engelkes.

Wenn man einen Namenspatron suchte, gab es in der Geschichte Hannovers nicht die Brüder August Wilhelm und Friedrich Schlegel, hatte Schwitters hier nicht gewirkt, war Theodor Lessing nicht tief mit der Geschichte der Stadt verknüpft? Meine Skepsis gegenüber Engelke hatte die gleichen Gründe, die Hans Mayer in einem Brief an das Kulturamt in Hannover formulierte: »Engelke«, hieß es darin, »ist sicher ein begabter Lyriker gewesen der frühen expressionistischen Mannschaft. Sein soziales Engagement ist eindrucksvoll.« Dann folgte die große Einschränkung: »Engelke ist als literarische Gestalt einfach zu schmal.«

Schnee von gestern. Daß es dennoch zu einem Engelke-Preis kam, hatte sicher mit der Initiative von Kurt Morawietz zu tun. Als der Preis 1979 zum ersten Mal vergeben wurde, zu gleichen Teilen an Günter Herburger und Günter Wallraff (ich gehörte damals, wie gesagt, der Jury an und durfte die Laudatio halten), kam es zu heftigen kulturpolitischen Auseinandersetzungen über den angeblich »skandalösen Mißgriff« dieser Preisverleihung. Die Debatte ist nachlesbar in Heft 117 der *horen*, in dem auch Leben und Werk von Gerrit Engelke auf vierzig Seiten dokumentiert sind. Autor dieser Studie war Kurt Morawietz. Er schrieb auch grundlegende Bücher über die Literatur Niedersachsens, deren wichtigstes »Niedersachsen literarisch« heißt und 1981 erschien. Und er hat – um konkrete Beispiele für seine Innovationen zu geben – in Hannover das »Lyriktelefon« erfunden (das später in anderen Städten nachgeahmt wurde) und 1978 die »Literanover« angeregt, eine Literaturwoche, die das damals recht kärgliche Literaturangebot der Stadt erweitern sollte.

Ich konnte im ersten Jahr 1978 daran mitwirken mit einer Veranstaltung, die mir immer in fataler Weise denkwürdig bleiben wird. Sie fand vor über tausend Besuchern im Rasch-platzpavillon statt, wo in einer politisch aufgeladenen Atmosphäre über das Thema »Unsere historische Schuldigkeit« diskutiert wurde – ein schwieriger, hektischer, am Ende mißlungener Abend, der eigentlich das Aushängeschild dieser Literaturwoche hatte sein sollen und unter meiner ohnmächtigen Leitung völlig aus dem Ruder lief. Während im Saal das Gespenst des in der Bundesrepublik angeblich virulenten Faschismus beschworen wurde, versuchte Jean Améry, der verehrte Freund aus Brüssel, der im Widerstand gegen Hitler gekämpft, die Gestapo-Folter erlitten und die Konzentrationslager Auschwitz, Buchenwald und Bergen-Belsen überlebt hatte, unendlich behutsam eine Differenzierung: zwischen den dreißiger und den siebziger Jahren, aber auch zwischen italienischem Faschismus und deutschem Nationalsozialismus – eine Unterscheidung, die im lautstarken Unmut des ungeduldigen Auditoriums unterging. Auf dem Podium saß auch Martin Walser, der gerade, in seiner Bergen-Enkheimer Rede, die »Wunde« entdeckt hatte, *seine* Wunde, die deutsche Wunde: »Wir alle haben auf dem Rücken den Vaterlandsleichnam, den schönen, den schmutzigen, den sie zerschnitten haben, daß wir jetzt in zwei Abkürzungen leben sollen.« Améry saß mit verstörtem, schwermütig resigniertem Gesicht. Tags darauf schrieb er, Enzensberger zitierend, auf einer Postkarte aus seinem Hotelzimmer: »Was habe ich hier verloren, in diesem Land …?« Von Hannover fuhr er nach Salzburg, von Deutschland nach Österreich, in das heimatliche Land, aus dem man ihn vier Jahrzehnte zuvor vertrieben hatte. Der Satz eines Schweizer Dichters läßt sich zitieren: »Man sah den Wegen am Abendlicht an, daß es Heimwege waren.« Jean Améry aber fuhr nach Salzburg, um zu sterben. Am 17. Oktober, nur zwei Wochen nach der Diskussion in Hannover, kam die Nachricht von seinem Tode.

Doch von Kurt Morawietz sollte die Rede sein. Als mir 2005 der Preis verliehen wurde, der seinen Namen trägt, wußte ich selber zwar mit dem Namenspatron etwas anzufangen, aber Freunde und Kollegen außerhalb von Hannover fragten regelmäßig, wer Kurt Morawietz denn sei. Ich mußte ihn also *erklären*, zumal sein literarisches Werk auf dem Buchmarkt nicht greifbar war. Doch ist er auch zu Lebzeiten über Hannover hinaus nicht bekannt geworden. Man könnte geneigt sein, auf ihn das Wort anzuwenden, das Hans Mayer über Engelke sagte: »Als literarische Gestalt einfach zu schmal.«

Das hat vielleicht auch mit dem Umstand zu tun, daß man in Hannover zur Selbstgenügsamkeit neigt, wenig auf das hält, was sich hier regt und zustande kommt. Das wurde schon von Theodor Lessing beklagt, dem zu Lebzeiten bekämpften, nach seinem gewaltsamen Tod 1933 lange Zeit verdrängten, erst spät und zaghaft entdeckten Philosophen und Schriftsteller, der in Hannover geboren wurde und hier den größten Teil seines Lebens verbrachte. In seiner Autobiographie *Einmal und nie wieder*, einem lesenswerten, leider nicht greifbaren Buch, hat er eindrucksvoll beschrieben, wie nachlässig und vergeßlich Hannover, »die Stadt der *aurea mediocritas*«, mit den kulturellen Schätzen seiner Vergangenheit umgeht: »Daß Leibniz ein halbes Jahrhundert lang in Hannover grübelte, daß die Schlegel hier geboren sind, also die Romantik hier ihren Anfang nahm, daß das deutsche Theater mit Leisewitz, Lessing, Klingemann von Hannover und Braunschweig ausging, daß der Hainbund hier begründet wurde, Bürger sich hier härmte, Hölty hier verstarb, daß Wedekind Hannoveraner ist, Hartleben, Henckell, daß Kestner, Detmold, Edel hier lebten und starben, Klages hier geboren ward, das blieb hierorts so gut wie zufällig …« So Theodor Lessing. Das Zitierte gilt auch für ihn selber und für andere, Nachgeborene wie Karl Krolow und Hans Mayer. Hannover tut sich schwer mit seinem literarischen Erbe, es ist hier weniger verankert, als man sich wünschen möchte. Gegen diese Erfahrung hat Kurt Morawietz angekämpft, er wollte literarisch-kulturell etwas bewirken und bewegen. Er war ein Motor, ein Beweger, ein Anreger, umtriebig und ansteckend – wenn ich an ihn zurückdenke, erblicke ich den Umriß eines vitalen und temperamentvollen Mannes. Andererseits war er der Stadt und der Region so stark verbunden, daß er den Widerspruch zwischen Wirkenwollen und Selbstgenügsamkeit auch in seiner eigenen Person verkörperte.

Gedenkblatt für Kurt Morawietz
Schwer ist es zu sagen, wo die Antriebskräfte und Beweggründe für einen Schriftsteller liegen. Kurt Morawietz, Jahrgang 1930, bei Kriegsende fünfzehn Jahre alt, hat Kindheit und frühe Jugend im Dritten Reich verbracht, vereinnahmt von den entsprechenden Jugendorganisationen (Hitler-Jugend und »Napola«). Das hat ihn geprägt, das hatte er wegzuräumen, dagegen hat er später angeschrieben. Erste Orientierung fand er nicht bei den Autoren der *Gruppe 47* (dafür war er zu jung), auch nicht bei den Autoren des Exils (sie waren in der jungen Bundesrepublik unvorhanden oder sogar verpönt), sondern bei den Klassikern, voran Schiller. Auch Heinrich Heine und Erich Mühsam haben Pate gestanden: ein Gedicht wie *Zerschlagt die Trommeln*, 1961 entstanden, kommt von daher: »Unseren Söhnen sei es gesagt: / Zerschlagt die Trommeln, / zerschlagt, zerschlagt!«
Man findet bei Morawietz eine große Bandbreite von Formen, Tonlagen, stilistischen Ansätzen. Das ist nicht immer ein Vorzug, zuweilen eine Gefahr. Es gibt in seiner Lyrik keinen spezifischen Ton, dafür schimmern deutlich die Vorbilder durch: klassische Humoristen, drängende Expressionisten, zornige Zeitgenossen wie der nur ein Jahr ältere Enzensberger. Die Abhängigkeit von dessen *Landessprache*, in Wortfügung, Sprachrhythmus und Metaphorik, läßt sich in Morawietz' Gedicht *Großes Novemberpoem* nicht übersehen: »Ich weiß, meine Freunde / ihr habt eure Hoffnung investiert / zum

günstigen Zinsfuß / der falschen Worte / nun ist es passiert / der Liquidierung steht nichts / mehr im Wege / der Verlust eurer Anlagen / kümmert mich nicht / nicht jetzt«. Am eigenständigsten ist Morawietz dort, wo er das Trauma der Generationserfahrung zur Sprache bringt, wie in *Jahrgang 30*, einem seiner bekanntesten Gedichte, Gegenstück zu Kästners *Jahrgang 1899*: »Dann holte man uns zum Militär, / bloß so als Kanonenfutter. / In der Schule wurden die Bänke leer, / zu Hause weinte die Mutter.« Bei Kästner ging es um den Ersten Weltkrieg, die Erfahrung einer »verlorenen Generation«. Bei Morawietz ist der *Zweite* Krieg gemeint und zugleich die Gegenwart, das Heute: »Euer Schweigen war es, / das verbluten ließ die Generation ohne Heimkehr / zwischen Narvik und El Alamein – / Euer ganzes oder halbes Ja war es, / das die Erde dampfen ließ / zwischen Stalingrad und Normandie – / und die nicht verbluteten damals, / die überlebten im Keimen der Gräser, / betrogen uns abermals / als sie die Hoffnungen zerstörten / des Jahres Fünfundvierzig«.

Ein schmaler Band mit Gedichten und Prosa von Morawietz ist 2005 erschienen: Liebesgedichte, Reisenotate, politische Lyrik, *short stories*. Morawietz war ein Autor, der auf Zeit und Zeitgeschehen reagierte, auf Politik und Gesellschaft, auf Alltagserfahrungen und Reiseeindrücke. Einige seiner besten Prosastücke sind Reisebilder: über die Provence, die Insel Lesbos, das römische Colosseum. Sie sind nicht denkbar ohne den beginnenden Massentourismus der fünfziger und sechziger Jahre. Doch liegt ein poetischer Duft über den Texten, der sich auch nach dreißig oder vierzig Jahren nicht verloren hat. Der Herausgeber Volkhard App schreibt im Nachwort: »Tonangebend war das politische Engagement dieses Schriftstellers, das die Jahrzehnte über bis zuletzt spürbar war: dieser unbedingte Wille, aufzurütteln, mit den vergleichsweise bescheidenen Mitteln eines Lyrikers und Geschichtenerzählers in die Weltläufte einzugreifen.« Das gilt besonders für Morawietz' *Deutschen Lebenslauf*, ein Prosastück von satirischer Wucht und großartiger Simplizität.

Ein kleines Meisterwerk ist die Erzählung *Judas Dupont oder ein Nachmittag auf dem Boulevard Saint Michel*. In einem Café begegnet ein deutscher Besucher einem Pariser Herrn, dessen Name, Alter, Beruf wir nicht erfahren, der sich aber als intimer Kenner der Stadt und ihrer Geschichte erweist. Die Erzählung ist ein langer Monolog des Pariser Herrn, der wie eine Causerie, ein Feuilleton beginnt, aber immer stärker eine historische Tiefenschicht gewinnt, bis er schließlich in eine Binnenerzählung mündet, in deren Mittelpunkt der Titelheld Judas Dupont steht, ein Vogelmensch, will sagen ein Mensch, der die Vögel, vor allem die Tauben, anzieht, mit ihnen auf vertrautem Fuß steht, ihre Sprache zu sprechen und zu verstehen scheint. Aber Monsieur Dupont, ein wiedergeborener Judas Ischariot, wird zum Verräter an seinen gefiederten Freunden, indem er sich in den Dienst der städtischen Behörden stellt, deren Aufgabe es ist, die Taubenplage zu bekämpfen ...

Doch kann man dieser phantastischen und unheimlichen Geschichte mit einer Nacherzählung kaum gerecht werden. Sie schlägt den Leser zunehmend in Bann und präsentiert zum Schluß mit Judas Dupont eine Figur, die der Phantasie eines Balzac entsprungen sein könnte, tragischbesessen von *einer* Leidenschaft, *einer* fixen Idee wie Gobseck, Maître Cornelius oder Facino Cane aus der »Comédie humaine«. *Judas Dupont* ist ein kleines Juwel, und schon diese Erzählung macht die Begegnung oder Wiederbegegnung mit dem hannoverschen Autor Kurt Morawietz lohnend.

In der Verlegenheit, meinen auswärtigen Freunden zu erklären, wer Kurt Morawietz war, fand ich bald einen Aus-

weg: dank der *horen*, der von ihm begründeten Literaturzeitschrift. Morawietz war ein Karl-May-Fan (ihm, Karl
May, galt seine letzte literarische Arbeit), aber auch ein un-
verbrüchlicher Bewunderer Schillers, bei dem er den Namen für seine Zeitschrift entlehnte. Schillers *Horen* existierten nur drei Jahre, trotz ihres genialen Herausgebers und
trotz so erlauchter Mitarbeiter wie Fichte, Goethe, Herder,
Humboldt I und II, Lenz, Voß und August Wilhelm Schlegel. Morawietz' *horen* dagegen bestehen seit über fünfzig
Jahren: anfangs ein hektographiertes Blättchen, später ein
respektables Periodikum und, seit die profilierten Themenhefte erscheinen, also seit dreißig Jahren, eine Zeitschrift,
unbestritten nach Ansehen, Rang und Qualität. Die *horen*
sind Morawietz' Werk, sein fortdauerndes Lebenswerk.

Es wurde möglich, weil er ein gruppenbildendes Talent
war. Walter Lobenstein, sein früher Mitarbeiter und Freund,
schickte mir Fotos, auf denen Morawietz zu sehen ist, umringt von Freunden und Mitstreitern. Die gruppenbildende
und postum weiterwirkende Energie des Gründers ist durch
die Redaktion belegt, die er um sich scharte. Einige Redakteure sind seit dreißig oder mehr Jahren dabei – Garanten
für Tradition und Stetigkeit, mit der Kraft zur Erneuerung,
aber auch dem Widerstandswillen gegen modische Tenden-
zen. Damit bleibt eine Zeitschrift zwangsläufig minoritär.
Aber gab es je eine Literaturzeitschrift mit hohen Auflagen?
Wohl nur in der alten Sowjetunion und in unserer ersten
Nachkriegszeit. Man weiß, wie eng und hart umkämpft der
Markt für Kultur- und Literaturzeitschriften geworden ist.
Eigentlich ist es gar kein Markt, denn der Markt mit seinen
Konzentrations- und Planierungstendenzen läßt diese eigen-
sinnigen und randständigen Produkte kaum zu. Viele re-
nommierte Zeitschriften existieren nicht mehr, die meisten
waren kurzlebig wie Alfred Anderschs *Texte und Zeichen*,
im selben Jahr wie die *horen* begründet, doch nach nur drei
Jahren eingestellt. Kontinuität über Jahrzehnte hinweg haben nur wenige Kulturzeitschriften bewiesen: im Westen

der altbundesrepublikanische *Merkur*, im Osten *Sinn und Form*, von Johannes R. Becher und Peter Huchel aus der Taufe gehoben. Neben diesen etwas älteren Zeitschriften behaupten sich *die horen* seit fünfzig Jahren mit einem eigenen, vornehmlich literarischen Profil.

Kann man ihre Programmatik auf eine Formel bringen? Heiko Postma aus der *horen*-Redaktion, hat sie »Protestationen gegen die Vergäng- und die Vergeßlichkeit« genannt: »Jeder kennt Schriftsteller, die er für verkannt hält, zeitgenössische oder historische; deren Bücher nicht oder nicht mehr allgemein zugänglich sind, obwohl sie es verdienten, möglicherweise sogar – erforderten. Auch das soll der Zweck dieses *horen*-Bandes sein ...« Das war zum Auftakt des 30. Jahrgangs zu lesen, vor zwanzig Jahren, als die Themenhefte bestimmend wurden. Jetzt las ich voller Bewunderung im ersten Heft des fünfzigsten Jahrgangs. Wieder ein Themenheft: »Das andere Arkadien – Unterwegs im Universum Fantasticum«, zwischen Mary Shelley und C. S. Lewis, zwischen H. G. Wells und Stanisław Lem. Als Freund des Schmöker-Genres habe ich mich ein ganzes Wochenende darin festgelesen: Heiko Postma und Dieter P. Meier-Lenz zum Dank. Und zum Dank noch immer Kurt Morawietz. Gleich zweimal, 1981 und 1988, also noch in Morawietz' Ägide, haben die *horen* den Alfred-Kerr-Preis für Literaturkritik erhalten. Sie haben ihren Weg gemacht, finden Abonnenten in der ganzen Republik, aber auch im Ausland und sogar in Übersee, in Japan und Amerika. Der Name Morawietz mag dort unbekannt sein, aber überall kennen Interessierte und Liebhaber die von ihm begründete Zeitschrift. Alfred Paffenholz, mein Redaktionskollege, hat sie vor fünfundzwanzig Jahren »die größte und gewichtigste Literaturzeitschrift in deutscher Sprache« genannt. Davon ist nach weiteren fünfundzwanzig Jahren nichts zurückzunehmen.

Gedenkblatt für Alfred Paffenholz

Er war ein ungewöhnlicher Kulturredakteur. Viele Intellektuelle seines Alters, seiner Generation (*1937) standen, bis zur Fremdbestimmtheit, unter dem Einfluß der Frankfurter Schule. Nicht Alfred Paffenholz. Natürlich kannte er sich aus, aber der Linkskatholizismus war für ihn wichtiger als die Kritische Theorie, und vor Adorno kam der heilige Franz von Assisi. Die deutsche Jüngstvergangenheit des Dritten Reiches – Auschwitz im Zentrum – war ihm jederzeit gegenwärtig, sie bedrückte ihn, nicht nur als moralische Schuld, sondern existentiell, in Sein und Wesen. Die Beschäftigung mit dem Judentum, mit jüdischer Religion und Kultur, dem osteuropäischen »Stetl« und dem deutsch-jüdischen Verhältnis, war bei ihm vollkommen stimmig und genuin, überhaupt nicht angelernt. Etwas – in hohem Sinn – Plebejisches war in seiner Haltung, wie bei seinem Kölner Landsmann Heinrich Böll: Respekt vor dem einzelnen Individuum, Sympathie für die kleinen Leute, Mitgefühl mit den Erniedrigten und Beleidigten. Nicht jeder, der in einer großen Institution als Arbeitnehmervertreter agiert, hat solche – tief in der eigenen Persönlichkeit verwurzelte – Antriebe für seine Rolle. Alfred Paffenholz war einige Jahre Personalratsvorsitzender in Hannover. Auch Kollegen aus anderen Bereichen, aus Technik und Verwaltung, taten sich nicht schwer, einen Kulturredakteur als ihren Interessenvertreter zu wählen, der so wenig »Elitäres« und Abgrenzendes hatte wie er. 1984 folgte Alfred Paffenholz einem Ruf als Hauptabteilungsleiter nach Bremen. Doch blieb er uns in Hannover gegenwärtig: durch sein Wirken als Kollege, durch seine Besuche in der Redaktion, durch seine Persönlichkeit. Nach seinem Tod durfte ich eine Gedenkrede auf ihn halten. Sie schloß mit den Sätzen: »Für mich verbinden sich mit Alfred Paffenholz die besten Jahre meines Berufslebens. Nachdem Gisela Lindemann vom Felsen stürzte (mit 52 Jahren) und

Armin Halstenberg starb (mit 53), ist nun auch er, kurz nach seiner Pensionierung, von uns gegangen. Kein Trost liegt in dem Wissen, daß man übrigbleibt.«

Im Januar 2006 ist meine NDR-Zeit in Hannover zu Ende gegangen. Zuletzt war das eigene Schreiben immer wichtiger geworden. Einige Buchpläne konnten realisiert werden, neue entstanden. Tatsächlich ist mir das Leben ohne Schreiben nicht mehr vorstellbar. Dabei fällt meinem Zitatenkopf ein Satz aus Max Frischs Erzählung *Montauk* ein: »Leben ist langweilig, ich mache Erfahrungen nur noch, wenn ich schreibe.« Ich sehe den alten Max Frisch vor mir – einer der ganz wenigen Autoren, die nach Hannover ins Funkhaus zu holen nie gelang – und glaube zu verstehen, was er meint, ohne ihm ganz zustimmen zu können. Vom gelebten Leben darf sich nicht entfernen, wer nicht absterben will. Aber richtig ist, daß erst im Schreiben das Gelebte zur Erfahrung wird. Es gibt Autoren, die unmittelbar von ihren Erfahrungen und Erfindungen schreiben. Und es gibt solche, die als Bezugspunkt die bereits gestaltete Erfahrung anderer benötigen. Hans Mayer, um ihn ein weiteres Mal zu zitieren, hat das mit den Worten ausgedrückt: »Daß ich schreiben würde und wollte, gehörte schon früh zu meinem Selbstempfinden. Dennoch kam ich nicht auf den Gedanken, nun täglich meine Seiten in irgendeinem Schulheft vollzukritzeln. Die verschwommene Einsicht war früh vorhanden, daß sich mein Schreiben nicht an irgendwelchen Fiktionen von Wirklichkeit entzünden werde, sondern an bereits vorhandenen Fiktionen: an Kunstfiguren nämlich und ihren Verfassern.«

Mir selber, dem es ganz ähnlich ergeht, kam das Radio zu Hilfe mit der Möglichkeit, literarische Texte ins akustische Medium zu transferieren. Von dieser Möglichkeit habe ich mit einer gewissen Leidenschaft Gebrauch gemacht. So sind *Am Morgen vorgelesen* und *Am Abend vorgelesen* im Laufe der Zeit, wie man mir gelegentlich sagt, zu »Institutionen«

geworden, die man sich schwerlich wegdenken kann. Eine Bühne, die ich mehr als fünfundzwanzig Jahre lang bespielen durfte. Man hat mich gewähren lassen. Einige tausend Lesungen sind im Laufe der Zeit entstanden, ein großer Teil der Weltliteratur von Homer und Ovid bis zu Updike und Imre Kertész. Berühmte Schauspieler kamen ins Funkhaus am Maschsee. Doch Namen zu nennen wäre ein Unrecht all denen gegenüber, die nicht genannt werden können. Nur ein Name darf nicht fehlen: Klaus Stieringer. Er zog im Hintergrund die Regiefäden als Altmeister des Radios.

Gedenkblatt für Klaus Stieringer
Er war immer schon da. Als wir uns im November 1973 kennenlernten, in meinen ersten Funkhaustagen, war er sechsundvierzig Jahre alt und hatte bereits sein 25jähriges Dienstjubiläum hinter sich. Seine Anfänge reichen weit zurück in die Zeit des Nordwestdeutschen Rundfunks. Am 1. April 1948 hatte er angefangen, ein Datum, umgeben von der Aura der Stunde Null. Im Hintergrund sechs Jahre Krieg, zwölf Jahre Diktatur. Das sind für einen Menschen vom Jahrgang 1927 bewußt aufgenommene Erfahrungen. Hitlerjugend zum Beispiel. Ein Direktor des Funkhauses, späterer Verfassungsrichter, war Pimpf in dem Zug der Hitlerjugend, der von Klaus Stieringer angeführt wurde.
Die Gegenwart des Jahres 1948 bedeutete vor allem Trümmer. Im November 1947 war an den Hamburger Kammerspielen Wolfgang Borcherts Stück *Draußen vor der Tür* uraufgeführt worden: ein Stück »Trümmerliteratur«, wie man sie nannte. Die Bundesrepublik Deutschland existierte noch nicht, sie wurde erst im Jahr darauf gegründet. Auch die Währungsreform lag noch in der Zukunft, sie kam im Juni 1948, elf Wochen nachdem Klaus Stieringer seine Tätigkeit begonnen hatte. Der Nordwestdeutsche Rundfunk, *NWDR,* war offiziell am 1. Januar 1948 begründet worden. Klaus Stieringer war

»ein Mann der ersten Stunde«: Schauspieler, Sprecher, Regisseur in einer Person.

Im dritten Band von Thomas Manns Roman *Joseph und seine Brüder* sieht sich Joseph, der Sohn Jaakobs, nach Ägypten verschlagen. Dort kommt er in das Haus von Pharaohs Verwalter Peteprê, besser bekannt unter dem biblischen Namen Potiphar. Dort tut Joseph Leibes- und Lesedienst. Peteprê besitzt eine schöne und vielseitige Bibliothek, und der ägyptische Würdenträger liebt es, sich von Joseph vorlesen zu lassen. Joseph trägt ausgezeichnet vor: »fließend, exakt, scheinbar ohne Anspruch, mit mäßiger Dramatik und so natürlicher Beherrschung des Wortes, daß das Schwierigste, Schriftlichste auf seinen Lippen das Gepräge improvisatorischer Leichtigkeit und einer plauderhaften Mundgerechtheit gewann. Er las sich buchstäblich in das Herz seines Zuhörers hinein.«

So etwas geschieht im Rundfunk alle Tage. Und so wie Joseph bei Potiphar zum »obersten Mund« aufsteigt, so hat auch Klaus Stieringer als Regisseur die obersten Münder im Funkhaus versammelt: Schauspieler, ohne die die Arbeit eines »Kulturellen Wortes« nur Papier, im radiophonen Sinn also nichtexistent wäre. Klaus Stieringer war der oberste Mundschenk des Funkhauses. Er hat einige tausend Lesungen der Weltliteratur produziert und für sie die »richtigen«, nicht selten die idealen Besetzungen gefunden: mit Schauspielern, die seine Freunde waren wie Hannes Messemer, Hermann Schomberg, Heinz Klevenow, Eduard Marks, Hans Paetsch, Rolf Boysen, Gustl Halenke, Ingeborg Kallweit, Klaus Schwartzkopf, Günter Strack, Werner Kreindl, Christian Brückner und viele andere, kaum weniger prominente. Er hat sie an das Haus gebunden, und sie kamen gern nach Hannover.

Das Handwerk des Regisseurs hat er tausendfach geübt, in vielen Formen und Genres des Radios: Hörspiele, Features, Reportagen, Reiseberichte, Essays, Satiren, dramatische Szenen, szenische Sketche. Er war ein vielseitiger Könner seines Handwerks, ein Freund der Schauspieler, ein Kenner und Liebhaber der Literatur, bewandert in vielen Spielarten der *ars acustica*. Immer wieder las er auch selber Literatur im Radio vor, brillant besonders bei Texten von männlich-vitaler Charakteristik: Stevenson, Melville, Joseph Conrad, Hemingway. Qualität und Ansehen von Sendereihen wie *Am Morgen vorgelesen* und *Am Abend vorgelesen* beruhten zu einem gut Teil auf seiner Arbeit, seinem Gespür für die *erzählerischen* Möglichkeiten des Radios. Im Juni 2004 ist er gestorben. Bis zuletzt hörte er, wenn sie wiederholt wurden, Sendungen, denen er selber das akustische Leben eingehaucht hatte.

Die Reise endet. Habe ich durch dreißig Jahre, durch ein halbes Leben in Hannover, gelernt, die Ausgangsfrage zu beantworten: »Was ist Niedersachsen?« Es ist zu bezweifeln. Doch die literarische Landkarte hat sich belebt und einen Reichtum gewonnen, den ich mir anfangs niemals träumen ließ: Stendhal in Braunschweig, Jeremias Gotthelf in Hannover, Mark Twain in Göttingen, Ernst Jünger in Kirchhorst – das Land Niedersachsen ist für Überraschungen gut, von Münchhausen und Knigge, Moritz und Iffland, Löns und Busch, Vogeler und Julie Schrader ganz zu schweigen.

Im Lauf der Zeit habe ich es mir zur Regel gemacht, neben der literarischen Welterkundung die niedersächsische Heimatkunde nicht geringzuschätzen. Es wurde zu einer Gewohnheit, bei literarischen Themen den »niedersächsischen Aspekt« aufzusuchen. Mit Vergnügen entdeckte ich in Casanovas Memoiren die Episode der »Hannoveraninnen« in London, von fünf begehrenswerten Töchtern, die er allesamt gewinnt, nebst ihrer Mutter, die er verschmäht, ein fragwürdiger »Triumph«, dem wie zur Strafe die schmerzhafte Niederlage des großen Liebhabers bei der Charpillon auf dem Fuße folgt: »So weit hat mich die Liebe in London

nel mezzo del camin di nostra vita (in der Mitte meines Le-
bensweges) im Alter von achtunddreißig Jahren gebracht.
Das war der Schluß des ersten Aktes meines Lebens. Bei der
Charpillon begann mein langsames Sterben.«
   Casanova flieht aus London, und seine Reise geht über
Dover nach Berlin. Und so kommt er nach Minden und
Braunschweig, auch nach Hannover: »... wo wir in einem
ausgezeichneten Gasthof köstlich speisten.« Von Hannover
führt ihn der Weg nach Wolfenbüttel: »Dort wollte ich acht
Tage bleiben und war sicher, mich nicht zu langweilen, denn
dort befand sich die drittgrößte Bibliothek von Europa. Ich
hatte schon lange den lebhaften Wunsch, sie in Muße zu besichtigen. Ein höchst gelehrter Bibliothekar ...« – Christian
Johann Hugo, der Vorgänger Lessings – »... dessen Höflichkeit mich um so mehr beeindruckte, als sie nicht übertrieben, noch im geringsten gekünstelt war, sagte mir bei
meinem ersten Besuch, er werde mir einen Mann geben, der
mir nicht nur in der Bibliothek alle verlangten Bücher her-
aussuchen, sondern sie mir auch in mein Zimmer bringen
werde, einschließlich der Manuskripte, die den größten
Schatz dieser berühmten Bibliothek bilden. In den acht Tagen, die ich dort verbrachte, verließ ich sie nur, um in mein
Zimmer zu gehen, und verließ dieses nur, um in die Bibliothek zurückzukehren. Erst am achten Tag, eine Stunde vor
meiner Abreise, sah ich den Bibliothekar wieder, um ihm zu
danken. Ich lebte dort in vollkommenem Frieden, dachte
weder an Vergangenheit noch an Zukunft und vergaß über
der Arbeit die Gegenwart. Heute weiß ich, daß nur das Zu-
sammentreffen ganz unbedeutender Umstände nötig gewesen wäre, um mich in dieser Welt zu einem wahrhaft
Weisen zu machen; denn die Tugend hat mich stets mehr
angezogen als das Laster. Wenn ich mich einmal schlecht
aufführte, tat ich es nur aus Übermut. Aus Wolfenbüttel
brachte ich viel Material über die Ilias und die Odyssee mit,
das man bei keinem Scholiasten findet und selbst dem großen Pope unbekannt war. Einen Teil davon findet man in

meiner Übersetzung der Ilias, den Rest habe ich hier, und so wird er verloren bleiben. Ich werde nichts verbrennen, nicht einmal diese Memoiren, obgleich ich häufig daran denke. Ich sehe voraus, daß ich den richtigen Augenblick verpassen werde.«

Die literarische Heimatkunde wurde auch mit System betrieben. Im Mai 2000, am Vorabend der Weltausstellung, erkundeten wir an drei Funkhaus-Abenden die Literaturgeschichte der Landeshauptstadt, die sich seither die »Expo- und Messestadt« nennt: »Hannover literarisch« hieß das ambitiöse Unternehmen, zu dem sich drei Autoren, Wilhelm Heinrich Pott, Heiko Postma und Oskar Ansull, zusammentaten. Die Spurensuche erwies sich als lohnend, ergiebig, am Ende auch als vergnüglich, denn selbst Fipps der Affe, das Geschöpf Wilhelm Buschs, stellte sich als genuiner Hannoveraner heraus. Allerdings verbindet sich mit Hannover nicht sogleich der Gedanke, hier sei Literaturgeschichte geschrieben worden wie in Paris und London, Weimar und Berlin. Auch gibt es Städte, die *ihren* Autor gefunden haben: St. Petersburg ist die Stadt Dostojewskis, Prag die Stadt Franz Kafkas, Dublin die Stadt von James Joyce. Man könnte auch das Köln Heinrich Bölls, das Danzig von Günter Grass nennen. Aber Hannover? Da fallen einem zwar Leibniz, Schwitters, vielleicht auch Theodor Lessing ein, aber *den* Chef- und Hauptautor für Hannover gibt es nicht. Arno Schmidt hätte das Zeug dazu gehabt, wenn er die Lust dazu gehabt hätte. Seine Hannover-Bezüge sind dokumentiert durch den Roman *Das steinerne Herz*, wo Eggers und Frieda, vom niedersächsischen Ahlden kommend, in der Kapitale eintreffen, um ihren Goldfund zu verhökern: »Ernst=August-Platz: ›Weißt Du, was sich im Grundstein des Denkmals befindet ? – : Ein Staatshandbuch von 1859 !‹ teilte ich ihr mürrisch triumphierend mit (und sie verdaute es, perplex und ehrerbietig. Oben ein delfter Himmel : solides Weiß, kleines Blau; ich bewegte instinktiv prüfend die ermüdete Linke : ? – ja, das Gewicht hing sehr dran !).« Aber dann, beim Einkaufsbummel in der City, machen sich beim Protagonisten wieder die Männerphantasien bemerkbar: »(… sie nestelte verlegen am Mantelschlitz: ›Ob ichma anprobier, Du ?)‹. Ich riet ihr zu den winzigsten Höschen, und dem schmalsten Halter : ›Das ist *nicht* lediglich Deine Angelegenheit; denn …‹ Die Verkäuferin griente diskret in die Wand hinein. Sie errötete lieb und ließ mich stehen.«

Den Autor des »Historischen Romans aus dem Jahre 1954 nach Christi«, obwohl in Bargfeld nur eine Autostunde entfernt, haben wir nie ins Funkhaus locken können, öffentlichkeitsscheu wich er den Anfragen aus, nur einmal, an Ort und Stelle in Bargfeld, gab er Auskunft über *Zettels Traum* und las Auszüge aus dem schwer durchdringlichen Typoskriptroman. Und er säumte nicht mit einer Antwort, als wir ihn zu Thomas Mann befragten: »Ihre 3 Fragen bezüglich Mann's beantworte ich wie folgt: 1.) Weder heute noch früher habe ich Interesse an Mann genommen. 2.) Er hat nicht den geringsten Einfluß auf mich gehabt. – Im ›Handwerklichen‹ ist nichts von ihm zu lernen; da er, sowohl was das Gerüst seiner Bücher als auch die Oberflächenbehandlung des Textes angeht, über Freytag nicht hinausgekommen ist. 3.) Ich halte Mann, im Vergleich mit – sagen wir – Alfred Döblin, für unbedeutend : nie hat er sprachlich etwas gewagt, da war ihm jeder Expressionist voraus; nie einen (längst fälligen) Versuch unternommen, durch neu=artige Anordnung der Prosaelemente eine bessere, eindringlichere Abbildung der Welt zu erreichen.«

Nochmals: die Reise ist zu Ende. Der Autor dieser Erinnerungen hat zweiunddreißig Jahre, den größeren Teil seines Lebens, in Hannover verbracht. Ist er also »Hannoveraner«? Niedersachse gar? Durch einen Umzug nach Hamburg wird die geprägte Form so leicht nicht umgeschaffen. Nach Stadthagen zieht mich immer wieder ein liebenswürdiger Freundeskreis, in einem Göttinger Verlag erscheinen meine Bücher, nach Hannover werde ich am häufigsten zu Lesungen und Vorträgen eingeladen. Ich komme gern und fühle mich zu Hause. Arno Schmidt schrieb: »Ich bin nicht Narr's genug, einen Weltreisenden zu beneiden, dazu hab ich zuviel im Seydlitz gelesen oder im Großen Brehm. Und was heißt schon New York? Großstadt ist Großstadt; ich war oft genug in Hannover …« So geht es auch mir. Wie der Autor des *Steinernen Herzens* zähle ich Hannover vielleicht nicht zu den Weltstädten, aber zu den Städten meiner kleinen Welt.

Jörg W. Gronius

Fisch und Fleisch

»Sei ehrlich, ich sehe doch aus wie Roland Koch und Angela Merkel zusammen.« Rudolf findet sich häßlich. Er ist besessen davon. Dabei ist es natürlich Quatsch. »Rudolf«, sage ich immer wieder, »es kann nun mal nicht jeder so gut aussehen wie Christian Wulff und Ursula von der Leyen.« Das einzig Auffällige an Rudolf ist seine Größe: zwei Meter null neun. »Ich muß zu niemandem aufsehen«, sagt Rudolf.

Wir fahren die Schnecke des Parkhauses hinunter. Es ist ein heißer Tag. Ich habe Rudolf vom Zug abgeholt. Er kommt aus dem kühlen Kassel, wo sein Büro auch bei strengstem Winter unbeheizt bleibt. Er hat die Ärmel seines weißen Hemdes hochgekrempelt, Koffer und Jackett auf die Rückbank geworfen. An seiner Schläfe läuft eine dicke Schweißperle herunter. Rudolf ist Ausstellungsarchitekt. Wir haben den Auftrag, eine Ausstellung über den Dichter Albrecht Schaeffer zu konzipieren, die Rudolf baulich gestalten soll. Wir sind in Bargfeld mit Erich verabredet, der als ausgewiesener Schaeffer-Kenner den biographischen Teil der Ausstellung entwerfen und die Texte schreiben wird. »Willkommen in der EXPO- und Messestadt Hannover.« Diese Bahnhofsansage geht einem langsam auf die Nerven. Die Weltausstellung ist nun über fünf Jahre her; anstatt sich selbstbewußt im Wissen dessen, was war, zurückzulehnen, läßt die Stadt noch immer jeden Ankommenden damit beplärren.

Zwischenstop in meinem Büro in der alten Ulanenkaserne. Ich lasse wichtige Unterlagen nicht im Auto, wenn ich es im Parkhaus abstelle. Sicher ist sicher. »Schön kühl hier«, sagt Rudolf. »Ja, die dicken Backsteinmauern halten die Hitze lange draußen. Allerdings kommt jetzt die Zeit, wo sie sich langsam Tag für Tag mehr aufheizen. Und dann ist es hier drin wie im Backofen, bis der erste Schnee fällt.« Rudolf sieht sich in meiner Schreibzelle um. »Ach ja, so eine Klause, das wäre was!« Ich gucke ihn an, fragend. »Na ja, so ein Refugium, ohne Frau und Familie. Nur man selbst mit den Büchern.« Er läßt seinen Blick über meine Regale wandern, wo sie in zwei Reihen stehen, Rücken neben Rücken. Er zieht den ersten Band des Helianth heraus, blättert darin. »Altenrepen! Das klingt doch nach was.« Ich schaue in meine Mappe, ob alles drin ist. »EXPO- und Messestadt wirkt dagegen eher lächerlich.«

Die Ampel Krieger-, Ecke Voßstraße ist rot. Alle Ampeln in Hannover sind immer rot. Der Waschsalon rechts steht leer. Abgesoffen in der eigenen Lauge. »Hier«, ich zeige auf das Eckhaus links, »das muß es sein.« Rudolf biegt den Hals, um die Fassade sehen zu können. »Ich bin ja eher für das Theater von gestern«, sagt er, »da wurde das Spiel noch ernst genommen.« Er macht es sich wieder im Sitz bequem. »Die Bühne«, sage ich, »ist der Ort der Sprache, das wird so bleiben, auch wenn das Theater heute von ungelernten Pornographen und Möchtegern-Videoclippern mißbraucht wird.« Rudolf lacht bitter. »Heute heißt Theater: Vorhang hoch und Hose runter. Die Sprache verschwindet zugunsten von Flüssigkeiten.« Ich biege rechts ab. »Ausscheidungen statt Ausdruck«, entfährt es mir. »Mit der Sprache verschwindet der Mensch«, sagt Rudolf. »Dann kann man sehr wohl wetten«, sage ich, und Rudolf spricht den Satz mit mir gemeinsam zu Ende: »… daß der Mensch verschwindet wie am Meeresufer ein Gesicht im Sand.« Erst am Moltkeplatz komme ich auf das Theater zurück: »Der Hanswurst taugt nur für das Intermezzo. Abendfüllend ist er unerträglich.«

Wir fahren die Podbi runter mit offenem Dach. »Vielleicht ist es auch nur eine Frage des Geldes«, sagt Rudolf, »die Subventionen werden gekürzt. Trotzdem will man den

Leuten was bieten. Das Nackte ist immer umsonst.« Es ist schwül, Gewitterluft reichert sich mit Feuchtigkeit an. »Hier«, sage ich mit einer Handbewegung nach rechts, »war der Gründungssitz der Deutschen Grammophon.« Rudolf versenkt das Seitenfenster und schaut hinaus. In Kassel plärrt kein Bahnhof irgendwas von »Documentastadt«. Das hat Niveau. Oder man schämt sich dafür.

Gewitterwolken türmen sich hinter der Mittellandkanalbrücke. Links ginge es zu Gennaro. Da kommt man auch nicht mehr hin. Als er noch in der Gretchenstraße residierte, war dort mein Wohnzimmer. Eh ich jetzt am Abend mich nach Buchholz aufmache, fahre ich lieber gleich nach Bargfeld und koche selbst.

In Lahe an der roten Ampel steht die Luft. Nur über dem Asphalt eine Handbreit Flimmern. Aus dem Polo neben uns dröhnt höllisches Wummern hinter schwarzgetönten Scheiben. Ununterbrochen feilen die Grillen im ausgetrockneten Grünstreifen.

Auf dem Messeschnellweg schneidet mich ein Sprinter. Einsperren müßte man diese Kerle. Nichts gelernt außer Wände anstreichen oder Fliesenlegen, und dann kriegen sie eine Karre unter den Arsch, die 180 fährt. Und das fahren sie natürlich auch. Warum wird im Feierabendverkehr grundsätzlich gerast? Haben die Pendler zwischen Hannover und Celle so tolle Frauen, daß sie es kaum erwarten können, nach Hause zu kommen? Nein, das ist in Celle nicht möglich. Wahrscheinlicher ist, daß es in Celle nur eine einzige Frau gibt. Dafür muß man sich allerdings beeilen, denn nur der erste wird empfangen. Na ja, vielleicht die ersten drei, wenn im Winter die Nächte lang sind. Manchmal wünsche ich mir eine Bordkanone.

An der Kreuzung Ehlershausen ein Kreuz mit Blumen. Aber kein durchgeknallter Sprinter, kein von Begehren geplagter Angestellter kam hier zu Tode, sondern ein Paar. Ein deutsch-türkisches Paar bei Glatteis, stand in der Zeitung. Wir nehmen rechts die Straße der Ölbarone.

»Ich habe eine Affäre«, sagt Rudolf. Mein Kopf kann gar nicht anders, als sich nach rechts zu drehen. Stimmt, im Profil sieht er tatsächlich ein bißchen aus wie Roland Koch. Ich gehe auf die Bremse. Ein Mähdrescher breitet sich vor uns aus. Glücklicherweise blinkt er nach rechts und wuchtet sich umständlich in einen Feldweg. »Es ist ein Schnitter.«

»Ist es so gefährlich?« Hinter dem Abzweig nach Hänigsen nehmen wir wieder Fahrt auf.

Blöde Frage, natürlich ist eine Affäre gefährlich, wenn man Frau und Kinder hat. »Na klar ist es gefährlich, wenn man Frau und Kinder hat.« Rudolf hat eine sehr schöne Frau und drei ... na ja, fast erwachsene Kinder. Die sind sowieso demnächst aus dem Haus.

»Ölbarone?« Neuerdings werden hier Schweine gemästet, immerhin weitab von menschlichen Behausungen. Aber warum überschlagen sich gerade hier die Autos? Erst neulich lag wieder ein Ford Ka im Graben, die Räder hilflos in der Luft. »Eine Privatstraße der Erdölfirma, die mal hier gefördert hat. Unter diesen Äckern war ja früher alles voller Öl. Man hörte es förmlich glucksen beim Gehen.« Rudolf schmunzelt. »Inzwischen haben wir alles verfahren.« Vor der scharfen Linkskurve schalte ich einen Gang zurück. »Richtig. Als die Förderfirma die Straße wegreißen wollte, gab es Protest der Pendler. Man kann doch hier so schön rasen. Wenigstens ein Stück weit.« Rudolf blickt nach rechts zur Einfahrt des Fördergeländes. »Was inzwischen hier passiert, weiß ich nicht. Womöglich ein Erdgasspeicher oder so was.« Wir holpern über das nicht mehr befahrene Bahngleis. »Das fette Gold Niedersachsens.« Links wieder in den Wald. Hier ist einmal bei dichtem Regen ein riesiger Hirsch majestätisch vor meinem Wagen von links nach rechts über die Straße geschritten. »Das war einmal. Irgendwo Richtung Gifhorn gibt's sogar ein Dorf namens Texas. Straße der Ölsardinen.«

Runter auf 50. Ein Kurde kommt aus dem Penny-Markt und läßt das Kettchen durch seine Hand gleiten. Fünf

Schritte hinter ihm seine Frau, trotz der Hitze fest eingewickelt in dunkle Tücher, und schleppt die prallen Einkaufstaschen. Nienhagen. Wer hier an der Ampel rot hat, sieht die schönsten Frauen des Landkreises. Strahlend kommen sie aus der Sparkasse mit dem Geld unterm Arm. Jetzt gehört die Welt ihnen. Oder was davon übrigbleibt, wenn unser Warten auf den neuen September ein Ende hat. »Niemals«, sagt Rudolf und schaut einer hinterher, die gerade in der Sparkassenfiliale verschwindet und dadurch auffällt, daß sie die Haare nicht rot gefärbt hat, »hätte ich mir träumen lassen, daß ich anders als abstoßend wirke.« Ein gelber Zettel am Laternenpfahl mit schwarzer Schrift: Schacht-Party. Typisch für den kulturellen Verfall. Früher war noch Schicht im Schacht, heute ist Party, wie überall. Links die Moschee und dann über die Fuhse-Brücke. »Auf deine Frau wirkst du ja auch nicht abstoßend.« Burg. Hier lauern die Blitzer. »Gewohnheit. Aber jetzt werde ich geradezu angehimmelt.«

Zack! Vor uns hat es einen Wagen erwischt. Recht geschieht ihr. Neuerdings rasen ja auch die Frauen. Eben hatte sie mich noch genervt überholt, von wegen so ein alter Knacker, fährt stur seine 50, da wollen wir doch mal sehen. Ja, jetzt siehste. Vor der Rechtskurve ein Klempner, über dessen Firmenschild die Deutschland-Fahne weht. Allerdings auf halbmast. Protest gegen die Bedrohungen der mittelständischen Wirtschaft? Links ein Haus, das schon ewig leer steht. Erst zum Verkauf, jetzt mit dem Schild: Betreten verboten. Warum will das keiner? Spukt's da? Das Gespenst der abgewürgten Eigenheimzulage?

»Ja und, was machst du damit?« Links der Schreckenspark: »Miezebello« und »Media Buster«. Vielleicht wären drei Jahre Taliban doch mal ganz gut, zur Reinigung und Rückbesinnung. »Genießen.« Die Wolkentürme, zu einer dichten dunkelgrauen Decke zusammengeschoben, pressen die warmen Luftmassen unter sich zusammen. In feuchter Hitze erwarten wir den Donnerschlag. »Weiß …?« Ich komme nicht weiter. »Jaja«, fährt Rudolf gleich dazwischen, »sie weiß.« An der Bushaltestelle zur Lebenshilfe ein dichtes Knäuel wartender Menschen. Einer macht wunderbar weit ausholende Gesten wie ein Dirigent. Manche starren vor sich hin, als hätten sie mit allem abgeschlossen. »Was sagt sie?« Nur der Dirigent lacht. »Es liegt alles bei mir.«

Links die einzige Sterneküche dieser Gegend. Steht sogar im Gourmillion oder wie das heißt. Erich liebt so was: auf riesigen Tellern einsame Kleckse. Einmal war ich mit ihm da eingeladen. Wachtellungenconsommé in der Fingerhutblüte. Schaum von der Doradenzunge an Libellenflügeln. Mangocarpaccio im Senfgrasnest. Tolle Sachen, nur nichts zu essen. »So oder so ist das Leben.« Wir singen:
»Du mußt entscheiden,
wie du leben willst,
rabbeldibumm!«

Rechts das Mahnmal eines überfahrenen Kindes. Sarah. Es wird regelmäßig gepflegt und instand gehalten. Bei Wind dreht sich ein kleines Rad. Heute nicht. Jedesmal frische Blumen. Wahrscheinlich können und wollen die Eltern nicht vergessen. Ob der Täter hier noch langfährt? »Stell dir vor, dein Kind wird umgebracht, nur weil einer ganz schnell zum Fußball will.«

Rein in die Sprache. »Ja, der Wald hier heißt wirklich so. Ein Unfallschwerpunkt übrigens.« Dabei nur eine einzige, sanfte Kurve. Aber genau das ist es: die schnurgerade Piste vor Augen, stemmt der Chauffeur die Beine ins Gas. Dann passiert irgendwas, plötzlich, eine Irritation, ein Wildwechsel, eine Zehntelsekunde unkonzentriert. Bremse, der Wagen bricht aus und schiebt sich – rumms – in die Bäume. Jede Menge habe ich hier schon liegen gesehen, die Karosserie zur Unkenntlichkeit zerschrotet. Hier spricht der Wald eine klare Sprache.

Der Grieche am Heideeck nennt sich neuerdings »Greece Palace«. Ob die selber wissen, was das heißt? Ein Blitz. Aber kein Donner, nicht mal ein Grollen. »Wer ist sie?« Ich sehe Rudolf an. Er hebt die Hand vors Gesicht. »Ach, ein Kind. Ein kleines gesticktes Mädchen von siebzehn! Du lieber Gott, was kleine braune Schuhe! Und diese herrliche Stickerei, die das Kleid bedeckt! Und dieser weißliche Flaum auf den Armen, die schon braun werden! Und diese großen, braunen Eleonorenaugen! Und die breite, schöne Stirn! Und diese Biegung des Florentinerhuts, und wie das Gesicht darunter im Schatten ist, und überhaupt alles!« Rudolf läßt die Hand sinken. Als hätte er das alles buchstäblich nur hinter vorgehaltener Hand sagen können. Ich räuspere mich verlegen. »Also, mein Lieber, so eine Art Lolita-Erlebnis.« Der Himmel ist wie eine Flutwelle, die uns jeden Moment überrollen wird. »Ich glaube«, sagt Rudolf, »ich lasse es bei dem guten Gefühl, einmal angehimmelt zu werden, sein Bewenden haben.«

»Wirst du reden mit dem …, na ja: Kind?« Rudolf hebt die Schultern. »Was sollte ich sagen? Ich glaube, ich bleibe …, sie würde sagen: cool.« Er sackt etwas in sich zusammen. »Das heißt stumm?« frage ich. Rudolf lacht. »Kühlmann-Stumm.« Ich korrigiere: »Von Kühlmann-Stumm.« Rudolf nickt. »Kühl und stumm wie ein Fisch.«

In Beedenbostel weist ein Schild den Weg zum Bauerncafé. Bauern und Café. Schönes Beispiel für eine contradictio in adjecto. »Hier wohnt übrigens die Arabistin, die Tausendundeine Nacht neu übersetzt hat. In einer größeren Gesellschaft hörte ich sie auf die Frage nach ihrem Wohnort antworten: Beedenbostel und Kairo.« Rudolf lacht. Sofort singen wir zweistimmig:

Leyleyleyleyleyleyley,
leyleyleyleyley.
Leyleyleyleyleyleyley,
leyleyleyleyley.
Im Orient gibt's ein Lokal,
das Café Oriental.
Jeder Scheich war schon einmal

im Café Oriental.
Dies Lokal ist ein Magnet,
dort gibt's Frauen ohne Zahl.
Wer sie sucht, ja, der geht
ins Café Oriental.

Wir brüllen aus Leibeskräften, weil es so heiß ist wie in Bagdad und Damaskus zusammen.

Leyleyleyleyleyleyley,
leyleyleyleyley.

An Bäumen rote Zettel mit schwarzer Schrift: Bacardi-Party Xanadu. Jetzt platzt der Himmel. Die ersten Großtropfen klatschen auf die Frontscheibe wie nasse Lappen. Das tote Bahngleis hinter Beedenbostel überqueren wir im Guß. Ich schalte Licht und Scheibenwischer an, fahre langsamer, vorbei an der Biogasanlage. Soll angeblich geruchsfrei sein. Bei Temperaturen wie heute bestätigt sich das nicht.

In Luttern bietet Piet Bombay Schlagzeugunterricht an. Fortschreitende Globalisierung: Bacardi Xanadu. Daneben Kartoffeln zur Selbstbedienung. Linda, die hart umkämpfte. Danach die Kurve, wo der gelbe Mini mit den Rädern nach oben im Wald gelegen hatte, dessen Fahrerin ratlos am Straßenrand stand mit einem ungut verdrehten rechten Arm. In Eldingen ist der Benzinpreis wieder gestiegen. Also morgen früh in Eschede tanken, bei der aufgedonnerten Blonden mit diesen irrsinnigen Fingernägeln. Oder der Preis ist morgen wieder gefallen. An manchen Tagen ändert er sich stündlich. Ich fahre exakt fünfzig, wegen des Starenkastens. »Der Grieche?« Ich schüttele den Kopf. »Den Griechen gibt's nicht mehr. Alles geschlossen und nicht mehr geöffnet. Als Erich Anfang der achtziger Jahre hierher kam, gab es in Eldingen drei Gasthäuser. Der Grieche war das letzte. Jetzt gibt es nichts mehr.« Von Rudolf vernehme ich einen Seufzer. »Vielleicht wird die Familie wieder wichtiger?« Ich äußere Zweifel: »Wenn hier zwei heiraten, schaffen sie sich keine Kinder an, sondern einen DVD-Player.«

Rudolf versucht vergeblich seinen Körper auszustrecken. Mein Wagen ist keine Stretchlimousine. Natürlich haben wir Hunger. »Wo essen wir?« An der Kirchenkreuzung das Schild: Bargfeld 2 km. Ich biege links ab. »Ich habe etwas eingekauft.« Mich behaust in Bargfeld ein großes ausgebautes Dachgeschoß. »Jroßzüjich, immer jroßzüjich«, sagte der Programmheftdrucker in Berlin, als die Subventionen für die Theater noch nicht gekürzt wurden. Erich wird aus Eldingen dazukommen. Ortsschild Bargfeld. In der Linkskurve biegen wir nach rechts ins Beckfeld. Wir singen:

Wo die Heide leer und öd ist,
wo nur wohnt, wer ganz schön blöd ist,
begegnet uns auf Schritt und Tritt
Arno Schmidt Arno Schmidt Arno Schmidt.

Ein ungeheurer Donnerschlag. Fast bebt der Boden. Ein Wolkenbruch schüttet sich über uns aus. Rudolf ahnt etwas. »Fleisch?« Nach dem letzten Haus fliegen die Frösche im Scheinwerferlicht quer über die Fahrbahn in hohen Bögen durch den Regen. Rote und schwarze Nacktschnecken im rechten Winkel zur Straße. Das Getier geht nicht mit dem Menschen, sondern kommt ihm in die Quere. »Rohes Fleisch?« Fast spiegeln sich die Frösche im glänzenden Asphalt. »Rohes Fleisch.« Ich fahre im Schrittempo, aber den einen oder anderen erwische ich wohl doch. Hinter mir eine Todesspur platter Schnecken. »Von Kükemück?«

Wir stehen. Ich schalte Licht und Motor ab. Der Regen trommelt nicht mehr auf das Autodach, er strömt auf uns herab. Gleichzeitig sprechen wir es aus, das oft mißbrauchte Wort: »Sündflutartig!« Jetzt müssen wir im Fluchttempo raus, das Gepäck raffen und ins Haus. »Ja«, sage ich, »von Kükemück.« Ich schaue nach rechts zu Rudolf. Mir stockt das Blut. Er sieht mir ins Gesicht. Sein Kopf ist der eines Fisches. »Rudi«, sage ich und fasse mit der linken Hand den

Türgriff. Ein riesiger Karpfen glotzt mich an. Anstelle der Ohren bewegen sich die Kiemen, das wulstige Fischmaul klappt auf und zu. Das Wasser hat uns vollständig umschlossen. Rudolf steigt aus, schnappt sich Koffer und Jacke von hinten und schaut noch einmal durch das Seitenfenster zu mir herein. Schmodderkarpfen. Dann wendet er den schuppigen Leib und schwimmt mit kräftigen Flossenschlägen auf das Haus zu. Ich muß wohl jetzt für eine Weile die Luft anhalten. Vielleicht besser so.

Florian Kessler

Restliche Vögel

Mein Handy klingelte, der Doktor zuckte zusammen, ich schaute auf die Anzeige, es war Vater. Vater sprach schnell, er fragte, ob Mutter bei mir sei, ich solle ihr ausrichten, daß er jetzt schon hinter Hannover sei und nicht zurückkomme, daß alles vorbei sei, daß er uns für immer verlasse. Ich versuchte, ruhig zu bleiben, ich sagte, daß Mutter drinnen mit den Vorbereitungen beschäftigt und ich gerade draußen sei, »ich stehe hier mit dem Doktor«, sagte ich, »er ist schon seit ein paar Stunden hier, wir sind beim Haupthaus, an deiner Voliere, Mutter kocht, und wir vertreten uns noch ein wenig die Beine, der Doktor erzählt mir Geschichten.« Vaters Stimme zitterte, er fragte, wie es den restlichen Vögeln gehe, ob ihr Zustand sich weiter verschlechtert habe, »aber egal, was der Doktor sagt, egal, wie die Diagnose lautet«, sagte er, »die Vögel sterben in jedem Fall, ich will das nicht, ich komme nicht zurück in den Park.« Er war sehr erregt, er sagte noch etwas, mußte aufschluchzen, legte dann plötzlich auf. Ich steckte das Handy weg und starrte auf die Voliere. Im Dunkel waren nur ihre Umrisse zu erkennen, »das war«, sagte ich zum Doktor hin und versuchte, langsam und beherrscht zu sprechen, »mein Vater.« Der Doktor lachte. »In meinem ganzen Berufsleben«, sagte er, »habe ich noch nie von einer so großen und gut bestückten Einzelvoliere gehört. Und das hier mitten im Vogelpark, einfach hinter dem Haus. Ich verstehe das nicht, ich verstehe nicht, warum er seine Vögel vor dem Publikum verstecken mußte, warum er seine Vögel sogar vor seinen Mitarbeitern versteckt hat.« »Vater«, sagte ich, »verkraftet das alles nicht. Er kann jetzt

nicht bei meiner Mutter und mir hier in Walsrode sein.«
Wieder lachte der Doktor auf, im Dunkeln konnte ich erkennen, daß er sich von mir wegdrehte und durch seine im
Widerschein aufblitzenden Brillengläser hindurch das
Haupthaus mit seinen hell erleuchteten Fenstern in Augenschein nahm. »Ihr Vater«, sagte er nach einer Pause, »ist
richtiggehend weggefahren? Er ist mitten in der Saison einfach von seinem Park weggefahren?« Ich wollte antworten,
mußte aber plötzlich an den toten Königspapagei denken,
der seit gestern abend dort drinnen im Haus auf dem Wohnzimmertisch aufgebahrt lag. Als Vater nach seiner durch-
wachten Nacht heute morgen in aller Frühe den Doktor
angerufen und gesagt hatte, daß er, obwohl er der Direktor
sei, ganz ohne Grund hier in seinem Vogelpark heimlich
Privatpapageien züchte, daß einer verendet sei, daß er Hilfe
brauche, »Sie als unser bester Vogelarzt müssen die Leiche
obduzieren«, hatte er wörtlich gesagt, »dieser Pilz wütet unter meinen Privatvögeln, dieser Pilz vernichtet sie wie eine
Sense das Gras«, war ich in das Wohnzimmer hinüber-
gegangen und hatte den Kadaver des Papageien noch einmal
in aller Ruhe betrachtet. Mit leicht verdrehtem Köpfchen
und schlaffen Flügeln lag der Königspapagei dort in einem
Bett aus Zeitungspapier und Holzwolle, er lag ganz still, es
sah aus, als schlafe er. Ich bückte mich und betrachtete ihn
aus der Nähe, betrachtete die weichen Flaumfedern an der
Brustwölbung, die leicht hervorstehenden, mattschwarzen
Äuglein und die glatten, blaugrauen, vom Verfall leicht an-
gelaufenen Schwingen. Der Pilz war auf den ersten Blick
kaum zu erkennen, er war grau und etwas schaumig, er hatte
das Gefieder an der Kehle des Papageis zersetzt und sich wie
eine Geschwulst um das Schnabelhorn herum gesammelt,
der Schnabel war nur wenig und wie gegen großen Widerstand geöffnet, ich konnte sehen, daß der innere Rachen-
raum ganz verklebt und verwuchert war. Ich starrte in die
Dunkelheit des Schnabels hinab und hing einige Zeit lang
meinen Gedanken nach, dachte wohl auch kurz an Clara,

erhob mich dann irgendwann wieder und starrte aus dem Fenster hinaus in die Röte des Sonnenaufgangs über dem Garten mit der Voliere und den vielen Bäumen, die sie vor den Besuchern des restlichen Vogelparks verbargen. »Ihr Vater«, unterbrach der Doktor meine Erinnerung, »will jetzt nicht bei Ihnen sein? Und wer kümmert sich dann um die Vögel? Die privaten, die öffentlichen? Wer wird morgen die Dienstbesprechung leiten?« Ich erwiderte nach kurzem Überlegen, daß ich das nicht wisse, daß mein Vater fort sei, daß es ihm insgeheim immer nur um seine geheimen Vögel hinten im Garten hinter unserem Haus gegangen sei. Die Beschäftigung meines Vaters mit den Privatvögeln, sagte ich, sei ja schließlich auch ein Geschenk an meine Mutter, »ein Liebesgeschenk«, sagte ich, »wenn die Vögel sterben, dann hat das alles hier zwischen meinem Vater und meiner Mutter und dem ganzen Vogelpark kein Fundament mehr, verstehen Sie?« Der Doktor blickte mich gerade an, »natürlich«, sagte er, »verstehe ich das. Immerhin arbeite ich hier, immerhin bin ich hier der Tierarzt. Tiere sind«, er lachte, »immer Brücken zwischen Menschen. Was natürlich in ganz besonderem Sinn für unsere Sprechvögel gilt.« Ich wollte gerade antworten, daß es, da der Pilz in den letzten Wochen ja fast die gesamte Privatsittichpopulation ergriffen habe und sicherlich bald schon die anderen Volieren erreichen würde, nur konsequent von meinem Vater sei, wenn er die Familie aufgebe und an einem anderen Ort unter anderen Bedingungen von vorne anfange, vielleicht sogar wieder einen neuen Tierpark beginne, als wieder mein Handy klingelte. Der Doktor zuckte zusammen, ich schaute auf die Anzeige, es war Mutter. Sie klang angespannt, sie fragte, ob Vater sich gemeldet habe, »wo steckt er nur«, sagte sie, »wie kann er sich nur so weit von seinen Vögeln entfernen«, kurz schwiegen wir beide, dann sagte sie, daß das Essen fertig sei und wir hereinkommen sollten. Ich legte auf und sagte, daß angerichtet sei. Mit einer Bewegung, die ich seit seiner Ankunft vorhin hier am Haupthaus schon öfter an ihm bemerkt hatte, zerrte der Doktor an seinem Bart, griff sich dann in die Anoraktasche und wühlte nach Zigaretten. Als meine Mutter und ich ihn vorhin begrüßt hatten, war der Doktor enttäuscht gewesen, meinen Vater nicht anzutreffen, er hatte mehrmals gefragt, ob er den Königspapagei wirklich auf sich gestellt und ohne meinen Vater obduzieren solle, und sich dann schließlich ganz alleine am Wohnzimmertisch an seine Arbeit gemacht. Auf seine Nachfragen hin hatte ich ihm erklärt, daß Vater überraschend fortgemußt hätte, hatte aber verschwiegen, daß er vor seiner Abfahrt noch lange in der Voliere gewesen war und meiner Mutter dann gesagt hatte, daß er selbst sich ganz verpilzt fühle, »als würde ich zuwuchern«, hatte er gesagt, »ich muß hier weg, ich muß fort aus Walsrode, ich fahre jetzt fort.« Mutter hatte gesagt, daß er bei ihr bleiben müsse, daß er bleiben müsse, wenn er sie liebe, aber Vater hatte nur auf die Voliere gedeutet und gesagt, daß sie doch wohl wisse, wie sehr er sie liebe, wozu sonst er das alles hier jahrzentelang aufgebaut habe, all die Publikumsvolieren und Gehege, die Privatvoliere, er habe das alles doch immer nur für sie getan. Dann war er abgefahren. Ich mußte an Clara denken, daran, wie sie letztes Jahr, als sie und ich gerade frisch verlobt gewesen waren, eines Abends aus irgendeinem Anlaß heraus über Vaters Vögel gelacht und ich nach einiger Zeit gefragt hatte, was es denn da zu lachen gäbe, ob sie etwa Derartiges nicht für mich tun würde, ob sie sich überhaupt vorstellen könne, was für ein Geschenk von Lebenszeit und Aufwand und Geisteskraft das Vogelhaus und überhaupt der ganze Vogelpark darstelle, meine Worte hatten Clara nur weiter belustigt, sie hatte mich wie im Spaß geboxt und geschoben, als ich dann aber schließlich zu einem Ende gekommen war, hatte auch sie nur schweigend dagesessen und mich von der Seite her angesehen. Der Doktor hatte eine Zigarette gefunden und steckte sie sich in den Mund. Er wandte sich zum Haus um, wollte losgehen, drehte sich dann unschlüssig zurück. »Eine Frage habe ich noch«, sagte er. Er streckte einen

Arm aus und deutete auf die tiefschwarz daliegende Silhouette der Voliere. »Warum«, sagte er, »darf ich die lebenden Vögel nicht sehen? Warum nur den einen Papageienkadaver aufschneiden? Und warum ist die Voliere abgedeckt? So kalt ist es doch gar nicht, um diese Jahreszeit könnten die Sittiche die Nacht doch auch ohne Dämmung überstehen, im ganzen Park, in ganz Walsrode übernachten die Vögel schon seit Wochen ohne Wärmeschutz. Ihre Mutter«, sagte er dann ansatzlos, »ist eine merkwürdige Frau. So schön und zart. Und so still.« Ich lachte blechern. »So ist das eben, die Voliere ist eben abgedeckt«, sagte ich dann und fragte weiter, ob wir nicht noch wenigstens ein paar Schritte durch den Garten gehen wollten, wir hätten den ganzen Abend nur gestanden, »und die ganze Zeit«, sagte ich, »im Angesicht der Voliere, unserer Privatvoliere hier in unserem Vogelpark, fast so, als ob die Vogelhäuser uns Menschen hier draußen gefangenhielten und nicht die Vögelchen drinnen.« Ich ging dann aber nicht los, sondern trat noch näher auf das Käfiggehäuse zu und strich mit einer Hand über den schwarzen Zellstoff der Winterdämmung. Ich wandte mich nach dem Doktor um, undeutlich und irgendwie flimmernd stand er im Gegenlicht und rauchte, wohin er blickte, war nicht auszumachen. Die Fenster des Hauses waren hell erleuchtet, gerade jetzt, als ich zurückblickte, wurde der Vorhang des Wohnzimmerfensters zur Seite geschoben und erschien meine Mutter hinter der Scheibe. Aus der Entfernung heraus konnte ich ihr Mienenspiel nicht lesen, ich sah nur, daß sie ihre Kochschürze umgebunden und das Telefon am Ohr hatte, sie telefonierte mit jemandem, schien aber vor allem zuzuhören, schwieg, näherte sich nun, während sie noch immer meistenteils zu lauschen schien, mit dem Kopf der Fensterscheibe, hielt wohl nach dem Doktor und mir Ausschau. Immerzu mußte ich an Clara denken, seit Tagen, als trüge ich irgendeine Schuld mit mir herum. Jetzt verscheuchte ich meine Gedanken mit einer Kopfbewegung und schaute dann abwechselnd auf den Doktor und meine

Mutter mit dem Telefon am Ohr im Fenster unseres Wohn-
zimmers. Auch der Doktor hatte sie nun bemerkt. »Ihre
Mutter«, sagte er plötzlich, »weint doch, gucken Sie mal,
Ihre Mutter weint, ist das wegen Ihrem Vater, wann kommt
Ihr Vater denn zurück, telefoniert sie mit ihm? Wir sollten
jetzt sofort zu Ihrer Mutter gehen, es geht ihr, glaube ich,
nicht gut.« Ich sagte, daß die Sprechvogelforschungen meines Vaters allesamt nur Liebesbeschwörungen an meine
Mutter gewesen seien, den ganzen riesigen Park habe er für
sie und sich selbst aufgebaut, bei den Privatvögeln habe er
niemals an sich selbst, immer nur an sie gedacht, »wie der
heilige Franz«, sagte ich, »hat Vater seine eigenen Vögel
wieder und wieder sagen lassen, wie wunderbar die Welt
und meine Mutter sind.« Der Doktor sagte nichts, er zerrte
an seinem Bart. »Ich liebe dich«, sagte ich, »das war der erste Satz, den mein Vater jedem seiner Privatsittiche beigebracht hat. Sie müssen sich das vorstellen, eine ganze riesige
Voliere voller Vögel, die, sobald sie meine Mutter bemerken, ich liebe dich, ich liebe dich, ich liebe dich schreien.«
Der Doktor schwieg noch immer, ich trat näher auf ihn zu
und wollte zu sprechen fortfahren, als wieder mein Handy
klingelte. Der Doktor zuckte zusammen, ich schaute auf die
Anzeige, es war Clara. Ich zögerte und hob dann nicht ab.
Das Handy klingelte, ich stand dicht vor dem Doktor, »dieser verfluchte Pilz!« rief ich, »dieser Pilz vernichtet alles,
was zwischen meinem Vater und meiner Mutter und dem
Vogelpark jemals war!« »Wer ist das?« fragte der Doktor
und zeigte auf das Handy, »wer ruft da an?« Er drehte sich
halb weg und blickte zum Fenster, wo meine Mutter noch
immer mit dem Gesicht an die Scheibe gepreßt dastand und
telefonierte oder zumindest jemandem zuhörte, inzwischen
war selbst auf die Distanz gut zu erkennen, daß sie furchtbar weinte. »Das«, sagte ich und schwenkte das klingelnde
Handy, »ist kein wichtiger Anruf«, ich mußte lachen und
klopfte dem Doktor auf die Schulter, »nicht wichtig«, sagte
ich, »nicht wichtig.« Ich überlegte, dem Doktor jetzt davon

zu erzählen, wie Mutter und ich vorhin nach Vaters Abfahrt die Sittiche aus der Voliere freigelassen hatten, wie wir zu ihnen in die Käfige geklettert, wie sie anfangs sitzen geblieben waren und dann, als wir sie mit Besen gescheucht hatten, langsam und zögerlich nach draußen geflattert waren, wie sie wieder und wieder ihr ich liebe dich, ich liebe dich, ich liebe dich auf meine Mutter hinuntergeschrieen hatten. Das Klingeln hörte auf, Clara hatte aufgelegt. »Unsere Privatvoliere«, wollte ich anfangen zu erzählen und beherrschte mich im letzten Moment. »Wir sollten«, sagte der Doktor, »jetzt zu Ihrer Mutter gehen, ich glaube wirklich, es geht ihr nicht gut.« Ich blickte wieder zum Haus, das Fenster war nun leer, ohne ein weiteres Wort zu sagen, ging ich los. Der Doktor folgte mir, ich glaube, er war überrascht, als ich mich plötzlich umwandte, ihm abermals auf die Schulter schlug und sagte, daß die Voliere, vor der wir die letzten Stunden verbracht hätten, völlig leer sei, »meine Mutter und ich«, sagte ich, »wir haben alle Vögel freigelassen, heute Nachmittag, nachdem mein Vater gefahren ist.« »Was?« fragte der Doktor, er wirkte unwohl, irgendwie entsetzt. »Immer«, sagte ich, »wenn die Vögel meine Mutter sehen, schreien sie ihr Ich liebe dich, ich liebe dich, ich liebe dich, deshalb nähert sich meine Mutter kaum einmal der Voliere, sie bleibt im Haus. Heute war sie in der Voliere, heute war eine Ausnahme, den restlichen Vogelpark besucht sie nie.« »Im Haus?« fragte der Doktor. »Sie geht«, sagte ich, »kaum zur Voliere und nicht durch den Vogelpark, sie kann ja nicht einmal Auto fahren, im letzten Jahr hat Clara sie manchmal mitgenommen.« »Wer ist«, fragte der Doktor, »Clara?« »Clara«, sagte ich, »darf nicht mehr aufs Grundstück. Vater und ich wollen nicht, daß Clara den Park betritt, Clara macht die Vögel nervös, die öffentlichen und die privaten.« »Die sterben«, entfuhr es dem Doktor, »doch eh, die sterben doch bestimmt alle.« Er stand jetzt vorgelehnt, irgendwie geduckt, aber trotzdem erregt und beunruhigt. Mutter und ich, sagte ich, seien in die Käfige hineingeklettert und

hätten die Sittiche hinausgetrieben, Mutter sei ganz aufgelöst gewesen, ich selbst dagegen merkwürdig betäubt, fast
schon benommen. »Die Vögel«, sagte ich, »sind noch eine
Weile über uns gewesen und haben ihr Ich liebe dich auf
meine Mutter hinuntergeschrieen, aber sie haben nicht sehr
laut schreien können, weil der Pilz den meisten ja den Schnabel verklebt. Ich habe dann Krach gemacht und sie vertrieben, sie sind wohl zu den anderen Käfigen hingeflogen, was
weiß ich. Und dann sind wir hineingegangen und haben Ihnen, Herr Doktor, den toten Königspapagei vorgelegt, weil
Vater das doch so gewollt hat.« Ich wandte mich um und
ging, ohne weiter abzuwarten, auf das Haus mit seinen hell
erleuchteten Fenstern zu. Der Doktor blieb noch kurz stehen, dann folgte er mir, im Laufen sagte er mehrmals sehr
laut, daß er selbst auch liiert sei, mit einer der Flamingo-
pflegerinnen, »es ist hier draußen so dunkel«, sagte er weiterhin, und dann noch etwas, das ich nicht verstehen konnte.
Ich fragte, was er gerade gesagt habe, aber er antwortete
nicht.

Artur Becker

Der Sachsenhain

Den Rundweg säumen Bäume und Findlinge. Die ganze
Anlage erinnert an eine uralte Kultstätte aus der Zeit der
nordischen Megalithenbauten. Jeder der Findlinge steht für
einen geköpften Sachsen: Viertausendfünfhundert sollen es
gewesen sein – viertausendfünfhundert Findlinge wurden
auf beiden Seiten des Rundwegs aufgestellt, und der führt
um eine Wiese, den allbekannten Thingplatz, herum. Einige
der Steine habe man nach dem Zweiten Weltkrieg weggetra-
gen – wohin, weiß heute kein Mensch mehr.

Der Sachsenhain in Verden an der Aller ist mein Deutschland. Das Städtchen Verden kennt fast niemand, der nicht
mit Reitsport oder Pferdeauktionen zu tun hat. Ach ja! Man
kennt es doch – wegen der lange währenden Kriege zwischen den Franken und Sachsen. In der Verdener Altstadt
gibt es einen Platz, der heißt Lugenstein: Meine polnische
Zunge übersetzt sofort – Stein der Lügen. Genau auf diesem
Platz habe Karl der Große die Sachsen köpfen lassen, heißt
es. Es soll ein Massaker gewesen sein, und der Kirche in
Rom ist es bis heute ein Dorn im Auge, daß einer ihrer besten Zöglinge, nämlich der römische Kaiser und Franken-
könig Karl der Große, ein Schlächter gewesen sein soll. Was
damals, 782, in Verden tatsächlich passiert ist, läßt sich heute
nicht genau sagen. Der Dichter Hermann Löns fühlte sich
immerhin dazu berufen, eine Novelle darüber zu schreiben:
»Die rote Beeke« – der rote Bach, gefärbt vom Sachsenblut.
Seine Sachsen sind Heroen, die ihr Germanien tapfer ver-
teidigen und von den Franken wie Vieh regelrecht zur
Schlachtbank geführt werden. Für die nationalsozialistische

Propaganda war die Novelle ein gefundenes Fressen. Hermann Löns erkannten sie als einen der Ihren und hoben ihn in den Olymp der germanischen Literatur allererster Güte. Der arme Hermann Löns, der 1914 in Frankreich gefallen ist, hat sich bestimmt einen anderen Olymp gewünscht, als er im Himmel von seiner literarischen Heiligsprechung erfuhr – auch wenn sich nicht abstreiten läßt, daß er aus seiner nationalen Gesinnung und seiner Liebe zu Deutschland kein Hehl gemacht hat. Seine Knochen ruhen heute in Walsrode, einem Nachbarort von Verden, aber ob es wirklich seine sind, wissen die Götter. Nur die Nazis waren sich sicher, wessen sterbliche Überreste sie aus Frankreich überführt hatten.

Darf Liebe zum Vaterland strafbar sein? Einem Polen ist es erlaubt, seine Heimat zu lieben – der Deutsche muß sich warm anziehen, bevor er seinem Land seine Liebe erklärt. Er muß sich vorsehen, damit er nichts Falsches sagt, weil ihm sonst schnell bescheinigt wird, er gehöre womöglich der rechten Szene an. Selbst ich, der ich wahrscheinlich Pole durch und durch bin, reagiere auf das Wort Vaterland allergisch. Die sozialistische Erziehung hat mich von jedweder Ideologisierung und Romantisierung geheilt, und das im zarten Alter von fünfzehn Jahren. Dafür müßte ich den Kommunisten eigentlich dankbar sein.

Auf dem Lugensteinplatz wurde bereits im neunten Jahrhundert eine Kirche gebaut und viel später durch einen Dom ersetzt, der von Epoche zu Epoche an Größe und Pracht zunahm. Wer mich zum ersten Mal in meinem deutschen Zuhause besucht, muß den Dom besichtigen, und meistens kommt er aus dem Staunen nicht heraus: »Was? Ihr habt in diesem Kaff so eine riesige Kirche?« – »Ja, haben wir, seit fast tausend Jahren, und müssen gar nicht nach Köln fahren«, antworte ich immer wieder voller Stolz.

Neulich hatte ich wieder Besuch. Jeden Gast schleppe ich auch in den Sachsenhain zu einem Spaziergang. Dort herrscht Ruhe, die Sonne scheint durch die Baumkronen der

Kiefern und Lärchen, man geht zwischen den Steinen und entdeckt plötzlich, daß manche von Ihnen Inschriften tragen.

Zeilen, die ermahnen wollen und bekannt anmuten, sind in elf Findlinge gemeißelt. Wer auf seinem Rundgang im Sachsenhain gegen den Uhrzeigersinn unterwegs ist, wie fast alle Spaziergänger, die vom Autoparkplatz herkommen, gelangt nach wenigen Metern zur ersten Botschaft: »Fürchte dich nicht« steht auf einem Stein. Das sagte ich, als mein Sohn Philip an einem Samstagmorgen 1994 in der Bremer Frauenklinik in der St.-Jürgen-Straße zur Welt kam, in dem Moment, als ich ihn an seinen violett gefärbten Beinchen in die Luft hielt und er schrie und weinte, weil er gerade zu atmen lernte.

Ich wanderte 1985 aus Warmia und Masuren in die BRD aus und begriff sofort: Deutschland zu verstehen ist für einen Polen eine *radikale* Aufgabe. Ich lebte zuerst in einem Jugenddorf, einem Internat in Celle, wo Kinder der niedersächsischen Spätaussiedler Deutsch lernten. Unsere Lehrer und Erzieher hießen mit Nachnamen Göthe, Kaffke oder Römmel. Nur der »Hümmler« fehlte. Frau Kaffke wurde von uns osteuropäischen Aufwieglern, die eine Zeitlang tatsächlich daran glaubten, Kinder deutscher Herkunft und damit Deutsche zu sein, gehänselt: Wir sprachen sie immer mit »Frau Kafka« an, und sie geriet jedesmal außer sich und brüllte: »Ich heiße Kaffke, Kaffke!«

Die Internatsinsassen wollten Metzger und Fußballer werden. Sie sparten ihr Taschengeld für Stereoanlagen und Fußballschuhe – ich für Bier und Zigaretten und Schallplatten und Briefmarken, weil ich fast jeden Tag Liebesbriefe schrieb. Sie träumten von einem abbezahlten Reihenhäuschen oder Golf, ich von einem freien Polen, das nicht mehr im Schatten der Sowjetunion stehen würde. Ich war siebzehn und böse, weil ich von meinen Eltern in ein fremdes Land entführt wurde, weil mein geliebtes Mädchen in Poznań lebte, weil uns der Eiserne Vorhang trennte und weil mich die Sehnsucht zerfraß. Mich hielt nichts in diesem Jugenddorf, in dem ich plötzlich mit Zehnjährigen in einer Klasse sitzen und Deutsch lernen mußte. Ein Alptraum für einen siebzehnjährigen Nonkonformisten, der Wodka und seine Wirkung kannte, der wußte, wie Sex schmeckte, der auf polnisch Gedichte schrieb und sie im Zigarettendunst auf masurischen Dichtertreffen in Iława (Deutsch Eylau) vorgelesen hatte, in der Hoffnung, einmal so zu werden wie all die bärtigen, von der Regierung in Warschau verstoßenen Dichter, deren bunte, von ihren Frauen gestrickte Rollkragenpullover nach Nikotin, Wodka und kaltem Schweiß rochen.

Ein Rumäne, mit dem ich mir in Celle ein kleines Zimmer teilte, quälte mich jede Nacht vor dem Einschlafen mit ein und derselben Frage: Gibt es Gott? Nach wenigen Wochen hielt ich es mit ihm nicht mehr aus. Mein nächster Zimmernachbar war Schlesier, und ich geriet vom Regen in die Traufe. Ihm mußte ich Abend für Abend erzählen, wie Kinder geboren werden. Er glaubte tatsächlich, daß der Fötus im Magen der Frau aufwächst und nach dem neunten Monat ausgeschieden wird. Der Schlesier war vierzehn Jahre alt, als er dank meiner Hilfe eine große Entdeckung machte. Nach dieser revolutionären Lektion widmete er sich der »dunklen süßen Onanie« – ich konnte allerdings kaum eine Nacht durchschlafen.

Ich mußte also das Jugenddorf so schnell wie möglich verlassen, das war mir in kurzer Zeit klargeworden. In einem Internat zu vegetieren war nicht die Freiheit, die mir meine Eltern und die englischen Rockbands versprochen hatten. Im Sozialismus war ich viel freier gewesen als im Westen, denn nun wohnte ich in einer Kaserne mit lauter Metzgern und Fußballern und Onanisten zusammen, die mehr oder weniger gebrochen Deutsch sprachen, genauso wie ich, und ihr Taschengeld für Stereoanlagen sparten. Und sie verliebten sich jeden Tag in ein neues Mädchen, während ich die meiste Zeit in meiner Kammer am Schreibtisch verbrachte, um überschwengliche Liebesbriefe nach Poznań zu schreiben – anstatt deutsche Grammatik zu pauken. Der Schlesier aus Oppeln lachte mich aus, als ich einmal zum verehrten Herrn Göthe, der in den sogenannten Hausaufgaberäumen die Aufsicht hatte, sagte: »Ich gleich komme!« Ich wollte auf die Toilette gehen, und der Schlesier berichtigte mich: »Man sagt: Ich komme gleich!« – »Ausgerechnet du willst mich aufklären?« schoß ich auf polnisch zurück. »Du Verräter!«

Ich ging nach Verden, zu meinen Eltern. Meine Mutter konnte den Direktor eines Gymnasiums davon überzeugen, daß ich es sogar zum Abitur schaffen würde. 1985 gab es in Verden kaum Ausländer. Wurde ich nach meinem Akzent gefragt, erzählte ich immer, ich sei Pole aus Sri Lanka. Das Abitur war für mich kein Spaziergang, aber an der neuen Schule tickten die Uhren ganz anders als im Jugenddorf in Celle. Mein sozialistisch-katholisch geschultes Gewissen wurde einer harten Prüfung unterzogen. Die Schüler durften während des Unterrichts ihre Frühstücksdosen aufmachen und ihre Salamibrötchen verspeisen, in den Klassenräumen roch es wie im Speisesaal, und sie durften sogar, ohne den Lehrer vorher zu fragen, mitten in der Stunde aufstehen, den Klassenraum verlassen und sich einen Kaffee vom Automaten holen. Auf dem Schulgelände gab es eine Raucherecke – für diejenigen, die älter als sechzehn waren; am Technikum in Bartoszyce (Bartenstein) war das Rauchen verboten. Doch das wichtigste war der gymnasiale Geschichtsunterricht: Ich erfuhr, daß in den Konzentrationslagern der Nazis Millionen von Juden umgekommen seien. Ich fragte mich, ob ich im falschen Film saß. Die Kommunisten zu Hause hatten in der Schule vor allem von Polen gesprochen, mochten sie auch jüdischen Glaubens sein – auf dem Papier, in ihren Ausweisen, waren sie anscheinend Polen gewesen. Und als ich mir in der zwölften Klasse den Frank-Zappa-Bart wachsen ließ, sagte meine ostpreußische Großmutter zu mir: »Was tust du da? Du weißt doch, daß die Deutschen keine Juden mögen!« Sie und ich lebten damals hinterm Mond.

Ein Nachbar, ein rüstiger, stets gutgelaunter Rentner, nahm mich oft mit auf ausgedehnte Fahrradtouren. Das erste Wort, das er mir beibrachte, war *Raps*, das zweite *Flieder*. Er erzählte mir auch, wer die Findlinge im Sachsenhain aufgestellt hatte, nämlich die Nazis, und zwar im Jahre 1935. Irgendwann, nach einem Besuch in Bergen-Belsen, fragte ich ihn: »Und ihr habt *wirklich* nichts gewußt?« – »Nein.« – »Und es hat nicht komisch gerochen?« – »Nein.« Eine Buchhändlerin, die während des Zweiten Weltkrieges ein junges Mädchen gewesen war, sagte mir: »Es war alles *so* normal wie heute. Wir haben nichts gewußt.«

Im Sachsenhain feierten diejenigen, die nichts gewußt haben wollten, das Fest der Sonnenwende. Sie marschierten mit Fackeln, schrien »Sieg Heil!« und sangen ihre pseudoheidnischen Schnitterlieder – im Chor. Sie spürten eine unerschöpfliche Kraft in ihren Kehlen, und sie feierten ihr Deutschland auf dem Höhepunkt seiner Macht und Stärke. Sie feierten im Sachsenheim den Herzog Widukind, der sich gegen die Franken und ihren christlichen Kaiser erhoben hatte – zum Schluß, nach seiner Niederlage, hatte er sich in Anwesenheit seines Erzfeindes, Karls des Großen, taufen lassen. Und als frischgebackener Deutscher konnte ich es mir in meinen Anfangsjahren in der BRD auf einmal sehr gut vorstellen, was es hieß, sich stark und groß und unbesiegbar zu fühlen – eine kollektive Einheit zu bilden. Im polnischen Sozialismus hatten wir diese Kraft nie erreicht, nicht einmal unter Stalin. Die Sonne ist in meiner Heimat nie so aufgegangen wie 1933 in Deutschland oder 1918 in Rußland, um eine kurze Zeit im Zenit zu stehen und alles bisher an Gewalt und Abartigkeit Gewesene in den Schatten zu stellen.

Als Verdener Gymnasiast bekam ich es auf einmal mit der Angst zu tun. Was geschah mit mir? Warum fühlte ich mich plötzlich wie ein Zeitzeuge, wie ein Rädchen in der deutschen Geschichte, eine Zelle von Millionen Zellen in diesem perfekt funktionierenden Organismus? Ich wußte, daß ich einen Fehler gemacht hatte. Ich mußte aufhören, wie ein Deutscher zu denken und zu sprechen. Ich war Pole, und ich mußte keine Gewissensbisse haben, weil ich mich vom Sachsenhain angezogen fühlte. Ein Ort zum Spazieren, Entspannen und Meditieren, rechtfertigte ich mich damals. Die Drecksarbeit mußte ich in diesem Fall den Deutschen überlassen. Sie sollten im Sachsenhain aufräumen – nicht ich, der ich in Ostpreußen geboren wurde, als Kind einer polnischen Mutter aus Litauen und eines deutschen Vaters aus Bartoszyce, der sich seiner ostpreußischen Herkunft als Junge hatte schämen müssen. In den Fünfzigern wurde er auf der Straße beschimpft: »Heil Hitler!« begrüßten ihn seine ukrainischen und polnischen Kumpels.

Nun wohne ich schon seit einundzwanzig Jahren in Verden und fahre seit 1998 jeden Sommer nach Warmia und Masuren, wo ich meine Kindheit verbracht habe. »Was willst du in Verden?« fragen mich meine Schriftstellerkollegen aus Berlin oft, als wäre Berlin tatsächlich der Garten Eden und das ultimative Lebensziel eines jeden Menschen. Sie begreifen nicht, wer ich bin und woher ich komme. Sie wissen nicht, daß ich inmitten von Fischern, Säufern, Ertrunkenen, Huren, Katecheten und Vertriebenen aufgewachsen bin – in Warmia und Masuren, wo einst Steine und Kiefern wie Götter angebetet wurden, wovon schon der Tacitus in seinen Reiseaufzeichnungen schreibt. In einem Land, in dem die heilige Maria bestimmt, was es zum Mittagessen gibt. In einem Land, in dem eine Frau die Hosen anhat und kurz vor Weihnachten nach Baden-Baden fährt, um als Altenpflegerin in einem privaten Haushalt zu arbeiten (mittlerweile eine ganz weit verbreitete Praxis in den deutschen Städten), während ihr Mann bei Wodka vom Reichtum träumt. In einem Land, in dem die Männer vor Eifersucht ihre Frauen erstechen wollen. In einem Land, in dem sich die Frauen nie langweilen – in dem sich ihre Männer und

Kinder ständig langweilen. In einem Land, in dem die Kinder auf der Waschmaschine gezeugt werden. In einem Land, das wirtschaftlich mehr und mehr verkommt, weil viele der Männer seit Jahren in Oslo Badezimmer fliesen müssen, um ihre Familien zu ernähren, die sie nur an Weihnachten und in den Sommerferien sehen.

Auf einem anderen Findling steht: »Der Weg mit ihm zum Kreuz.« Und einer meiner auswärtigen Besucher, ein Dichter und Maler aus Frankfurt am Main, sagte mir während unseres Spazierganges, Deutschland sei ein Kreis. Es dulde keine halben Sachen, jedes Vorhaben müsse gelingen und vollständig aufgehen. Ich antwortete fragend: »Sowohl im Guten wie auch im Bösen?« Ja, bestätigte er mir, und das mache diesen Kreis so gefährlich, fuhr er fort, weil ein Kreis *per se* vollkommen sei, wie jede geometrische Figur, und Vollkommenheit dulde keine Schwächen. Ich sagte ihm: »Mein Gott, seid ihr arm dran!« In schweren Zeiten, wenn es darum ginge, als Nation zu überleben, entwickele der Pole einen unglaublichen Kampfgeist, erklärte ich ihm. Der berühmte Säbel werde gezogen, der selbst vor Panzern (im September 1939) und Hubschraubern (im Dezember 1970 in Danzig) nicht zurückschreckte und sie »niedermähen« wollte wie Menschen. Ich sagte außerdem: Doch sobald wir meinen, glücklich zu sein, kehren wir auf dem Absatz zu unserem Elend und Leid zurück, und die Haßliebe zwischen Russen und Deutschen sei uns dann wieder ein rotes Tuch und wir schauten dann, wie schon so viele Male, voller Hoffnung nach Amerika und England, manchmal nach Frankreich. Zur Zeit seien wir in Amerika verliebt, fügte ich hinzu. Aber ein Kreis? Was solle der Pole mit einem Kreis, wenn er am liebsten ein Kreuz trage? Wie der Russe, der stets ein König der Slawen sein wolle. Mein Gast sagte: »Menschen vergehen und leben.«

»Menschen vergehen, leben« – so lautet eine der nächsten Zeilen auf den Findlingen. Andere Sätze sind noch eindringlicher, weil sie sich einem ins Gedächtnis brennen wie Fürbitten: »Mit leiden helfen« oder »Gib Brot«. Und der Kreis schließt sich, nach einem jeden Rundgang im Sachsenhain, mit Vergehen und Auferstehen – dem Leben, und wahres Leben bedeutet in jeder Religion Ewigkeit und bei den Christen Auferstehung. Ich frage mich seit Jahren, was dieser Gedanke vom Vergehen und Leben, sprich von der Auferstehung, mit Deutschland zu tun hat, das 1945 und 1989 wiedergeboren wurde. Dieses Land ist mir eine Insel geworden – eine Heimat. Unsere Politiker tun jedoch so, als wäre die Bundesrepublik tatsächlich für die Ewigkeit geschaffen. Ich muß nicht allzu tief graben, in meiner Biographie, um zu begreifen, wie vergänglich Reiche und Staaten sind. Den Sozialismus, in dem ich geboren wurde und der mich geschult hat, gibt es nicht mehr. Ein ähnliches Schicksal wird auch die BRD eines Tages ereilen, das Kartenhaus wird zusammenbrechen und Neuem Platz machen.

In meinen Gedanken und Träumen begegne ich oft meiner polnischen Großmutter aus Litauen, weil sie wohl am tiefsten von allen meinen Verwandten erfahren hat, was Vergehen und Leben bedeutet, zumal sie als strenge Katholikin an Gott, die Auferstehung und die Ewigkeit inbrünstig geglaubt hat, auch wenn sie im Sterben und nicht mehr ganz Herrin ihrer geistigen Kräfte einige blasphemische Verwünschungen aussprach und die Kirche tatsächlich verdammte, mit Jesus und Maria an der Spitze. Ihren ersten Mann verlor sie bei einem Unfall in einem Steinbruch, kurz vor Ausbruch des Zweiten Weltkrieges. Sie hatte von ihm ein Kind, das sich an seinen Vater kaum erinnerte. Der Junge wuchs während des Krieges auf – bei seinen Großeltern, in der Nähe von Konin in Großpolen, wo die Bauern jeden Tag vor Angst zitterten, erschossen oder in ein KZ verschleppt zu werden, obwohl sie keine Partisanen oder Juden waren. Sie wußten seltsamerweise, wohin die Züge fuhren und warum die Viehwagen so übel rochen.

Als meine Großmutter von fünfjähriger Zwangsarbeit in einem Dorf bei Hannover wieder nach Hause zurückkehrte, wurde sie von ihrem Kind, mittlerweile einem fast zehn-jährigen Jungen, gefragt: »Wer bist du, Frau – *kobieto*?« Doch ihr Mutterherz schlug weiter, blieb nicht stehen. Sie kam nach Zamęty, in ihr Elterndorf, mit einem Mann – sie hatte in Deutschland einen Geigenspieler geheiratet, den Sohn des Postdirektors aus Poznań. Dem Franzosen, der sie um ihre Hand gebeten und der ihr in Frankreich den siebten Himmel versprochen hatte, gab sie 1945 einen Korb. Nein, sie kam zurück nach Polen – zum Ärger ihrer Geschwister, die nach Amerika hatten auswandern wollen, wo es Arbeit gab,aber sie wollte ihren Sohn zurückhaben, und nach pol-nischem, ungeschriebenem Familiengesetz wanderte man damals zusammen aus. Oder gar nicht. Wer dieses Gesetz brach, galt als Nestbeschmutzer.

Als ich fünfzehn war, allein in meiner Provinz- und Ge-burtsstadt Bartoszyce wohnte und auf den Reisepaß und die Ausreisegenehmigung wartete, fragte ich meine Großmut-ter einmal, ob sie die Deutschen hasse. Ich sagte zu ihr: »Schau, eine deiner Töchter lebt in dem Land, das dich von deinem Kind getrennt hat, und ich werde auch bald in dieses Land gehen, weil es meine Eltern so wollen, und deine Brü-der, die zusammen mit dir in Deutschland gelitten und das KZ überlebt haben, verdammen dich bis heute, daß sie mit dir nach Polen zurückfahren mußten. Die Deutschen haben dir die Jungend gestohlen und dich zur Sklavenarbeit ge-zwungen und gesagt: ›Sei froh, daß du überhaupt leben darfst und einmal täglich was Warmes zu essen hast.‹ War-um haßt du sie nicht?«

Ich fragte sie dies kurz vor meiner Ausreise in die BRD. Wir saßen auf zwei Küchenstühlen in meiner fast leer ge-räumten Wohnung, die mir meine Eltern nach ihrer eigenen Ausreise überlassen hatten. Die Möbel hatte ich verkaufen müssen, weil ich Geld zum Leben brauchte. Und um die Reisen zu meinem Mädchen in Poznań bezahlen zu kön-nen. Meine Großmutter, die mit mir des öfteren Pink Floyd und SBB, eine polnische Kultband aus den Siebzigern, hörte, dachte nicht lange nach und sagte: »Du bist so dumm. In deinem Alter war ich auch so dumm! Meinst du, die Deutschen sind Ungeheuer und keine Menschen? Sie haben mir das *Leben* geschenkt, während sie andere totgeschlagen haben.«

Meine Großmutter hieß Natalia Frankowska, geborene Szablewska aus Litauen. Sie wurde sechsundachtzig Jahre alt. Menschen vergehen, leben.

Gabriela Jaskulla

Siebenbirnen

Eine Geschichte aus dem Alten Land

Annafrida wollte ich sie nennen oder Annalena. Da, wo ich herkomme, sagt man zu den Frauen *Frau,* man nennt nur die Männer beim Namen: Zoran, Vladimir, Dragan, aber hier, das habe ich schnell gemerkt, ist bei den Frauen der Name wichtig, zumindest bis sie Mütter sind und alt, dann heißen sie nur noch *Mutter.* Annafrida aber war nicht Mutter, sie war allein, Annafrida wäre gut, Annfrida ohne E bei Frida, damit man den Norden merkt. Wir sind ja hier ganz oben, kurz hinter Hamburg, wo sich die Elbe beeilt, in die Nordsee zu kommen. Sie kann es gar nicht abwarten, doch seit sie den Fluß ausbaggern wie nichts Gutes, ist die Flutwelle, die die See mit dem einlaufenden Wasser vor sich her, landeinwärts drückt, jedesmal ein bißchen höher. Werden noch absaufen hier, sagen die Leute dann, aber sie sagen es gleichmütig. Sind schon mal abgesoffen, vor bald fünfzig Jahren und haben das auch überstanden. Die meisten jedenfalls. Fritzens Kälber wären beinahe draufgegangen, aber Fritzens Faulheit hat sie gerettet: Weil er zu träge war zum Misten, haben die Viecher im Stall auf kleinen Misthügeln gestanden – und überlebt. Das hat den Leuten eingeleuchtet: Zu viel Rummachen ist nicht gut. Trotzdem sind die Deiche seitdem höher und die Häuser noch ein bißchen scheußlicher geworden: mit großen weißen Plastikfenstern, als könnte man damit die Flut schneller kommen sehen. Als wollten sie überhaupt in die Welt hinaussehen, dabei liegt ihnen nichts ferner. Die Altländer leben nach innen. Und jemanden, der wie der junge Nolte mit dem Fernglas auf

dem Deich steht und den großen Containerschiffen nach-
schaut, die aus Singapur oder Hongkong nach Hamburg
einlaufen, den finden sie allemal sonderbarer als die Bergers,
die unten an der Kehre wohnen und deren Rolläden som-
mers wie winters heruntergelassen bleiben an allen Fenstern
im Erdgeschoß. Gibt ja eh nichts zu sehen, sagen die Leute.
Nur scheele Leute glotzen. Und außerdem hält es so die
Wärme viel besser. Das Praktische geht den Hiesigen über
alles. Deswegen auch die Plastikfenster in den alten Häusern, die Aluhaustüren, die Waschbetonwege.

In diese Gegend ist sie gekommen – Annafrida, die nicht
Annafrida heißt. Sie könnte auch Annalena gerufen werden,
weil sie aus dem Osten stammt. Oder Maria oder einfach
Anna. Ein Name mit vielen As sollte es auf jeden Fall sein,
denn ein A macht einen Namen offen, der Mensch steht vor
dir und streckt dir beide Hände hin. So was gibt's hier nicht,
und deshalb würde durch einen Namen mit A gleich klar,
daß Maria oder Anna hier fremd ist. Rund und offen, aber
fremd. Das mit dem offenen A gilt übrigens auch für Früchte,
finde ich. Kann man sich einen Apfel anders als dickwangig
und rot vorstellen? Die Birnen dagegen mit ihrem klein-
lichen I, eingeklemmt zwischen B und R und N noch dazu,
denen hört man schon an, daß sie eher schwierige Früchte
sind, länglich oval, von gelblicher bis grüner Farbe, leicht
oder melonenschwer – empfindlich sind sie alle.

Ich bin auch fremd hier, fremd wie die Frau, der ich noch
einen Namen geben muß, ich hatte viel Zeit, mir Gedanken
über Wörter zu machen, denn viele gelernt habe ich nicht in
den ersten Jahren, also habe ich sie hin- und hergewälzt, die
wenigen, die ich wußte, in meinem Kopf und habe oft ge-
grübelt, ob das Dorf so ist, wie es ist, wegen der Birnen,
denn das Dorf heißt ja Siebenbirnen, und sieben alte Birnbäume gleich neben dem stattlichen Obsthof der Kriegers,
das sind die Wahrzeichen, von alters her. Der jeweilige
Krieger-König – nicht unbedingt der Älteste, aber der
Reichste aus der Sippe – hat dafür Sorge zu tragen, daß die

sieben Birnbäume gepflegt und, wenn sie krank und alt werden, rechtzeitig durch neue ersetzt werden. *Bürgermeisterbirnen* und *Clapps Liebling* stehen da Schulter an Schulter. Nichts Besonderes, aber Edit hat's gegruselt, als sie sie zum ersten Mal gesehen hat. Das war im Februar, und da kann's einen auch gruseln, so nackt und schwarz-weiß steht die Landschaft da. Hier ist ja nichts außer Obstplantagen, kein Wald, keine hügeligen Wiesen und keine Kornfelder, und wenn die Apfelbäume und die Spalierreihen mit Weichobst ihr Laub abgeworfen haben, sieht es aus wie nach einer Brandrodung, die Bäume, die im Lauf der Jahrzehnte immer kleiner geworden sind, bis sie nur noch Mannshöhe erreichen, stehen da wie Gerippe. Und durch die Wettern sickert das Wasser ab, bis es gefriert. Die Wettern, das sind die kleinen künstlichen Bäche zwischen den Obstplantagen, Bewässerungskanäle eigentlich, die mit einer kleinen Schleuse reguliert werden. Wenn es auch um die Wettern geschehen ist, dann steht alles still bis Ostern. Dann schauen die Bauern nach, in welchen von den Gerippensippen noch Leben ist, und ich bin immer noch überrascht, wie viele es schaffen, jedes Jahr. Die meisten schaffen es: *Boskoop, Elstar* und *Renetten* stehen klapperdürr, aber bereit. Sie haben kein Jahr Ruhe. Früher, als die Bäume noch Bäume waren, machten sie alle zwei Jahre eine Pause. Ein Jahr gaben sie Früchte, ein Jahr mickerten sie vor sich hin. Damit ist schon lange Schluß, so, wie hier schon lange keine Bäume mehr in den Himmel wachsen. Mannshöhe, Pflückerhöhe, und gut ist. So, daß man keine Leiter anlehnen muß, um zu ernten, sondern allenfalls die zweistufigen Pflückschlitten. Mit denen geht es rasch hin und her zwischen den Bäumen. Die Bäume sind keine Bäume mehr, sondern Apfelaufhängungen und Birnenaufhängungen für die Pflücker, sie sind sich im Laufe der Jahre auch immer ähnlicher geworden, weil sie alle auf die gleiche Weise ausgeschnitten werden. Das geschieht kurz nach Ostern und noch einmal im Frühsommer. Deshalb haben die sieben Birnbäume in der Kehre etwas Besonderes. Vor allem im Winter, wenn alles starr und hart und schwarz und weiß ist und nur auf dem Deich etwas Müdes, Grünes durch den Schnee schimmert, wie das spärliche Haar eines Bauern, der sich naß kämmt. In solch einem Winter kam die Edit und sah als erstes gleich die sieben Birnbäume vom Krieger-König.

Wie sieben Witwen, die ihre Arme verzweifelt zum Himmel werfen. Zum Himmel *werfen*, so redete die Edit, auch, als sie längst wußte, daß man so nicht spricht. Als sie längst *Bürgermeisterbirne* sagte und nicht mehr *Köstliche von Charneu*. Den Ausdruck, so sagte sie, hatte sie von einem früheren Dienstherrn. Mehr sagte sie dazu nicht. Zum Dienstherrn nicht und nicht zu früher, das war mir nur recht, so stellte sie auch keine Fragen. Edit, ja, so hieß sie, nun ist es heraus, auf die Gefahr hin, daß man sie wiedererkennt, schaden kann es ihr nun eigentlich nicht mehr, und ich kann sie doch nicht anders nennen, Edit, ein altmodischer E- und I-Name, der an Kartoffelsorten erinnert, Edit, wie *Sieglinde*, wie *Selma* – das sind die festkochenden Kartoffeln, oder wie *Irmgard*, wie *Maritta*, die zerfallen, kaum, daß man sie kocht, ideale Kartoffeln für schwere Soßen also, aber wer kocht die hier schon noch? Die Leute, die im großen Gasthaus nahe bei der Fähre einkehren, verlangen Dressings, keine Soßen, und wenn Soßen, dann dünne Plörren, schwarz und traurig wie die Pisse einer kranken Kuh. Da, wo ich herkomme, gibt's Kühe, jede Menge, aber hier nicht, hier würde keiner über den Witz mit der Soße lachen. Weil sie nicht wissen, was gute Tunken sind und was gute Kühe. Außer Edit. Edit, so frisch und weiß wie eine neue Kartoffel. Edit wußte durchaus, was Soßen sind. Wenn sie am Herd stand, das widerspenstige Haar weggesteckt, das Gesicht gerötet von der Arbeit und vom Dampf des Kartoffelwassers, die Ärmel der Kittelschürze hochgekrempelt, wirkte sie gar nicht wie die Fremde, die Pflückerin, die als einzige von den Frauen ganz allein gekommen war, ohne Familie, ohne Geschichte, sondern wie eine, die hierher gehört, eine, der die Küche gehört und die an die Soßen viel Butter gab und dazu so unerhörte Dinge wie Kapern, für den Geschmack, und ganze Pfefferkörner – aber rosafarbene. Das hatte hier noch kein Mensch gekannt. Und wie sie so dastand, mit dem gelben Haar und der hellen Haut, umsichtig, rasch mit den Händen beim Rühren und Richten und Kneten, ganz bei der Sache, lachend, wenn ihr einer was sagte, aber ohne zuzuhören, so beobachteten sie alle. Der alte Krieger lud sich gern Gäste ein, sonntags, nach der Kirche, und oft überraschte er seine Frau, die das gar nicht litt, indem er drei vier fünf hungrige Kirchgenossen mitbrachte, aber das war vielleicht seine Rache dafür, daß sie ihn nicht begleitete zum Gottesdienst, weswegen er, so jedenfalls sein Verdacht, nie mit der höchsten Stimmenzahl in den Kirchenvorstand gewählt wurde, sondern nur mit dem zweitbesten oder gar dem drittbesten Ergebnis. Das wurmte Krieger mächtig, also ärgerte er seine Alte, wo er nur konnte, und brachte Gäste mit. Die sich aber gleich wohl fühlten und alle Peinlichkeit verloren, wenn sie Edit am Herd hantieren sahen. Edit mit ihren Soßen, die es schon gar nicht mehr gab.

Der Kriegerfrau gefiel, daß sie nicht mehr soviel Arbeit und überhaupt keine Verantwortung hatte, denn wenn etwas unerhört schmeckte und ungewohnt und die Leute es befremdet auf dem Teller hin und her schoben, dann war es halt die Edit gewesen, die Zugereiste, was soll man von so einer schon erwarten, die ohne einen Beistand, mutterseelenallein und verschwiegen wie eine Wurzel irgendwoher aus dem Osten kam? – Und wenn es gelungen war, dann hatte sie einen guten Griff getan, mit der Edit wie mit den Feldfrüchten, und die Nachbarinnen gratulierten ihr ein wenig neidisch zu der Tüchtigen und fragten nach Rezepten.

Alle aßen hier immer das gleiche, das war mir aufgefallen, wenn man mal vergessen hatte, welcher Wochentag es war, mußte man nur bis zum Essen warten: montags Kartoffeln mit Apfelmus und Speck und dienstags die Kartoffeln gebraten, mittwochs die Speckreste mit Ei aufgeschlagen und donnerstags eingelegte Rüben. Freitags war Fischtag, die Kriegerin brachte Matjes oder Stinte, die vom Fischkutter weg am Anleger verkauft wurden, und sonnabends wanderte alles, was noch nicht verzehrt worden war, in eine Suppe – die Suppe als Wochenzusammenfassung. Sonntags aber dann endlich der Braten, der Braten, auf den alle hinfieberten, der gehätschelt und begutachtet wurde, gewendet und bewundert, wie ein lieber Verwandter, den man tätschelte: Schön, daß du endlich gekommen bist! Freilich, in die Röhre geschoben wurde er doch. Und dann war Edit an der Reihe, die in der ersten Woche, noch ganz neu und wund vor lauter Fremdheit, ohne zu überlegen, das Herdfeuer heruntergedreht hatte: Nicht so heiß! Sie hatte das mit einer solchen Bestimmtheit getan, daß niemand ihr zu widersprechen wagte, auch die Kriegerin nicht, und so blieb Edit am Herd. Und klatschte in die Hände vor Freude, als sie die Kartoffeln zu Gesicht bekam, die, schon geschält, in einer Schale mit kaltem Wasser schwammen, in dem sich allmählich Stärkeschlieren zeigten wie Fischlaich. Solche prachtvollen Kartoffeln hatte sie noch nie gesehen. Und rund und fest und glatt wie eine Feldfrucht war die Edit, aber das sah man nur im Sommer, wenn sie kurzärmelige Blusen trug: Dann leuchteten die vielen kleinen Leberflecke auf ihrem Hals und auf den Armen. Sommersprossig war sie, aber der alte Krieger behauptete, das seien Lentizellen, Pünktchen wie bei den besten Birnen. Was so eine gute Tafelbirne war, eine *Sommerprinzessin* oder die frühreife *Schmuddelmadame*, die trug so viele kleine Pünktchen auf der Haut. Die Pünktchen, so erklärte der Alte, waren in Wahrheit winzige Löcher, durch die sich die Birne Luft zuführte. Kiemen, wenn's ein Fisch gewesen wäre, Lentizellen, weil's halt Obst war. Dem Alten war der Fachbegriff ein wenig peinlich, nichts verabscheuten die Altländer mehr als solche, die sich mit Wissen brüsteten, und als Angeber galt schon, wer zu seinen *Winterbirne*n etwas anderes als *Winterbirne* zu sagen verstand. Es dauerte ja auch lange, bis sie der Edit *Die Köstliche von Charneu* verziehen, und wenn sie es auch verziehen, so vergaßen sie es doch nicht. Edit, die davon nichts wußte, machte große Augen und lachte und wiederholte das Wort: Schmuddelmadame? In fragendem Ton wiederholte sie das, wiederholte auch das Wort Lentizellen, und der Alte sagte: Ja, ja, so wie deine Haut! Und fuhr ihr mit einem Finger über die Außenseite des Unterarms, und so fing das wohl an mit den beiden. Das war im Sommer. Alle hatten alle Hände voll zu tun, Männer aus Anatolien oder Kurdistan kamen in kleinen Grüppchen mit der Fähre von Schulau über die Elbe oder radelten auf schwarzen Fahrrädern herbei, jeden Tag ein paar mehr. Das waren die Pflücker, die in der Frühe ausschwärmten in die Obstplantagen und sich nicht scherten um die Mücken und die spätabends, wenn es endlich dunkel wurde, auf ihren lichtlosen Rädern wieder irgendwohin verschwanden, den Bögen des Lühedeichs folgend, dem Surren und Sirren der Glühwürmchen, dann irgendwo abbiegend ins Dunkel. Niemand wußte, wo sie schliefen, noch, wo sie aßen. Sie waren stumm und ernst und arbeiteten härter als alle anderen. Die Polen waren geselliger, selbstsicherer, sie kamen schon seit Jahrzehnten und wurden vielerorts begrüßt wie alte Freunde. Bei der spröden Beate und ihrem Mann kehrte das Leben ein, wenn die Männer aus Kattowitz eintrafen, sagten die Leute und redeten hinter vorgehaltener Hand, wenn die Polen abends mit Beate in der leergeräumten Garage hockten und Schnaps tranken. Immer saßen sie in der Garage, auch bei gutem Wetter, die gestapelten Obstpaletten neben sich, als wollten sie nichts sehen noch gesehen werden.

Edit war anfangs abends bei den Frauen, sie half beim Sortieren, aber sie war nicht besonders schnell mit ihren großen, geraden Händen, und die anderen Frauen schickten sie bald wieder fort. Hältst uns bloß auf, geh du nur zum Krieger-König! Dem Alten machte das gar nichts aus, er hatte Edit ohnehin lieber im Haus und ließ sich von ihr nur ein paar ausgesuchte Früchte bringen, die besten, solche, die man früher vor dem Transport mit einem Walnußblatt gekennzeichnet hatte. Dafür waren natürlich nicht die einfachen Kochäpfel und -birnen in Frage gekommen, auch die Eßäpfel, die man den Kindern zusteckte, nicht. Die Walnußblätter wurden zu den besonders feinen Früchten gelegt, zur *Goldparmäne*, zur *Frühen Victoria*, bei den Birnen war es die *Frühe von Trévour*, die sich gern in den Vordergrund spielte, oder die blumig duftende *Duchesse*. Die meisten Birnen, lachte der Alte, waren, wenn man's recht besah, die reinen Franzosenfrüchtchen. Oder besser, belgische Früchtchen, denn aus Gründen, die kein Mensch mehr wußte, hatte die Wallonen vor über hundert Jahren urplötzlich ein wahres Gartenfieber gepackt, das sich nach und nach bis Hamburg ausgebreitet hatte. Und eine Frucht exquisiter als die andere wurde gezüchtet, feinnervige, samtrindige, goldgelbe oder sattgrüne Birnen, flaschenförmige oder kugelrunde wie die noch zarteren Quitten, und das Aroma, das sie verbreiteten, war genauso fein. In die Kiepen geschüttet wurden sie trotzdem und dann mit den Sifften übern Deich getragen, unterschiedslos, um sie auf die wartenden Ewer umzuladen – kompakte, kleine Frachtsegler, die die Häfen elbauf anliefen mit ihrer sommerlich duftenden Last. Vier solcher Schiffe lagen allein in Steinkirchen, zwei im Nachbardorf, immerhin noch eines darüber hinaus, und kein größeres Vergnügen gab es für die Altländer Kinder, als manchmal, viel zu selten, vielleicht nur einmal im Jahr mit einem solchen Kahn nach Hamburg mitzufahren. Die Ewer waren nicht einfach irgendwelche Frachter – es waren hochspezialisierte Schiffe, mit flachen Böden, geschaffen für die seichten Tidengewässer zwischen Cuxhaven und Hamburg, und selbst diese Spezialschiffe unterschieden sich noch untereinander. Langsam, das waren sie alle, aber beileibe nicht nur. Es gab solche, die bei ablaufendem Wasser einfach trockenfallen konnten. Trockenfallen? Wiederholte Edit, und der Alte machte sogar eine kleine Zeichnung, auf der ein Schiff einfach breithüftig auf dem Schlick aufsetzte. Die Leute in den Hamburger Vororten waren darauf eingestellt: Ein solches Schiff konnte von Land aus mit Karren und Pferdewagen gelöscht werden, kein Anleger und erst recht kein Hafen war hierfür vonnöten.

Solche Zeiten waren natürlich lange vorbei, die Ewer lagen bräsig herum, Liebhaberei für ihre Eigner, und nur die großmächtigen Anleger an Lühe, Este und im Borsteler Hafen zeugten von der Zeit, als Schiffe noch gebraucht wurden. Der Alte kam sich noch älter vor, wenn er solche Geschichten erzählte, ihm wurde klar, was er schon alles hatte verlorengehen sehen, und vielleicht war das ja auch das Alter: Ballast abwerfen? Aber andererseits fragte die Edit so viel, das machte, daß er sich lebendig fühlte wie lange nicht mehr, und zog ihn zum Flußufer, wo er seit Jahren nicht gewesen war, und zwang ihn, ihr die Schiffe zu erklären, so gut er es eben vermochte. Gut vermochte er es nicht, er war Obstbauer, kein Schiffer, weswegen er die Rede lieber wieder auf Dinge brachte, von denen er etwas verstand, und so kam es, daß er mit der Edit auf der Deichkrone hockte, auf die großen Schiffe wies und von *Zuckerbirnen* und *Martiniäpfeln* redete, von *Würgekirschen* und *Zwetschen*. Die Kriegergattin sah das alles mit an und war doch weit davon entfernt zu schmollen, denn der gutgelaunte Alte *aus* dem Haus war ihr lieber als der anspruchsvolle Griesgram, der in der Wohnstube die Groschen zählte. Sie hatte nun auch ein bißchen mehr Freiheit, die sie still für sich nutzte, und wenn man es recht besah, hatte sie überhaupt nur Vorteile, und die Edit hatte alle Arbeit und obendrein den Alten am Hals. Das allerdings mochte sich die Kriegergattin nun lieber nicht vorstellen, da verschloß sie ihre Phantasien wie in einer Lade und verbarg den Schlüssel vor sich selbst.

Edit hatte es sich in den Kopf gesetzt, alles aus dem Alten herauszukitzeln. Vielleicht, so dachte ich manchmal, legt sie es so aufs Erzählen an, weil der Alte sie dann nicht anlangen kann? Aber das waren Mußmaßungen, und schließlich: Anlangen konnte er sie ja doch, er war der Herr im Haus, er war auch der Herr im Dorf, und wenn die Edit ihm hätte ausweichen wollen, hätte sie fortgehen müssen, weit fort. Es gab aber kein Anzeichen dafür, daß ihr der Alte lästig oder irgendwie unangenehm gekommen wäre, nein, *mir* war der Gedanke lästig, er fraß sich in meinen Kopf wie eine Zecke, und je mehr ich daran drehte, um mir den Gedanken auszureden, um so schlimmer wurde es. Es brannte, wenn ich daran dachte, wie der Alte und die Edit … Aber diese Gedanken behielt ich für mich, in meinem entzündeten Kopf, schließlich hatte ich mit beiden nichts zu schaffen, außer, daß mir der eine den Lohn zahlte und die andere das Brot vorsetzte jeden Tag. Seit die Edit im Haus war, war es Brauch geworden, daß wir abends alle beisammensaßen in der großen Küche, plötzlich brauchte man die große Küche wieder, und der Alte schaffte sogar ein paar neue Stühle an, damit alle sitzen konnten. In der Küche waren Edit und der Alte Angestellte und Dienstherr, nie lächelten sie sich zu, und nach der einen Geschichte mit den Lentizellen sah ich auch nie wieder, daß er sie irgendwie berührte. Sie schauten sich nicht einmal an, sie arbeiteten nur nebeneinander her, und so kam es, daß mir ihre tägliche Rückkehr von den gemeinsamen Spaziergängen als der Moment der größten Intimität erschien. Nie sah ich die Edit anders als lachend zurückkommen, und Krieger ging jedesmal ein bißchen flotter und ein bißchen aufrechter, und einmal sah ich ihn mit Edit auf der schmucken weißen Holzbrücke über der Lühe stehen und mit seinem Stock weit ausholen. Ich kriegte schon einen Schreck und fürchtete, er würde ihr was antun, aber er warf den Stock nur in hohem Bogen ins Wasser und lachte, daß die ganze Entenbrut und das elende Möwenpack hysterisch aufflog und flüchtete. An diesem Tag brannte mein Kopf besonders schlimm. So schlimm, wie er nicht mehr gebrannt hatte, seit ich Dana und die Kinder hatte zurücklassen müssen bei Susak. Kommst du wieder? Hatte der Kleine gefragt. Ich hatte ja gesagt. Dafür hasse ich den Krieg auch: Er macht uns alle zu Lügnern, selbst wenn er längst vorbei ist. Aber er ist ja nicht vorbei, nie.

Irgendwann gewöhnte sich die Edit an, zu mir zu kommen, am Sonntag vor allem, wenn der Alte nach dem Braten seinen ausgiebigen Mittagsschlaf hielt und in der Julihitze alles stillstand. Warum sie mich aussuchte, weiß ich nicht, vielleicht, weil ich fremd war wie sie, mir wie sie von allem erst langsam einen Begriff machte und dennoch, anders als die Saisonarbeiter, fest entschlossen war zu bleiben. Mein Zuhause gab es ja nicht mehr, zerstört, zerbombt, in Schutt und Asche gelegt, wo sollte ich da hin? Wenn man hier lebte, konnte man das vorübergehend vergessen, denn das Außen spielte hier keine Rolle, höchstens die Wirtschaftsnachrichten. Aber auch hier interessierte die Leute nicht das große Ganze, meine Fragen, wie dieses und jenes funktionierte, beantworteten sie mit einem Achselzucken, und dieses Achselzucken war kollektiv, so, wie sie es überhaupt liebten, alle zusammen zu reagieren, es war wichtig, sich zu vergewissern, deshalb tauschten sie nur Nachrichten aus, bei denen sie sicher sein konnten, daß die anderen ihre Meinung teilten: Absonderliches und Abstruses, kleine und große Skandale, die immer »von denen da oben« handelten, also von denen, die weit fort waren. Man konnte, wenn man ihnen zuhörte, beinahe vergessen, daß wir im 21. Jahrhundert lebten, daß nur zehn Kilometer weiter um ein Kernkraftwerk gestritten wurde, daß dieselben Männer, die auf den Höfen ratlos über die in Brüssel schimpften oder über die in Berlin, als seien das Außerirdische, nicht zu verstehende Wesen, sich fünf Tage in der Woche auf die überfüllte Kreisstraße in Richtung Hamburg warfen, dem sicheren Stau entgegen: Jeden Morgen passierten die Männer, die ihr Brot als Angestellte und nicht auf den Bauernhöfen verdienten, einen der modernsten Betriebe des Landes, die große Flugzeugwerft bei Hamburg, und immer wieder passierte es, daß dort, wie zum Beweis ihrer Existenz mitten im Obstmarschenland, gelegentlich ein neugebautes und noch nicht einmal lackiertes Flugzeug über die Straße geschoben wurde, mitten am Morgen, von der Landebahn gleich neben der Elbe, vor die Hallen hinter der Kreisstraße. Es war ein seltsames Bild: die noch nackten, gewaltigen Airbusse, flankiert von blinkenden, kleinen Begleitfahrzeugen und, ohnmächtig wartend in ihren Mittelklassewagen, die Altländer auf dem Weg zu ihren Arbeitsplätzen, jeder für sich, jeder eine kleine gestaute Wut im Audi oder Opel. Aber auch das beschäftigte die Altländer nicht weiter. Sie schimpften beim Abendessen über den täglichen Stau, mehr nicht. Nach dem dritten Bissen hatten sie es vergessen, um sich am nächsten Morgen mit derselben mannhaften Sturheit wieder allein in ihren Wagen zu setzen und todsicher in den nächsten Stau an derselben Stelle zu fahren. Inzwischen legte die kleine Fähre am Lüheufer ab. Sie brachte ihre vier oder fünf Passagiere über die Elbe nach Hamburg. Aber Fähren fahren, hatten die Leute beschlossen, das war etwas für Touristen und höchstens noch für solche, die ihren Führerschein hatten abgeben müssen, die »ihren Lappen los waren« wie Sven oder Jens oder der Breckwede, aber der war nicht von hier. Man brauchte nicht zu wissen, daß eine Sonde auf dem Mars gelandet und das Erbgut des Menschen entschlüsselt worden war. Man brauchte nicht zu wissen, wo der Kongo war und welche Steuervorteile es gab für naturnahen Landbau. Die Altländer kümmerten sich nicht um die Welt. Unter Geschichte verstanden sie ihr Erbteil und unter Zukunft die Marktaussichten für ihre Früchte. Die Welt existierte nur als Gegenwart, und die Gegenwart reichte von Stade bis Hamburg, die Welt, das war ihr Land, das Ole Land, das sie dauernd modernisierten und das doch nie in der Gegenwart ankam. Vielleicht spürten sie, daß sie immer noch *hinten dran* waren und rissen deshalb mit solcher Wut Vergangenes aus: Die strohgedeckten Häuser riß man ab, sobald sich eine Gelegenheit bot, Wiesen wurden zu Rasenflächen getrimmt, die alten Obstscheunen zu Carports umgebaut, neben den Reihenhäusern verholzten unbeachtet die letzten alten Obstbäume.

Auch bei Kriegers war das so gewesen, aber jetzt schien es, als sei mit Edit etwas Neues gekommen. Eine Gegenbewegung, ein sanfter Luftstrom nur, wie der Südwind, den im August alle ersehnten, weil er Regen brachte, den die nun reifenden Äpfel dringend benötigten. Wenn Edit zu mir kam, erzählte sie weiter, was ihr der Alte erzählt hatte, sie mußte es ja schließlich loswerden an irgendwen. Die Frauen im Dorf lachten, wenn sie wieder einmal Fehler machte, sie beobachteten sie jetzt genau, seit sie vom ehemaligen Schweinestall ins Haupthaus, direkt zu Krieger, gezogen war. Edit erzählte von wundervollen Apfelsorten, die niemand mehr kannte, oder von hochstämmigen Quitten, schön wie Landedeldamen. Edit mochte alle Früchte, außer den Kirschen, ich weiß nicht, was sie gegen das Steinobst hatte. Sonst war sie nicht so. Einmal fragte ich sie, da saßen wir vor Kriegers Terrasse im Garten. Auf die Terrasse mit den weißen Holzmöbeln trauten wir uns nicht, auch Edit nicht, obwohl sie doch jetzt im Haus wohnte, ganz offiziell, aber nur im Haus fühlte sie sich sicher, durch den Garten und über die Terrasse huschte sie nach wie vor wie ein Tier. Was hast du bloß mit den Kirschen? Fragte ich sie also. Und dann sah ich plötzlich, daß Edit dasselbe Gesicht machte wie damals, bei den sieben Birnbäumen, es war ihr Fremdengesicht, ein Angstgesicht, das ich nicht mehr wiedersehen wollte, obwohl es mir vertraut war, vertrauter, als ich es wahrhaben wollte. Edit machte das Gesicht, das ich aus meiner Heimat kannte, das Gesicht, das Frauen tragen, wenn die Soldaten kommen, die eigenen oder die anderen, Angst haben sie immer. Edit sah, daß ich sie erkannte, schüttelte sich ein bißchen und lachte. Schau doch selbst! Sie sprang auf und lief auf die Terrasse zurück. Ich sah, daß sie diese Pünktchen, von denen Krieger immer redete, auch auf den Waden hatte. Sie wies auf die weißen Holzmöbel – und selbst ich erschrak, als ich nun neben sie trat und hinschaute: Die weißen friesischen Stühle, die große Bank und der schwere Tisch waren übersät mit Kirschenflecken, dunkelrot und satt war es über das Holz gespritzt, auf den Boden, da und dort hatte sich eine kleine Lache gebildet. Auf der Terrasse sah es aus wie nach einem Massaker. Edit hatte das Lachen aufgegeben, sie flüsterte nur: Siehst du ... Das kommt von den Staren, sagte ich und zeigte ihr, wo die Mistviecher saßen: Im alten Birnbaum versteckten sie sich und im Holunder, von Juni an waren die Stare die größte Plage im Alten Land. Die *Spreen*, sagten die Leute voller Verachtung. Ich weiß, sagte Edit, ich weiß, aber es hilft nichts, daß ich weiß ... Und wir beide schraken zusammen, als nun so eine Starenhorde, kein Mensch weiß warum, irgendwo aufflog und davonstob, schwarze, schmutzige Kratzer am blauen Himmel. Die *Spreen* haßte Edit seltsamerweise nicht, obwohl sie viel Schaden anrichteten und die Bauern zu den absonderlichsten Schutzmaßnahmen für ihre Kirschbäume trieben. Neuerdings waren sie darauf gekommen, die Bäume einzunetzen, aber dieses Verfahren war aufwendig und teuer, ein Umstand, der die Bauern weitaus mehr störte als die vielen Singvögel, die sich in den Netzen verfingen, sich nicht mehr zu befreien wußten und jämmerlich piepsend verendeten. Mit Singvögeln, mit Ammern und Nachtigallen, konnten sie ohnehin nicht viel anfangen. So ein Gepiepe hatten wir lange nicht!, sagten sie nur, halb bewundernd, halb tadelnd, wenn die Rede von den morgendlichen Vogelkonzerten ging. Keine dreißig Jahre zurück, so erzählte uns die Kriegerin eines Abends beim Beerenverlesen, hatte in den Obstmarschen eine gespenstische Stille geherrscht, eine Totenstille geradezu, denn, immer auf der Suche nach noch höheren Erträgen, hatten es die Bauern beim Düngen und Spritzen der Pflanzen übertrieben, die Plantagen hatten nach beißendem Karbolineum gestunken, und so waren erst die Störche fortgeblieben, dann die anderen Vögel, bis auf die Enten, die von den Touristen angelockt wurden oder umgekehrt. Das war nun vorbei, neue Gesetze hatten strenge Umweltauflagen gebracht, die die Bauern, ohne zu murren, erfüllten, aber sie hatten keine rechte Meinung dazu, denn auch das kam von denen da oben, von denen, die weit weg waren und die keine Ahnung hatten von ihnen, und das hieß ja wohl: vom Leben. Seitdem waren die Netze in Mode gekommen, das böse Geknatter der Schreckschußanlagen ertönte nun seltener, was hatte ich mich in den ersten Jahren hier erschrocken, als Morgen für Morgen diese Salven in den Plantagen losgingen, an Schlaf war nicht zu denken, und spätabends, wenn das Geballer endlich verstummte, brauchte ich lange, um mich zu beruhigen, und mußte mir einen kalten Lappen auf die Stirn legen, aber die Augen schließen durfte ich auf keinen Fall. Die anderen wußten ja nicht, woran es mich erinnerte – obwohl es seltsam ist, denn die Alten hier hatten ja auch ihren Krieg, und bei großen Feiern, nach dem Nachtisch und dem dritten Cognac reden sie von nichts anderem mehr. Einmal, ich war beim Rasieren, platzte eine besonders bösartige Salve mitten in meine Schläfrigkeit, und ich schnitt mich tief in die Wange. Da begann ich zu zittern, ich kriegte mich gar nicht wieder unter Kontrolle. Insofern war niemand froher als ich, daß nun mehr und mehr eingenetzt wurde und daß manche sogar auf die ganz alten Methoden zurückgriffen: Ein paar Wochen später saß ich mit Edit hinterm Haus auf einer Bank, als plötzlich, mitten in der Sonntagsstille, Fritz aus seiner Haustüre fuhr wie der Leibhaftige. Der Teufel schrie und brüllte, und in seiner Hand bewegte er heftig eine laut knarrende Ratsche: Rah-rah-rah! Brüllte Fritz und schaute sich mit einer Wildheit um, die ich ihm nicht zugetraut hatte, und nun kam Lina hinter ihm her, auch sie gestikulierend und schreiend und mit den Armen fuchtelnd, als wollte sie einem Bienenschwarm entrinnen. Als sie uns entdeckten, war ihnen das keineswegs peinlich – im Gegenteil, sie forderten uns auf, mitzumachen. Und so schrieen und stampften und trommelten wir zu viert, und hinterher gab Fritz einen Korn aus: Das war die alte Altländer Methode, die Stare zu vertreiben, wobei das mit dem Korn nicht notwendigerweise dazugehörte.

Der Sommer war lang und aufreibend, denn außer dem Steinobst, das jetzt reif war, den empfindlichen Brombeeren und den noch heikleren Himbeeren waren obendrein die Besucher zu versorgen, Tagestouristen, zumeist aus dem Hinterland, manchmal sogar aus dem Süden, die nicht nur Kaffee trinken, sondern auch irgendwie unterhalten werden wollten. Die meisten hatten Busreisen gebucht, im Frühjahr noch, um die berühmte Obstblüte anzuschauen, im Juni, um Erdbeeren selbst zu pflücken, und sie merkten immer zu spät, daß ihnen das Blütenanschauen nicht reichte und daß sie vom Erdbeerenpflücken Rückenschmerzen bekamen. Dann trugen sie ihre Unzufriedenheit auf die Höfe, wo die Menschen, jetzt in der Hochsaison, viel zu tun hatten, und verlangten Aufmerksamkeit. Und kehrten nach ein paar Stunden nach Bremen, Hannover und Kassel zurück mit der Einsicht, daß *der Altländer* ein sturer und maulfauler Gesell war, und nahmen sich vor, das nächste Mal an den Bodensee zu reisen oder gleich zur Landesgartenschau in die Hauptstadt, wo man mit einem Kombiticket alles, wirklich alles geboten bekam.

Der alte Krieger verzog sich tief ins Innere des Hauses, wenn die Touristen kamen, und verwünschte alles: das in diesem Jahr ausnehmend gute Wetter, die Idee seiner Frau, Kaffee und Hofkuchen anzubieten, die vielen Radfahrer auf dem Deich und die alternden Damen, die ihre Stöcke beim Nordic Walking in den Boden rammten, wütend und unnachsichtig wie gerade Verlassene, er verfluchte die kreischenden Möwen und die bellenden Hunde und die verdammten Stockenten dazu, die den Anleger bei der Fähre zuschissen, er reckte die Faust gegen das Gegreine fremder Kinder und die Tatsache, daß er seine eigenen viel zu früh weggeschickt hatte, ins Internat, damit sie mehr lernten als ihr Vater. Nun waren sie weg, in Süddeutschland, und versprachen zu jedem Weihnachtsfest zu kommen, bis wieder, wie an jedem Weihnachtsfest, etwas dazwischenkam. Er verwünschte das alles so lange, bis es endlich wirklich zu regnen begann, und wenn es drei Wochen am Stück regnete, dann war endlich Ende September, die Sonne brach noch einmal durch, und für Krieger begann die schönste Zeit des Jahres: die Apfel- und Birnenernte. Wochenlang arbeiteten wir von morgens bis abends, pflückten, sortierten und schichteten Obst in die Steigen. Die kleinen Traktoren, die in den schmalen Wegen der Plantagen fahren konnten, waren bis weit in die Dunkelheit hinein unterwegs und kamen spät, die Lichter aufgeblendet, auf die Höfe zurück, die dikken Reifen schwer vom Marschboden. Morgens lag Nebel wie ein Kokon auf den Obstbäumen, ein sehr viel zarteres Gespinst als die Netze, die nachlässige Bauern nicht abgenommen hatten und die der Herbstwind jetzt von den längst abgeernteten Kirschbäumen fegte. Dann begleitete ein stetes Prasseln und Knacksen unsere Arbeit, unterlegt vom sanften Brummen der kleineren Traktoren: Nun wurde in den Plantagen das Altholz geschnitten und geschreddert. Der November kroch in seinem schwärzlichen Dunkel heran, die Deiche vermoderten vor Feuchtigkeit, die Schnellfähre, die Besucherscharen von Hamburg brachte, stellte ihren Betrieb bis Ostern ein. Nur das Tuten der großen Schiffe im Nebel zeigte, daß da noch Leben war auf dem Fluß, daß da hinten, irgendwo in der großen, weißen Stille, das gegenüberliegende Ufer sein mußte. Im Novemberschweigen hörte man auch die Schiffsmaschinen deutlicher: das sonore Brummen der großen Containerschiffe und das emsigere Tuckern der kleinen Frachter. Nacht für Nacht war das so, als fertigte einer mitten auf dem Fluß mit einer gewiß riesigen Nähmaschine Kleider für den Winter. Auf dem Land stand alles still. Nun bist du wieder Mensch, sagte Edit eines Tages zärtlich zu Krieger, und ich hielt den Atem an, denn niemand durfte den Krieger kritisieren, und schon gar nicht öffentlich. Ich – ein Mensch? lachte Krieger aber nur, wenn du dich da man nicht täuschst! Komm her, ich zeig dir was! Wie angesogen ging ich den beiden nach, dabei war klar, daß er nur Edit aufgefordert hatte, mitzukommen, aber das kümmerte mich nicht, und auch die Kriegergattin trocknete ihre Hände ab und schloß sich uns an. Krieger ging behende zur Scheune, deren Tor offenstand, machte Licht und trat zur Seite. Ich konnte nichts Besonderes sehen, aber Krieger wies mit wichtiger Miene auf eine Obststeige, die er mitten im Raum auf ein paar Tischen aufgebaut hatte. Die Obststeige war schräg gestellt, so wie bei den Ständen am Straßenrand, die abgepackte Früchte für die eiligeren unter den Touristen anboten, aber es lagen nicht sehr viele Früchte auf der Obststeige, es waren auch nur Äpfel und Birnen, und sie alle waren sorgsam angeordnet. Hier! Sagte Krieger in einem Ton, als würde er wichtige Bekannte vorstellen, da hast du's: Das sind alles alte Altländer Obstsorten! Und es gibt noch viel mehr! Du hast doch so viel Spaß an so 'nem Zeug. Er schob Edit vor die Obststeige. Die strahlte tatsächlich wie ein Kind am Weihnachtsbaum. Sie faltete ihre großen, geraden Hände vor dem Bauch und sagte: Ach, Josef … Ich zuckte zusammen. Ich merkte, daß ich noch nie Kriegers Vornamen gehört hatte. Niemand nannte ihn beim Vornamen, die Nachbarn nicht, auch die Kriegergattin nicht. Die stand jetzt neben mir, mit einem Gesicht wie eine zu lange gekochte Kartoffel, und sagte gar nichts. Unwillkürlich waren auch wir näher getreten. Die strahlende Edit und der irgendwie feierliche Alte – plötzlich kam ich mir vor wie in einer Kirche, und Edit und der Alte waren das Brautpaar und die Kriegerin und ich die Trauzeugen oder die Gelackmeierten, ganz, wie man will. Edit wandte sich zu Krieger: Nun sag aber auch, was das für welche sind! Ich schüttelte mich ein bißchen, und der Altar wurde wieder zum alten Holztisch, auf dem eine wackelige Steige stand. Für mich sahen die Äpfel alle ziemlich gleich aus. Und die Birnen auch. Im Grunde war es noch vertrackter, denn manche Birnen ähnelten durchaus Äpfeln und umgekehrt. Und viele der Früchte waren eigentlich ziemlich unansehnlich, bräunlich und dickrindig, gar nicht so proper und glänzend wie das Obst, das wir gewöhnlich pflückten. Dat ole Zeuch! rief die Kriegerin plötzlich, die sonst nie platt redete, drehte sich auf dem Absatz um und verschwand. Die anderen beachteten sie gar nicht. Edit berührte mit einem Finger eines von den schmuddeligen Dingern. Eine *Doppelte Wried*, sagte der Alte. Aus der Cranzer Gegend. Eine Kochbirne, schön haltbar! Edit wies auf eine kleine, grüne, feste Birne: *Castens Zuckerbirne*, erklärte der Alte, auch schön nussig im Geschmack. Und die dicke mit der abweisenden Schale, die aber beim kleinsten Druck nachgab, das war eine *Klinkbergamotte*, nur zum Kochen und Dörren zu gebrauchen – dann aber unübertrefflich –, und das hier, das war überhaupt das beste, *Taukokers Birne*, die war unbedingt vonnöten für den Weihnachtseintopf und machte, daß das Fleisch einen leichten Muskatgeschmack abbekam. Dörren? Fragte Edit, die manchmal bei den Wörtern nachfragte, bei denen man es nicht vermutet hätte, aber der Alte war jetzt schon bei den Äpfeln, suchte zwei aus und hielt sie Edit vor die Brust: Dieselbe Vielfalt bei den Äpfeln, ach, was red ich: noch mehr! Vor fünfzig Jahren hat man hier noch an die achthundert Apfelsorten gezählt und immerhin hundert Birnen! Und jede für irgend etwas gut, keine zwei gleich! Er lächelte leicht, als er mit den Äpfeln in seiner Hand Edits Jacke berührte. *Stina Lohmann*, sagte er, und einen verrückten Moment überlegte ich, ob sie einmal eine Geliebte von Krieger gewesen war, aber natürlich redete er nur von Äpfeln, *Stina Lohmann* und *Zippelapfel* – dazu fällt einem doch gleich etwas ein, oder nicht?!

Der Übermut ritt ihn. Als hätte er sich zu lange zwischen gärenden *Gravensteinern* aufgehalten, und ich machte, daß ich davonkam. An jenem Abend steigerte sich das schon gewohnte Kopfweh zu einer fürchterlichen Migräne. Die Kriegerin hielt mir den Kopf, als ich mich in der Nacht stundenlang übergab. Ich hatte nicht gewußt, daß sie mitleidig sein konnte. Wir waren es beide miteinander.

Edit kochte am nächsten Tag ein, zum Abendbrot gab es Pellkartoffeln und Apfelmus, aber am Morgen darauf hatte sie eine Überraschung: Aus der *Doppelten Wried* hatte sie mit Hilfe von Zucker und Butter einen Aufstrich gemacht, der auf geröstetem Brot köstlich schmeckte. Bereitwillig schnitt die Kriegerin noch ein paar Scheiben mehr vom Graubrot ab, nur Edit würdigte sie keines Blickes. Und dann begannen die Festwochen, anders kann ich es nicht sagen. Die olle *Doppelte Wried* hatte sie auf die Idee gebracht: Von jetzt an kochte Edit mit Äpfeln und Birnen. Und wie sie kochte! Am Anfang hielt sie sich noch an die althergebrachten Rezepte, an *Birnen, Bohnen, Speck* oder *Pikante Apfelsuppe*, aber damit war sie schnell durch, zumal ihr auch die Nachbarsfrauen, die zunächst eifrig souffliert und auch Geselchtes, Speck und Schnibbelbohnen geliefert hatten, irgendwann aufgeschmissen waren und nicht zu sagen wußten, woher um Himmels willen man hier die großen *Hasenköppe* kriegen sollte oder die *Gute Graue*, die schon seit Ewigkeiten kein Mensch mehr hatte essen wollen. Aber Edit ließ sich nun nicht mehr abhalten; ermutigt von Kriegers funkelnden Augen, vom Ah und Oh der Pflücker und Sortierer, nahm sie sich den Kleinwagen, den die Kriegerin ihr mürrisch überließ, und fuhr über Land. Und brachte neben nie gesehenen Feldfrüchten auch verrückte Geschichten mit, die sie abends, beim Schnippeln des Gemüses und beim Schälen der Kartoffeln zum besten gab, der Alte immer dabei, der Alte immer an ihrer Seite, nie vorher hatte man den Alten so oft und so lange in der Küche sitzen sehen. Einmal, so schwor Ivar, hatte er ihn sogar mit einem Küchenhandtuch über dem Arm erwischt. Dabei mußte jetzt keiner mehr abtrocknen, seit der Alte eine Geschirrspülmaschine angeschafft hatte, damit sich die Edit nicht mehr mit solchen Nebensächlichkeiten aufhielte. Die Kriegerin sah es und wurde ganz finster und lachte auch nicht über die Geschichten, die Edit erzählte. Du weißt so viel! sagte Edit an diesem Abend zum Alten, aber ich wette mit dir, daß du nicht weißt, was eine *Prasselbirne* ist! Der Alte grübelte und grübelte, er hielt sich viel auf sein Gedächtnis zugute, das ihn in all den Jahren auch nicht einen Gläubiger und einen säumigen Knecht hatte vergessen lassen, kein Versehen der Kinder und keine Unachtsamkeit der Frau, Kriegers Macht beruhte, mehr als auf schierem Geld, teils auf seinem herrischen Temperament, teils auf seinem Gedächtnis – aber jetzt fiel ihm nichts ein. Weiß nicht! sagte er schließlich erwartungsvoll. Und Edit beichtete lachend, wie sie seit Wochen hinter der mysteriösen Birne her war, um damit eine ganz bestimmte Birnenpfanne zuzubereiten, bei der in einer gebutterten Pfanne auf einem Bett von gehobelten Äpfeln dünne Scheiben Weißbrot gelegt werden, auf die die gekochten Birnen geschichtet werden, um diese wiederum mit Schinken, einer zweiten Schicht Birnen und Apfelscheiben zu bedecken. Vier verrührte Eier darüber und für ein paar Minuten in den vorgeheizten Ofen – nur, daß der Wilmenrod-Bauer, von dem sie das Rezept wußte, darauf schwor, daß es unbedingt *Prasselbirnen* sein müßten. Bei den Äpfeln, gut, da könne man noch einlenken und neben dem *Boikenapfel* zur Not einen *Prinzenapfel* nehmen, aber bei der Birnensorte kannte der Mann kein Pardon. Und Edit suchte und suchte. Bis sie sich ein Herz faßte und den Rezeptlieferanten selbst um Rat fragte, wo man denn diese besonderen Birnen kriegen könnte? Da führte sie der Mann hinter sein Haus, wo ein altersschwacher Schuppen mit einem Wellblechdach stand. Neben dem Schuppen ein stattlicher, knorriger Birnbaum. Die *Prasselbirnen* hatte sein Ältester so getauft, weil die reifen Früchte immer mit einem Mordsradau auf das Wellblechdach des Schuppens geprasselt waren ... Krieger besah sich die Früchte, die Edit nun aus einem Korb klaubte und ihm unter die Nase hielt. *Madame Verté* sagte der Alte nach einigem Nachdenken, eine ganz robuste Madame! Nicht zu unterschätzen! Wächst zur Not auch als Spalierobst, und es ist verteufelt schwierig, den richtigen Moment zur Ernte zu erwischen. Erst mußt du dich ganz schön ranhängen, um sie zu pflücken – oder sie hagelt nur so runter, stimmt's, und dann ist alles zu spät! Einen großartigen Birneneintopf gab das, mit Schweinefleisch und Kartoffeln, und es wäre eine derbe, simple Sache geblieben, hätten nicht die festen, unscheinbaren *Madames* dem Gericht alles Rustikale sanft ausgetrieben: Das Fleisch schmeckte ein wenig süßlich, nach Muskat, nach Vanille, die Kartoffeln schmiegten sich willig in den Saft der Früchte, und von der Soße blieb nicht ein Fitzelchen übrig. Die Kriegerin hantierte hinterher so laut mit den Töpfen, daß man es nur als Protest auffassen konnte, aber beim Cognac hielt sie tüchtig mit. Das war mir schon seit längerem aufgefallen: Cognac wurde sehr viel mehr getrunken, vor allem von der Kriegerin, und aus immer größeren Gläsern. So ging es eine gute Weile, Weihnachten ging vorüber, und Silvester teilte ich mir nachts die Wache mit der Kriegerin, denn irgend jemand mußte immer auf das Haus mit seinem leicht entzündlichen Strohdach achten, während die anderen zur Silvesterparty der Altländer im Alten Fährhaus gingen. Könnte hier ganz fix was passieren! Sagte ich zur Kriegerin, während wir vom Deich aus das Feuerwerk der Nachbarn beobachteten, den Funkenregen, der sich in der Lühe spiegelte. Jo! Sagte die Kriegerin bloß, lächelte mich aber auf diese seltsame Weise an, eine Weise, die man gar nicht aushalten konnte. Da kam mir eine Idee, ich weiß nicht warum, ich ging in die Kammer und holte das silberne Zigarettenetui, das mir Danas Vater zum Abschied geschenkt hatte und streckte es ihr hin. Da, willst du? Sie wollte sich eine Zigarette nehmen, da drückte ich ihr die Schachtel in die Hand: Da, nimm, ist für dich! Sie zögerte einen Moment, und fast bereute ich meine Großzügigkeit. Es war ein sehr schönes Kästchen, poliert, und in einer Lederschlaufe war sogar ein kleines Benzinfeuerzeug befestigt. Ist von meinem Schwiegervater! sagte ich. Die Kriegerin, halb abwehrend, halb erfreut, schüttelte den Kopf. Plötzlich verschloß sie das Etui fest in ihrer Hand: Weißt du auch, was du da tust? fragte sie. Und sagte dann, entschlossen: Die Jungsche soll es aber nicht kriegen. Die Jungsche, das war Edit, aber ich verstand die Sorge der Kriegerin nicht. Warum sollte Edit etwas nehmen, was der Kriegerin gehörte? Ich mach's nicht mehr lange, weißt du, sagte die Kriegerin plötzlich und wies auf ihren Bauch: Alles voller Krebs. Wir rauchten zusammen. Dann steckte sie das Kästchen ein.

Merkwürdig, aber ich vergaß die Episode, vielleicht, weil es so viel zu tun gab. Bevor der Frühling kam, mußten die Bäume gespritzt und die Böden gedüngt werden. Netze waren zu flicken, Maschinen zu überholen. Mir war es recht, wer arbeitet, kommt nicht so viel zum Denken, und das Denken machte mir nur Kopfweh, nicht erst, seit ich Edit beobachtete, sondern, wenn ich ehrlich war, vorher schon, lange vorher. Eigentlich waren es die Kopfschmerzen, die mich immer weiterarbeiten ließen, immer nur weiter. Egal, wie weit ich von zu Hause fortgegangen war, die Kopfschmerzen verfolgten und sie fanden mich. Sie waren mir auf den Fersen, sie waren meine Jäger, schlimmer als die Uniformierten, die jetzt da, wo ich herkomme, in den Dörfern von Haus zu Haus gingen und Erkundigungen anstellten, deren Ergebnisse sie weitermeldeten bis nach Zagreb und weiter nach Belgien. Das hatte mir meine Schwester geschrieben, und ich wußte, daß ich selbst hier vorsichtig sein mußte. Ich schuftete, daß selbst Krieger anerkennend nickte und sagt: Nu mach mal halblang, Junge! Und dann trieb die Märzsonne die Temperaturen in die Höhe, die Graureiher und die Kraniche kehrten zurück, und an den Apfelbäumen platzten die Blüten auf wie auf Verabredung. Innerhalb weniger Tage glichen die Plantagen einem gigantischen Schulhof, auf dem lauter Mädchen in rosa Puffärmeln Spalier standen. Im Mai regnete es, der Sommer ließ sich Zeit, und dann, gerade überprüfte ich den großen Trecker in der Scheune, hörte ich eines Tages ein Riesengebrüll aus dem Haupthaus. Erschrocken lief ich hin, weil ich dachte, der Alte hätte sich womöglich verletzt, aber statt dessen rannte er mich in der großen Diele beinahe um. Er hatte eine Axt in der Hand und stürmte an mir vorbei. Das lasse ich mir nicht bieten! So weit kommt es noch! – Dann war er raus und verschwunden. Die Kriegerin kam langsam aus der Küche, weißlich, kränklich im Gesicht mit strichharten Lippen. Ich hatte Architekten herbestellt, sagte sie, das war alles. Architekten? Ja, die sollten mal kalkulieren, was das bringt. Was? Was soll etwas bringen? Das Haus, sagte die Kriegerin müde. Ich will das Haus abreißen lassen. Es ist feucht seit der großen Flut. Es ist zu groß für uns alte Leute. Und wir müßten das Strohdach erneuern lassen. Man könnte leicht ein neues bauen. Und ein zweites, um es zu vermieten … Sie sprach nicht weiter, denn nun drang Kriegers Wüten und Brüllen von draußen. Dann ein Klopfen, ein Schreien, ein Bersten von Holz – und dann hörte ich Edit, die von irgendeinem ihrer Ausflüge nach Hause kam, Edit rief etwas, und dann stürzte auch ich hinaus. Der Alte versuchte, mit seiner Axt die große Prunkpforte zu fällen, ein bunt bemaltes und verziertes Holztor, das zur Zierde jedes größeren Hofes gehört. Der Alte hieb voller Ingrimm auf die Pforte ein, es war verrückt, völlig verrückt, denn so eine Pforte ist gut und gerne drei, vier Meter hoch und massiv gebaut, aber der Alte wütete gegen die Pforte, und immer wieder schwang er die Axt und ließ sie ins Holz krachen, bis Edit gelaufen kam, die seinen Namen rief – wieder dieses Josef! Josef!, dieses unerträglich vertrauliche Josef! – Und dann sah ich, daß sie dem Alten in den Arm fiel, worauf der von seinem irren Ansinnen abließ, die Axt fiel zu Boden, und dann nahm er sie in die Arme und begann laut und jämmerlich zu weinen. Unmerklich war die Kriegerin neben mich getreten. Sie warf die Zigarette, die sie in der Hand hielt, zu Boden, trat sie, ohne hinzuschauen, aus und sagte: Jammerlappen. An mich traut er sich nicht ran.

Es wurde kein gutes Jahr. Sie beobachteten sich. Alle. Und selbst die Pflücker, die im August anreisten, bekamen die gedrückte Stimmung mit und verzogen sich abends in ihre Kammern. Im September erreichte mich ein Brief von meiner Schwester, daß sie nun wirklich nach mir suchten.

Ich sollte auf keinen Fall nach Hause kommen. Der November brach an, zäher und dunkler denn je, und zum ersten Mal atmeten wir auf, als Weihnachten vorüber war. Diesmal war ich zu Silvester dabei, ließ mich im Alten Fährhaus vollaufen, beobachtete den alten Krieger, dessen Gesicht sich dunkelviolett verfärbte, mit jedem Klaren mehr, den er trank. Fritz saß ihm gegenüber, die beiden prosteten sich dauernd zu, mit immer schwereren Armen. Die Leute tanzten nicht. Es reichte ihnen, daß sie hätten tanzen können, und die Musik war so laut, daß man sich nicht unterhalten mußte. Das war mir auch recht. Was hätte ich mit Krieger zu bereden gehabt? Trotzdem fragte ich mich, was die Kriegerin und die Edit anfingen, allein im Haus, um auf das Strohdach zu achten. Der alte Krieger prostete nun auch mir zu, einmal und noch einmal, und irgendwann sank ihm der Kopf auf die Arme, und die Schultern hoben und senkten sich in gleichmäßigem Rhythmus. Fritz stierte ihn an. Zeit zu gehen. Ich ließ den Alten, wo er war, und machte mich zu Fuß auf den Heimweg. In der Kehre standen die nun wieder kahlen Birnbäume und reckten ihre schwarzen, glänzenden Äste wie Arme in die Luft. Diese sieben sah man immer, gleichgültig, wie dunkel die Nacht war. Auf der Zufahrt zum Hof erspähte ich eine Gestalt, die mir entgegenkam, eine schmale, sehr aufrechte Gestalt, die ein wenig schwankte. Die Kriegerin war es. Als sie mich erreicht hatte, blieb sie stehen. Im Dunkeln konnte ich kaum ihr Gesicht erkennen, aber ihre Augen leuchteten, wie ich sie noch nie hatte leuchten sehen. Danke für die Schachtel! sagte sie. Hat mir gute Dienste geleistet! Zigarette? Ich nickte, und als sie sich nun an der Schachtel zu schaffen machte, sah ich, daß das Feuerzeug fehlte und daß ihre Finger ganz schwarz waren. Komisch, sagte sie, hab' ich doch das Feuerzeug im Haus … Sie wandte sich um, und unwillkürlich schaute auch ich hin, und dann sah ich es: Im Haus glomm es rötlich. Man sah es deutlich durch die kleinen Fenster: Es glomm an mehreren Stellen gleichzeitig. Wir gingen gemeinsam zum Deich. Draußen auf der Elbe war ein einziges Schiff unterwegs, dessen Lichter im nächtlichen Nebel aufzuckten. Die Maschine wummerte herüber in gemächlichem Rhythmus. Das Schiff verschwand im Dunkel, und kleine Wellen kamen irgendwo unter uns an, liefen mit einem hellen Geräusch auf die Steine. Wir schauten auf den Fluß, wir schauten nicht mehr zurück. Gibt eh nichts zu sehen, sagte die Kriegerin. Nur scheele Leute glotzen. Gehört haben wir trotzdem etwas, ein leises Knistern, ein Knacksen, aber wir drehten uns nicht um und standen ganz still. Daß wir unsere Zigaretten nicht anzünden konnten, machte uns nichts weiter aus. Wir warteten.

Heiko Postma

Der verschwundene Heimatort
Wesermünde

Mein Geburtsort ist Wesermünde. So steht's in der standes-
amtlichen Urkunde und auch in meinem Paß. Doch Wesermünde gibt's nicht mehr. Der Name der Stadt (einer Großstadt immerhin, der größten an der Unterweser) ist von der
Landkarte gelöscht und offenbar auch aus dem Gedächtnis
der Zeitgenossen: Ich bin buchstäblich heimatlos geworden,
und als mir in Hannover einmal – in einem quasi amtlichen
Dokument – die Herkunft aus »Warnemünde« unterstellt
wurde, hab' ich's aufgegeben. Seitdem trage ich in derlei
Vordruck-Bögen unter der Rubrik Geburtsort »Bremerhaven« ein. Obwohl das nicht stimmt. Mein Geburtsort ist
Wesermünde.

Kurioserweise ist aber auch »Bremerhaven« nicht völlig
falsch. Denn zwar bin ich gebürtiger Wesermünder, aber
auch geborener Bremerhavener, weil ich nämlich im Bremerhavener Krankenhaus zur Welt gekommen bin und die
ehemals selbständige – zum Land Bremen gehörige – Stadt
Bremerhaven seinerzeit, 1946, ein Ortsteil der Stadt Wesermünde war. Zumindest galt das für jene Teile der Stadt Bremerhaven, die nicht Teile der Stadt Bremen waren. Das Bremerhavener Krankenhaus aber lag eindeutig in Bremerhaven,
das damals, wie gesagt, in Wesermünde lag. Allerdings hieß
Bremerhaven da nicht Bremerhaven, vielmehr, zumindest
offiziell, Wesermünde-Mitte. Und insofern wäre ich dann
doch kein geborener Bremerhavener. Sondern ausschließlich Wesermünder. Und somit gar nichts mehr.

Die Sache ist, um's ganz vorsichtig zu formulieren, kompliziert. Und nicht ohne Einfluß aufs Bewußtsein. Schließlich geht's hier nicht um eine bloß formale Umbenennung, vielmehr um einen Stadtnamenswechsel in programmatischer Absicht. Namen stehen nun mal für Geschichte, verbinden sich mit historisch Gewachsenem, bewirken Identifikationen, an Namen hängen Traditionen, die hier allesamt, zack, mit einem Federstrich für null und nichtig erklärt wurden. Denn die Stadt Wesermünde gehörte seit ihrer Gründung zur (preußischen) Provinz Hannover, war somit genuin niedersächsisch; die (von Wesermünde eingeschlossene) Stadt Bremerhaven dagegen gehörte Bremen. Und zwischen dem Niedersächsischen und dem Bremischen liegen, wie jeder weiß, Welten.

Diese Welten waren erstmals in Konfusion geraten, als die Nazis 1939 im Zuge ihrer – dann steckengebliebenen – Reichsreform das bremische Bremerhaven, wenn auch ohne den Bremerhavener Hafen, der weiterhin ein (Stadt-)Bremer Hafen blieb, dem hannöverschen Wesermünde einverleibten. Das mußte bremischerseits als geradezu babylonische Gefangenschaft gedeutet werden, wie der schöne Satz ausweist, den der langjährige (Stadt-)Bremer Bürgermeister und (Land-)bremische Senatspräsident Wilhelm Kaisen in seinen Memoiren prägte: Man habe nach dem Ende des Zweiten Weltkriegs, »alles daran setzen [müssen], Bremerhaven aus der Verstrickung zu befreien.« Zu befreien! Aus der Verstrickung!

Mit Hilfe der alliierten Besatzungsmächte, speziell der US-Amerikaner, gelang den Bremern das Befreiungs-Werk dann ja auch über alle Maßen: Bremen »befreite« nicht nur Bremerhaven, sondern Wesermünde gleich mit! So wie vordem Bremerhaven in Wesermünde aufgegangen war, wurde nun, umgekehrt, Wesermünde Bremerhaven zugeschlagen. Zum ohnmächtigen Zorn des »Roten Welfen« Hinrich Wilhelm Kopf (der bei den Alliierten aufs falsche Pferd, nämlich aufs britische, gesetzt hatte) ging das überwiegend alt-niedersächsische Wesermünde nicht ans neue Land Niedersachsen, sondern ans wiederbelebte Land Bremen. Genauer gesagt: Es *blieb* nicht bei Niedersachsen, in das es zunächst einmal, sozusagen naturwüchsig, eingegliedert worden war, sondern mußte an Bremen abgetreten werden. Denn am 31. Dezember 1946 trat jene »Verordnung Nr. 76« der »Militärregierung Deutschland (Britisches Kontrollgebiet)« in Kraft, deren »Artikel I« unmißverständlich besagte: »Der Stadtkreis Wesermünde scheidet aus dem Lande Niedersachsen aus und wird dem in Artikel II dieser Verordnung bezeichnetem [sic!] Lande Bremen zugelegt.« Aparterweise steht in diesem »Artikel II« bei der Definition des »Stadtkreises Wesermünde« der Zusatz: »einschließlich Bremerhaven« – ein Beleg, daß das »Military Government« den (fraglos treffenden, aber etwas phantasielosen) Namen »Mitte« nicht akzeptieren mochte? Oder was? (Bin ich also doch im Ortsteil Bremerhaven geboren? Ich weiß es nicht. Sicher ist allein: Es war in Wesermünde.)

Und als ob das nicht genügt hätte, gab's im März 1947 die große Umtaufe: Nun bekam die ganze Stadt den Namen, den bis dahin nur ihr kleinster Teil getragen hatte – Bremerhaven. Ein demonstrativer Akt, durch den alle niedersächsischen Bindungen und Traditionslinien kurzerhand gekappt wurden. Mit Wesermünde war's aus (und ich bin seitdem ohne real existierenden Geburtsort).

Die ungefragt befreiten Wesermünder wiederum – sie hatten damals wahrhaft andere Sorgen, und so wurde die Sache mehr oder minder ergeben hingenommen. Zwar sagten ältere Leute (etwa meine Großmütter) nach wie vor, wenn sie den – nunmehr eindeutig so betitelten – Stadtteil »Mitte« aufsuchten, sie gingen nach »Bremerhaven«; doch das verlor sich mit der Zeit. Die Nachgeborenen kannten's eh nicht anders, und die übrigen paßten sich rasch der spezifisch Bremerhavener Mentalität an, wonach alles, was irgendwie länger her ist, sowieso keinen interessiert (Archivare, Heimatforscher und ähnlich skurrile Gestalten mal ausgenommen). Jahrzehntelang prangte denn auch auf dem Gebäude gegenüber dem Hauptbahnhof, unübersehbar für jeden Anreisenden, in großer Leuchtschrift der Wahlspruch: »Bremerhaven – jung, modern, weltoffen«. Da hatte sich der genius loci (wahlverwandt mit dem des Stadt-Paten USA) passend verewigt. Solange jedenfalls, bis man den Spruch offenbar altmodisch fand und den Schriftzug wieder abmontierte.

Die Bremerhavener Attribute heißen eben – praktisch und zeitgemäß. Wenn tatsächlich, wie derzeit, Geschichte in Mode kommt, baut man sogar Museen oder renoviert, um Touristen anzulocken, eine Seeschleuse, die man ein Halbjahrhundert lang ungenutzt hat verrotten lassen. Als Historisches noch nicht so angesagt war, wurde dagegen am liebsten abgerissen. So etwa auch: das Krankenhaus Mitte – eines Tages war es weg und einplaniert. Meine Geburtsstätte.

Doch wenn auch mit der Tilgung des Ortsnamens Wesermünde und der ostentativ bremenhörigen Umwidmung ein förmlicher Trennstrich gesetzt worden war – historische Überhänge blieben natürlich trotzdem, gerade im Verhältnis zwischen Niedersächsischem und Bremischem. Wobei das Ganze ja noch einmal dadurch kompliziert wird, daß auch der Begriff »Bremen« im Geschichtsbuch mehrfach besetzt ist: Denn neben der Freien Reichsstadt Bremen (der Freien Hansestadt, wie sie sich seit 1806 nannte) und dem späteren Land Bremen gab es, davon unabhängig, an der Unterweser auch noch einen gleichnamigen Territorialstaat, das Erzbistum Bremen, das spätere Herzogtum, das, noch später, in hannoverschen Besitz kam. (Nur zur netten Verwirrung: der Name Bremervörde bezieht sich auf dieses Erzbistum; der Name Bremerhaven auf die Freie Hansestadt Bremen).

So gehörten, beispielsweise, die Vorläufer- (bzw. die Vorvorläufer-) Gemeinden Wesermündes zu eben diesem niedersächsischen Erzbistum (bzw. Herzogtum) Bremen; obwohl es mit der Ortschaft *Lehe* (meiner eigentlichen Heimat ...) noch eine besondere Bewandtnis hatte: Zwar reklamierte der fürst(bischöf)liche Landesherr diesen Marktflecken durchaus für sich, andererseits hatten sich die mittelalterlichen Leher aber, per Schutzvertrag, der Stadt Bremen unterstellt – ein Zustand, der bis 1648 währte, bis zum Westfälischen Frieden, durch den das Herzogtum Bremen an den König von Schweden fiel, der auf seinem Eigentum an Lehe bestand. Bald darauf verloren die Schweden das Herzogtum freilich an Dänemark, eroberten es zurück und verloren es erneut, bis es die Dänen schließlich 1715 ans Kurfürstentum Hannover verkauften, das 1866 – mittlerweile Königreich – wiederum von Preußen annektiert wurde, das dann die Nazis zerlegten, woraufhin Lehe (inzwischen als Ortsteil Wesermündes) an den Gau Ost-Hannover ging, bevor es, in der »Amerikanischen Enklave« der britischen Besatzungszone gelegen, unter die bremische Flagge geriet und nun, als Stadtteil Bremerhavens, zum Bundesland Bremen gehört. Womit sich dann ein Kreis geschlossen hätte – von Bremen nach Bremen. Gewissermaßen.

Absonderliches gab's (und gibt es) in diesem städtischen Unikat aber weiterhin reichlich. Meine Tante etwa wohnte unmittelbar hinter dem Bremerhavener Weserdeich: Sie war infolgedessen keine (landbremische) Bremerhavenerin, sondern Stadtbremerin (gehörte bei Wahlen auch zu einem anderen, nämlich stadtbremischen Wahlkreis); so lange zumindest, bis sie heiratete und eine Wohnung etwas weiter stadteinwärts bezog. Seitdem war sie Bürgerin Bremerhavens. Ihr Elternhaus aber hatte halt im Ortsteil »Stadtbremisches Überseehafengebiet Bremerhaven« gelegen, einer landseitig, also östlich der Weser, komplett von der Stadt Bremerhaven umschlossenen Exklave der Stadt Bremen. Sehr apart, zumal die Stadt Bremerhaven ja ihrerseits, als Exklave des Landes Bremen, zu Lande komplett von Niedersachsen umschlossen wird. Weniger apart fanden wir dagegen, daß Bremerhaven mit seinen immerhin rund

130000 Einwohnern als einzige deutsche Großstadt nicht mal ein eigenes Autokennzeichen zugebilligt bekam, sondern mit dem »HB«-Nummernschild unter Bremer Patronat steuern mußte (und bis heute steuert). Das wäre in einem niedersächsischen Wesermünde garantiert nicht geschehen.

Doch zugegeben: Allzu weit reichte auch die Tradition der Stadt Wesermünde nicht zurück. Und bei Lichte betrachtet war auch die Stadt Wesermünde ein eher kurioses Gemeinwesen. Um küstenfernen Lesern aber wenigstens einen gewissen Einblick in die selbst für Einheimische bisweilen schwer durchschaubare Geschichte zu geben, müssen wir jetzt kurz ins erste Drittel des 19. Jahrhunderts zurückblenden (wobei ich jedoch, aller schulisch heimatkundlichen Abhärtung zum Trotz, für die Angaben lieber keine Gewähr übernehmen möchte ...): Da die Weser seinerzeit zunehmend versandete, andererseits die Seeschiffe immer größer wurden und entsprechenden Tiefgang entwickelten, fürchteten die bremischen Kaufleute und Reeder um ihre pekuniäre Zukunft, zumal das angrenzende Herzogtum Oldenburg am linken Weserufer – und überdies schön nördlich von Bremen – einen echten Konkurrenz-Hafen betrieb: Brake. Daraufhin bemühte sich der Bremer Senat unter Leitung des Bürgermeisters Johann Smidt um eine noch weiter seewärts gelegene Hafengründung, nämlich dort, wo die Geeste in die Weser mündet – genau an der Stelle, wo sich schon die alten Schweden (in ihrer Eigenschaft als Herzöge von Bremen) im 17. Jahrhundert an so einem Projekt versucht hatten: in Lehe.

Das war inzwischen, wie bemerkt, königlich hannoversches Territorium. Mittels geschickter Verhandlungen (73658 Taler) erreichte Smidt aber die offizielle Abtretung dieses Gebiets von (damals) 88,7 Hektar. Am 11. Januar 1827 wurde der Staatsvertrag unterzeichnet (auf hannoverscher Seite lustigerweise durch einen Minister, der »von Bremer« hieß). Am 1. Mai 1827, dem offiziellen Stadtgründungstag Bremerhavens, wurde dann erstmals die bremische

Flagge dort aufgezogen – und mit ihr die ewig junge Historikerfrage, warum das Königreich Hannover an diesem
Platz nicht selber, wie von manchen Lehern erhofft, hafenbaulich aktiv geworden sei.

Der Grund ist: Für die landjunkerlich-hannöverschen
Minister waren die 73658 Taler einfach ein Riesenhaufen
Geld für ein schlickiges Stückchen Land, das nicht einmal
zum Ackerbau etwas taugte. Für die bürgerlich-bremischen
Politiker dagegen war das Stadt- und Hafengebiet eine Investition in die Zukunft – ein zwar teuer erworbenes, aber
hochrentables Kapital. Alte Zeit und Neue Zeit. Jung, modern, weltoffen – Bremerhaven war es halt schon vor seiner
Gründung. Hannover nicht.

Das änderte sich erst 1845, als man sich im Königreich
Hannover nun doch dazu durchrang, in den Seehandel einzutreten und seinerseits eine Hafenstadt an der Unterweser
zu gründen: Geestemünde. Mit den Jahren entstand dort ein
veritabler Handelshafen, per Schleuse von der Geeste aus zu
erreichen, mit Eisenbahn-Anschluß ausgestattet und Zulieferbetrieben, so daß man in Bremen schon wieder das
Schlimmste befürchtete und sogar den Plan erwog, den
Hannoveranern auch Geestemünde abzukaufen. Daraus
wurde dann allerdings nichts, weil mittlerweile das Jahr
1866 gekommen war und das Königreich Hannover seinen
Geist aufgeben mußte.

So blieb es beim »Tripolis an der Unterweser« (wie's eine
Zeitung damals poetisch ausdrückte). Von alters her hatten
in der dortigen Gemarkung zwei kleinere Ortschaften bestanden – Geestendorf (südlich der Geeste) und das schon
gebührend erwähnte Lehe (nördlich davon); beide hannöversch und nunmehr also preußisch. Geestendorf wurde
1888 mit Geestemünde vereinigt und verschwand als selbständige Einheit. Das traditionell ländlich orientierte Lehe
wiederum wandelte sich mit der Zeit zur Bremerhavener
Schlafstadt. Das heißt, eine »Stadt« wurde Lehe erst 1920,
eine recht kurzlebige Stadt überdies: Nur vier Jahre dauerte

die urbane Eigenständigkeit, die schon vorüber war, als man das im Norden, an der Wesermündung im Lande Wursten gelegene Dorf Weddewarden eingemeinden konnte und damit einen eigenen Zugang zum Meer erhielt. Zu spät für den heimlich gehegten kühnen Plan, auch noch aus Lehe, dem Marktflecken der Ackerbürger, Handwerker und Kaufleute, einen Seehafen zu machen. (Die Ironie dabei: Heute muß Weddewarden schwer kämpfen, um nicht vollends vom – bremischen – Container-Terminal erdrückt zu werden.)

An der Südseite der Geeste war Geestemünde immer mehr aufgeblüht; und so existierten auf engstem Raum drei Orte in zwei (wenn auch nach der Gründung des Deutschen Reiches nicht mehr souveränen) Staaten sowie zwei miteinander konkurrierende Häfen. Immerhin hatte man aber schon 1857 wenigstens eine Brücke über die Geeste gebaut, so daß man trockenen Fußes über die Staatsgrenze von Bremerhaven nach Geestemünde gelangen konnte. Die Zollgrenzen fielen allerdings erst 1888: Bis dahin gab's nette Einkaufspassagen, etwa zwischen Bremerhaven und Lehe (was in diesem Fall ohne Brücke funktionierte).

Dann startete Bremen sein Projekt der Weserkorrektion: Der Fluß wurde begradigt und vertieft, und nun konnten auch große Seeschiffe, Bremerhaven und Geestemünde passierend, den Bremer Hafen anlaufen. Was sie auch oft genug taten und was an der Unterweser eine beträchtliche Wirtschaftskrise hervorrief. Aber auch Initiativen. Die Lösung hieß: Fisch. Konsequent in der Konkurrenz entstanden prompt zwei Fischereihäfen: einer in Bremerhaven, einer in Geestemünde. Ein fischiges Nebeneinander, das mehr als 50 Jahre lang anhielt. Erst 1935 gab Bremerhaven auf und überließ die Meeresfrüchte Geestemünde.

Nur gab es die Stadt Geestemünde da gar nicht mehr. Das heißt, Geestemünde gab es schon noch (gibt es heute noch), aber eben nur mehr als Ortsteil. Denn nun kommt – endlich – Wesermünde ins Spiel: Wesermünde, die 1924 gegründete Stadt, die aus den beiden Orten Lehe und Geestemünde zusammengesetzt war, zwischen denen es freilich nur eine einzige halbwegs passable Straßenverbindung gab, dagegen jede Menge Animositäten. Wie schon notiert, und auch wenn's meine Heimatstadt ist: ein etwas merkwürdiges Konglomerat stellte Wesermünde wohl schon dar ...

Meine Landsleute, die Leher Briten, wie sie sich gern nannten (Erkennungszeichen: ein blauer Punkt, zwischen Daumen und Zeigefinger in die Hand tätowiert), sie waren von dem Verschmelzungs-Vorhaben denn auch nicht eben begeistert gewesen, wie ein öffentlicher Aufruf »An die Einwohnerschaft Lehes!« belegt, der nach dem Ruchbarwerden der Einheitspläne unters Volk gebracht wurde: »Unsere Stadtgemeinde soll an Geestemünde angeschlossen werden, an Geestemünde, von dem wir räumlich so weit entfernt liegen, von dem uns noch dazu die moorige, von Sturmfluten gefährdete Geesteniederung und die Stadt Bremerhaven trennt. Keinerlei wirtschaftliche oder politische Notwendigkeiten drängen zu dieser UNNATÜRLICHEN VEREINIGUNG.«

Natürlich half das nicht. Wenn's um ein großes Vereinigungswerk geht (und selbstverständlich nicht um einen »Anschluß«, wie der Aufruf arglistig unterstellt), dann müssen kleinliche Bedenken zurücktreten. Und als es dann erst mal so weit war und Wesermünde erst mal bestand, da hat's auch ganz leidlich funktioniert. Und irgendwann wurde sogar die Straße zwischen Lehe und Geestemünde – fein um Bremerhaven herum – ausgebaut und für den Trolleybus-Verkehr eingerichtet. Tja. Vorbei: Nur 23 Jahre hat's gedauert, bis zu jenem 10. März 1947, als die Stadtverordnetenversammlung im Ortsgesetz Nr. 1 für das Gesamtgebiet der Stadt Wesermünde den Namen »Bremerhaven« festlegte. Dabei war »Wesermünde« doch so viel schöner (und passender!) gewesen.

Immerhin: Ein gewisser Trost für uns eingeborene Wesermünder lag lange Zeit darin, daß es außerhalb der Stadtgrenze noch den niedersächsischen Landkreis Wesermünde gab – so lebte zumindest der gute Name weiter (und im Gegensatz zu Bremerhaven besaß der Landkreis obendrein ein eigenes, gut merkbares Nummernschild: WEM). Ganz ohne Kuriosität ging's allerdings auch in diesem Wesermünde nicht ab: Dessen Verwaltungssitz nämlich lag, samt »Kreishaus«, in Bremerhaven, das aber ja gar nicht zu diesem Kreis gehörte, überdies zu einem ganz anderen Bundesland. Doch wie auch immer: Im Zuge der niedersächsischen Gemeinde- und Gebietsreform wurde der Landkreis aufgelöst und Cuxhaven zugeordnet. Und damit war der Name WESER-MÜNDE endgültig und unwiderruflich verschwunden. Bitte um eine Gedenkminute.

Klaus Modick

Scorpion Zwo

Die Innenstadt von Neuschloß, von notorisch selbstbewuß-
ten Neuschlossern gern auch als City bezeichnet, besteht
aus einer ausgedehnten, stark frequentierten Fußgängerzone, in der sich Geschäft an Geschäft reiht. Da sich hier
wie überall zunehmend jene Kaufhausfilialen und per Mer-
chandising weitgehend identisch gemachten Niederlassun-
gen von Ladenketten vermehren, die es deckungsgleich in
jeder deutschen Fußgängerzone gibt, könnte man im Vor-
beischlendern an *Hennes & Mauritz* und *Body Shop*, *Mon-
tanus* und *Parfümerie Douglas* durchaus auf die Idee kommen, nicht in Neuschloß zu sein, sondern beispielsweise in
Bielefeld, Mainz oder vielleicht sogar in Oldenburg.

Neuschloß wäre also bis zur deutscheinigen Unkenntlichkeit verwechselbar, gäbe es hier nicht eine architektonische Besonderheit, ja Einzigartigkeit, die das Neuschlosser
Stadtbild aufs markanteste prägt – wenn schon nicht das
Einkaufsghetto der Fußgängerzone, so doch die innen-
stadtnahen, bürgerlichen Wohngegenden. Die Rede ist natürlich vom sogenannten Neuschlosser Hühnerstall, jenem
zwischen schlichtem Einfamilienhaus und großbürgerlicher
Stadtvilla vielfach modulierten Satteldachgebäude, dessen
Ursprünge im 19. Jahrhundert liegen und über dessen bauge-
schichtliche, kulturhistorische, soziologische und wohnpsy-
chologische Bedeutungen inzwischen ganze Bibliotheken
verfaßt worden sind, die von unermüdlich heimatverbun-
denen Forschern immer noch erweitert werden. Derzeit
kämpft die Neuschlosser *Erich-Mühsam-Universität* bekanntlich um die Einrichtung eines architektonischen und

architekturhistorischen Studiengangs, der sich mit der Erforschung des Neuschlosser Hühnerstalls befassen und klären soll, was es mit der Bezeichnung Neuschlosser Hühnerstall eigentlich auf sich hat.

Für namenskundliche Forschungen scheint die Universität übrigens insofern prädestiniert, als sie selbst eine ebenso lange wie unerquicklich ideologisierte Auseinandersetzung zu führen hatte, bis der Name Erich Mühsams durchgesetzt werden konnte; die Landesregierung hatte sich seinerzeit für eine Ernst-Albrecht-Universität stark gemacht, während die Stadt bekanntlich den Namen ihres zwar nicht größten, aber liebsten Dichters, des bodenständigen, in den 30er und 40er Jahren ungewöhnlich populären Schwankautors Hinrich August nämlich, an die Universität vergeben wissen wollte. Das aber nur am Rande.

Am Rande, genauer gesagt direkt neben dem Altpapiercontainer an der Ecke des Parkplatzes eines architektonisch sonst eher unergiebigen *Aldi*-Markts, steht auch jener Schaukasten aus rostfreiem Edelstahl und schußfestem Panzerglas, den seine selbstlosen und kunstbeflissenen Spender als Erinnerungsvitrine verstanden wissen wollen. Das Gelände war, wie die benachbarten Straßenzüge auch, kurz vor der Jahrhundertwende mit drei kleineren Exemplaren Neuschlosser Hühnerställe bebaut worden, die jedoch vor einigen Jahren, Denkmalschutz hin, Kulturpflege her, im Interesse preis- und verkehrsgünstigen Einkaufens abgerissen werden mußten. Auf den ersten Blick könnte man meinen, der besagte Schaukasten sei *in memoriam* der verschwundenen Häuser aufgestellt worden, hängt in ihm doch eine auf Posterformat vergrößerte Fotografie des Hühnerstalls mit der Hausnummer 9; am linken und rechten Rand der Aufnahme, die vermutlich in den 20er Jahren gemacht wurde und deren Ehrfurcht vor der Tradition signalisierende Vergilbtheit durch die moderne Reproduktion nicht geschönt wurde, erkennt man die Hausecken der Nummern 7 und 11.

Wer, wenn er sich seines Altpapiers entledigen möchte, neugierig wird und auf dem Weg zum Container dem Schaukasten näher tritt, den belehrt die würdig-schlicht in den Edelstahl gravierte Bildlegende darüber, daß hier nur in zweiter Linie eines Hauses, in erster aber eines großen Künstlers gedacht wird:

In diesem Hause
wurde im Sternbild des Skorpions
am 5. November 1928
der Maler und Bildhauer Jan Oncken geboren.

Die aus der Not der Altpapierentsorgung geborene, profane Neugier weicht zwar einer gewissen Befremdung über die Erwähnung des Tierkreiszeichens, aber doch sogleich auch jener tiefen Ergriffenheit, die uns überkommt, berühren unsere Füße die Stellen, über die einst die Großen geschritten sein mögen – die wirklich ganz Großen, die womöglich sogar über Neuschloß hinaus eine gewisse Bedeutung und Beachtung erlangten. Und wenn dann unser verschwimmender Blick schließlich den in nur unwesentlich größeren Lettern gravierten Hinweis erhascht, wem wir staunende Nachwelt solch selbstlosen Dienst an der Kunst verdanken, dann spüren wir wieder einmal, daß in Neuschloß das Leben so kurz wie anderswo auch sein mag – die Kunst aber währet hier länger.

Diese Erinnerungs-Vitrine,
entworfen von dem Architekten Dipl. Ing. Godehard Dressler,
ist ein Geschenk der Curt-Küppers-Stiftung
an die Stadt Neuschloß und ihre Bürger.

Und während wir die gestapelten und gebündelten Ausgaben des *Nordkuriers* in den Tiefen des Containers versenken, erinnern wir uns zugleich an die unbestechlich klare Berichterstattung, mit der seinerzeit dies unabhängige und überparteiliche Zentralorgan die Erregungen und Bewegungen publizistisch begleitete und zu lenken versuchte, diese Turbulenzen und Debatten, die die Neuschlosser Kulturwelt erschütterten, als nach dem mysteriösen Tod des überregional bekannten, wenn nicht gar großen Jan Oncken ...

Aber ich will nicht vorgreifen und gegen den Wahlspruch verstoßen, den das ehemalige Großherzogtum Neuschloß im Wappen führt: *Festina lente*. Eile mit Weile also – beziehungsweise eins nach dem anderen, und wenn's mit dem Einen nicht klappt, kann das Andere schon lange warten. Neuschloß, jene einstmals idyllische Residenz in nordwestdeutscher Randlage, verlor bekanntlich nach dem Zweiten Weltkrieg kraft britischen Dekrets seine Freistaatlichkeit und wurde dem neugeschaffenen Bundesland Niedersachsen zugeschlagen. Da die Neuschlosser Mentalität in ihrer tiefverwurzelten Bodenhaftung gegenüber allem Neuen und Unbekannten ein solides Mißtrauen hegt, empfand man hierzulande den Verlust der Souveränität als Willkürakt, dem die Schmach, von nun an ausgerechnet aus Hannover regiert zu werden, gewissermaßen die parlamentarisch-demokratische Krone aufsetzte.

Außerhalb der Herrscherfamilie selbst wäre damals natürlich auch niemand auf die Idee verfallen, Neuschloß wieder als Großherzogtum zu installieren, doch die Erinnerung ans Goldene Zeitalter kleinstaatlicher Souveränität saß tief und steht breit im ansonsten von Sehenswürdigkeiten wenig gesegneten Stadtbild: Das liebevoll renovierte Barock-Schloß im Zentrum beherbergt heute beispielsweise das Museum für Kultur und Geschichte; im Thronfolgerpalais, Thropa genannt, in dem seinerzeit die Prinzen das Ableben ihrer Väter aussaßen, stehen heute aus anderen Gründen Untätige Schlange, da hier das Arbeitsamt residiert; und im ehemaligen Otto-Heinrich-Hospiz, kurz und weltläufig OHIO, befindet sich das städtische Kulturzentrum. Die Stadt Neuschloß hat ihr feudales Erbe also in zeitgemäße Nutzungen überführt, die ebenso traditionsbewußt wie pragmatisch sind und sogar dem Bedürfnis nach kultureller Erbauung ein wenig Rechnung tragen.

Indem ich nicht vorgreifen wollte, bin ich abgeschweift; gleichwohl sind diese Zusammenhänge von gewisser Bedeutung, will man die Chronik der bemerkenswerten oder jedenfalls merkwürdigen, am Ende auch irgendwie undurchsichtigen und bislang nach wie vor unaufgeklärten Ereignisse verstehen, die schließlich dazu führten, daß dem in künstlerischer Hinsicht womöglich größten Sohn der Stadt, Jan Oncken nämlich, jenes imposante Denkmal neben dem Altpapiercontainer gesetzt wurde. Ich muß im Dienst der Wahrheitsfindung vorab einräumen, daß ich während der Konflikte zwischen den diversen Museumsleitungen, der Stadt, der Bezirkregierung, dem Kultusministerium im ungeliebten Hannover und der Curt-Küppers-Stiftung insofern Partei war, als ich derzeit den Posten eines Sekretärs bei der Stiftung selbst bekleidete – ein, unter uns gesagt, erfreulich fauler Job: Meine Aufgabe bestand im wesentlichen darin, mich nach förderungswürdigen Künstlern und Projekten umzusehen und dann kurze Berichte für Herrn Küppers anzufertigen, die ihm bei der Entscheidung helfen sollten, in welche Richtungen er sein Geld, genauer gesagt: das abzuschreibende Kapital, ausschüttet. Da auch Herr Küppers ein bodenständiger Neuschlosser und also bei aller finanziellen Potenz intellektuell bescheiden geblieben ist, verbittet er sich in diesen Expertisen alle ästhetischen oder gar kunsthistorischen Komplikationen und Subtilitäten, was mir als Kunsthistoriker anfangs nicht immer gelang, aber im Lauf der Zeit begriff ich, worum es ging. Was die Küppers-Stiftung interessiert, ist nämlich verständlicherweise einzig die Frage: Lohnt sich die Sache oder lohnt sie sich nicht. Lohnend und damit förderungswürdig ist alles, was dazu angetan ist, den Namen Küppers strahlen zu lassen, in Neuschloß, über Neuschloß hinaus, landesweit, bundesweit, europaweit, weltweit. Als *global player* in der

Sponsorenliga ist die Stiftung zwar bislang noch nicht in Erscheinung getreten; der Ankauf der Oncken-Sammlung wäre aber gewiß ein Schritt in die richtige Richtung gewesen, hätte das kleinkarierte Hickhack, von dem zu berichten sein wird, nicht alles zunichte gemacht.

In Neuschloß hat allerdings die Strategie der Stiftung, teilweise sogar unter meiner Federführung, zumeist bestens geklappt. Beispielsweise wären Ausstellungen wie »100 Jahre Tourismus in der Neuschlosser Region« oder auch »Vom Knüppeldamm zur Schwebebahn – Verkehrswesen in norddeutschen Niederungen« ohne die großzügige Unterstützung der Stiftung unmöglich gewesen; sogar die Verpflichtung des Boston Symphony Orchestra zu seinem umjubelten Gastspiel in der *Jadebusen-Halle* oder der Auftritt der Schauspielerlegende Bernward Grisetti im Hoftheater verdanken sich dieser Sponsorentätigkeit; die als Rollschuh- und Skateboard-Bahn gedachte Anlage am Magazin-Platz, die die Stadt leider zu einem Treffpunkt für Drogenabhängige verkommen läßt, zeigt das Signet der Stiftung in Form seiner Granitpflasterung, und selbst die nagelneuen Mahagoni-Parkbänke im Schloßpark tragen die Messingplaketten mit dem Signet der Curt-Küppers-Stiftung. Mit meinem Vorschlag, auch Schriftsteller durch die Verleihung eines Curt-Küppers-Preises für Literatur zu fördern, konnte ich allerdings nicht durchdringen.

»Literatur«, gab mir Herr Küppers Bescheid, »bringt nix. Wir können unser Signet ja wohl schlecht auf die Buchumschläge drucken. Literatur ist auch zu anstrengend. Oder glauben Sie im Ernst«, fügte er mit der ihm eigenen, zupackend-derben Selbstironie hinzu, »daß jemand Lust hätte, einen Roman über Klopapier zu schreiben?«

In Neuschloß hätte diese Pointe natürlich überall für Lacher gesorgt, doch muß sie für die regionalhistorisch weniger Bewanderten hier kurz erklärt werden. Die papierverarbeitenden Küppers-Werke, gegründet 1912 von Curt Küppers' Vater, dem legendären Selfmademan Hans-Rudolf

»Harro« Küppers, hatten ursprünglich Kartonagen und Verpackungen hergestellt, wurden aber nach 1945 im Rahmen der alliierten Zwangsbewirtschaftung auf die Produktion von Toilettenpapier verpflichtet. Die Geschäfte gingen anfangs auch gar nicht schlecht, aber als Mitte der 6oer Jahre nach dem Tod des alten Harro dessen Sohn Curt die Geschäftsführung übernahm, befand sich das Werk trotz seines grundsätzlich krisensicheren Produkts bereits in der Krise. Inwieweit die Gründe für den Niedergang hausgemacht oder, wie Curt Küppers zu sagen pflegt, von globalen Konjunkturschwankungen ausgelöst wurden, vermag ich nicht zu entscheiden. Unstrittig ist allerdings, daß der neue Chef sich mehr für Golf, schnelle Autos und Rennpferde und somit den Aufbau seines Gestüts in Südfehnhausen interessierte als für die Reißfestigkeit des von ihm hergestellten Produkts. Und wer wollte ihm das verdenken? Jedenfalls wurde das Werk Anfang der 7oer Jahre an den schwedischen Papierkonzern Papnas & Co. verkauft, und zwar zu einem Preis, von dem Insider munkelten, er sei grotesk überhöht gewesen.

Curt Küppers legte die erzielten Millionen klug in Aktien und in- und auswärtigen Immobilien an und betrieb ansonsten den Aufbau seines Gestüts. Für Kunst hatte er sich nie ernsthaft interessiert, bewies jedoch stets ein gewisses Faible für realistische Genremalerei mit regionalen Bezügen. »Schön ist, wenn man erkennt, was es sein soll«, lautet sein ästhetisches Credo, worin er sich einerseits mit einigen Protagonisten der hiesigen Museumsszene einig weiß und weshalb er andererseits, neben seiner berühmten Sammlung von Pferdemalerei, gelegentlich Bilder der Neuschlosser Maler Emil Sommer oder auch Walter Müller-Prielhaus erwarb, die im späten 19. Jahrhundert allerlei Stillleben, aber auch behaglich-idyllische Szenen aus Stadt und Land, auf ihre großflächigen Leinwände gebannt hatten.

Wer ihn dann auf den Gedanken gebracht hat, seine Stiftung ins Leben zu rufen, die Ende der 7oer Jahre ihre rege

Tätigkeit aufnahm, ist mir nicht bekannt; nicht auszuschlie-
ßen, daß es Küppers' eigene Idee war. Die Spendenaktivitä-
ten taten ja durchaus ihr Gutes, aber man redete leider kaum
oder gar nicht darüber. Im übrigen spendete Herr Küppers
gern, was die Steuer ihm ohnehin nähme, aber die Vorstellung, statt als müßiggehender Erbe einer Papierfabrik, der
gelegentlich eine Wasserrutsche im Freibad oder eine Tee-
küche im Diakonischen Werk spendierte, als Mäzen, als
Förderer von Kunst und Kultur öffentlich aufzutreten,
Skulpturen zu enthüllen, Dirigenten zu begrüßen und der-
gestalt in die Annalen einzugehen, muß ihm eines Tages
sehr hell eingeleuchtet haben beziehungsweise eingeleuchtet worden sein. Der Rest ist Geschichte, Kulturgeschichte
gar; die Stiftung machte sich schnell einen Namen, wurde
überregional bekannt – Geld wird ja überall gern genommen! – und leistete sich in meiner Wenigkeit sogar einen
Sekretär.

In dieser Eigenschaft saß ich eines trüben Tages in meinem Büro; es befindet sich in einem historischen Gebäude
der Innenstadt, wobei sich das Historische aber nur auf die
oberen Stockwerke beschränkt, weil sich im Erdgeschoß
die Filiale einer italienischen Boutiquen-Kette befindet. Ich
hockte also an meinem Schreibtisch unter dem Emil-Som-
mer-Gemälde *Gewitter über der Marsch,* das Herr Küppers
aus Privatbesitz erworben hatte, und schrieb an einem Ex-
posé, in dem ich der Stiftung von der angedachten Förderung des Ausstellungsprojekts *Niederdeutsche Trachten im
Spiegel friesischer Linoleumschnitte* abriet, weil durch derlei
kunsthistorisch verbrämte Heimatkunde der immer weiter
hallende und fast schon international vernehmbare Ruf der
Stiftung gedämpft werden könnte, als der Anruf kam, mit
dem alles begann.

Am Telefon war ein gewisser Dr. Schrempf aus Frankfurt am Main, ein, wie sich bald herausstellte, Kunstsammler und Galerist. Mit vor Erschütterung bebender Stimme
(daß seine Erschütterung lediglich geheuchelt war, sollte

sich natürlich erst später herausstellen) ging er davon aus, daß ich heute bereits den Kulturteil der Zeitung gelesen hätte und daß mir insofern der Grund seines Anrufs klar sein müsse. Natürlich hatte ich das halbseitige Feuilleton des *Nordkuriers* gelesen, aber was die Berichterstattung über eine Theaterpremiere in Wilhelmshaven und die diversen dpa-Meldungen der Kategorie »Kurz & uninteressant«, vom »Spruch des Tages« zu schweigen, mit dem Frankfurter Kunstfreund zu tun haben sollten, war mir durchaus unklar. Schrempf hatte aber offenbar auch gar nicht mit einer Antwort gerechnet, sondern sprach, nein: hauchte mit belegter Stimme den entscheidenden Satz: »Oncken ist tot.«

»Ach …«, sagte ich und überlegte. Oncken?

»Jan Oncken«, half mir Schrempf auf die Sprünge. »Der große Maler und geniale Bildhauer ist vorgestern an den Folgen eines Unfalls verstorben. In angetrunkenem Zustand vom Balkon gestürzt. Ein unersetzlicher Verlust für die Kunst des 20. Jahrhunderts. Jan Oncken, der Postexpressionist, den manche auch den ›Alten Wilden‹ nannten, Jan Oncken, der Schöpfer der Großplastiken ›Scorpion Zwo‹ und ›Twister Two‹, Jan Oncken, der international …«

»Ach so«, sagte ich, »Sie meinen …«

»Genau«, eiferte Schrempf, »ich meine den größten Sohn Ihrer Stadt.«

»Er ist hier geboren«, sagte ich, »das stimmt schon, aber soviel ich weiß, hat er lediglich seine Kindheit in Neuschloß verbracht und die Stadt später nur noch ein einziges Mal besucht, wobei es zu einem wüsten Eklat kam, weil der Kunstverein sich aus chronischem Platzmangel über seine Aufbauanweisungen hinweggesetzt hatte und …«

»Ja, ja«, sagte Schrempf ungeduldig, »das ist allgemein bekannt. Und mir persönlich sowieso. Und es ist Schnee von gestern. Oncken hatte eben ein etwas aufbrausendes Naturell.«

»›Der Pißpott, in dem ich geboren wurde, hat sich prächtig entwickelt‹«, zitierte ich Onckens legendäre Sätze, die damals ganz Neuschloß in Rage versetzt hatten. »›Er ist nämlich zu einem Scheißladen geworden.‹«

»Ja, gut, das ist ihm in der verständlichen Erregung so
herausgerutscht«, wiegelte Schrempf ab. »Der Hausmeister
vom Kunstverein hatte ja wohl auch zwei der Glas-Metall-
Skulpturen für Sperrmüll gehalten und auf die Straße gestellt, weil gerade Abfuhrtag war.«

»Woraufhin Oncken verfügt haben soll«, ergänzte ich,
»daß nie wieder eins seiner Werke in Neuschloß gezeigt
werden dürfe.«

»Nein nein«, sagte Schrempf hastig, »das hat er nie gesagt; von Verfügung kann überhaupt keine Rede sein, und
schriftlich gibt es da schon gar nichts. In einer stillen Stunde
hat mir der gute Jan sogar noch kurz vor seinem Tod anvertraut, daß er seine Heimat über alles geliebt habe. Wenn ich
an Neuschloß denke, hat er wortwörtlich gesagt, kommen
mir immer noch die Tränen. Und das bringt mich nun auch
gleich auf den Kern der Sache.«

Der Kern der Sache bestand darin, daß Schrempf im Besitz
eines, wie er sich ausdrückte, »gewaltigen Konvoluts hochbedeutender Skizzen und Entwürfe« Onckens sei, deren Bedeutung und Wert in absehbarer Zeit noch beträchtlich
wachsen werde, da der Tod eines Künstlers dessen Marktwert bekanntlich steigere. Die Stadt Zürich, in der Oncken
nach seinen französischen und italienischen Wanderjahren in
den letzten zwanzig Jahren im freiwilligen Exil lebte, habe
ihm, Schrempf, bereits ein Kaufangebot unterbreitet, doch
im Gedenken an Onckens Bemerkung, wie sehr er trotz alledem an Neuschloß gehangen habe, eine Bemerkung, die man
gewissermaßen als »letzte Worte und Vermächtnis« aufzufassen die Pflicht habe, halte er, Schrempf, es nur für recht
und billig, diese unschätzbare Sammlung in Neuschlosser
Hände zu geben, zumal, wie er gehört habe, die Stadt in kultureller Hinsicht einen gewissen Nachholbedarf aufweise.

»Neuschloß ist nicht New York«, sagte ich, was Schrempf
mit der schmeichelhaften Bemerkung konterte, Großstadt

sei Großstadt. Im übrigen gehe er davon aus, daß öffentliche Gelder für kulturelle Belange in New York ebenso spärlich zur Verfügung stünden wie in Neuschloß, weshalb er sich auch nicht etwa an ein städtisches Museum wende, sondern, und das war nun der Kern des Kerns der Sache, an mich beziehungsweise die weltweit einschlägig anerkannte und verehrte Curt-Küppers-Stiftung, um ihr den Ankauf des Konvoluts zu ermöglichen. Um Onckens letztem Wunsch nachzukommen, sei er, Schrempf, sogar bereit, finanzielle Abstriche zu machen und der Stiftung die Sammlung für den Spottpreis von drei Millionen Mark quasi zu schenken.

»Drei Millionen sind zwar kein Pappenstiel«, nickte Herr Küppers anerkennend, als ich ihm einige Tage später von Dr. Schrempfs Angebot berichtete. »Aber ich will Ihnen mal was sagen: Bescheidenheit ist ein Laster, unter dem Neuschloß stets gelitten hat. Sehen Sie sich doch nur unseren VFL an. Dies erbärmliche Gekicke in der Amateurliga. Kein Mut zum Risiko, keine Perspektiven. Betteln mich um 100.000 Mark an. Behaupten, daß Fußball etwas mit Kultur zu tun habe. Lächerlich. Unter vier, fünf Millionen läuft gar nichts, wenn die ins Profigeschäft wollen. Daß es auch anders geht, sieht man am 1. FC Kaiserslautern. Die sind Deutscher Meister geworden, und Kaiserslautern hat weniger Einwohner als Neuschloß. Dafür haben sie Rehagel. Und den haben sie eben angemessen bezahlt. Provinz und Amateurstatus müssen also nicht unbedingt zusammengehören. Aber in Neuschloß wird gekleckert, wo geklotzt werden müßte. Fahren Sie also in Gottes Namen nach Frankfurt, sehen Sie sich die Sammlung an. Wenn sie etwas taugt, nehme ich die Sache selbst in die Hand. Wer drei Millionen fordert, ist vermutlich auch mit der Hälfte zufrieden.«

Diese Wendung war überraschend gekommen, denn als ich das Gespräch vorsichtig auf Jan Oncken brachte, hatte Herr Küppers die Augenbauen hochgezogen und sich vergewissert, ob ich etwa *den* Jan Oncken meinte, Sudeljan, wie man ihn hierzulande nenne, den Neuschlosser Nestbeschmutzer, der aus unerfindlichen Gründen mit seinem Geschmiere und Geschraube anderswo Erfolge gefeiert und in einem seiner unsäglichen Interviews ihn, Curt Küppers, als raff- und ruhmsüchtigen Kulturbanausen und ProvinzMäzen beschimpft hätte? Die Sache schien also aussichtslos zu sein, aber als ich die Bemerkung fallen ließ, die Forderung von drei Millionen sei sowieso unrealistisch, selbst wenn man Onckens leider unbestreitbare Reputation in der Kunstszene veranschlage, spitzte Herr Küppers die Ohren, stieß den Rauch seiner Zigarre nachdenklich in Richtung der *Auslaufenden Krabbenkutter* von Walter Müller-Prielhaus, die nebelschwer und golden gerahmt an der Wand seines Arbeitszimmers hängen, und sprach: »Was drei Millionen kosten soll, kann künstlerisch nicht ganz schlecht sein.«

Und so erschien ich zwei Wochen später in Dr. Schrempfs Frankfurter Galerie, deren Ausstellungsraum mit mehreren großformatigen Acrylbildern Onckens glänzte, die leider nicht zu dem besagten Konvolut gehörten, deren Qualität in Hinsicht auf die Skizzensammlung aber vielversprechend war. Schrempf, ein agiler, schwarz gekleideter Mitfünfziger, der sein spärliches Grauhaar im Nacken zu einem Zopf gebunden hatte, führte mich in sein Magazin und deutete mit pathetischer Geste auf fünf Umzugskartons mit dem Aufdruck *Heute hier, morgen dort – Der Spediteur schafft alles fort.*
»Voilá!« Er zog den obersten Karton vom Stapel, stellte ihn auf dem Boden ab und klappte den Deckel auf. »5.000 Blätter mindestens. Vielleicht auch 10.000. Eine Riesensache. Allein die wissenschaftliche Aufarbeitung und Katalogisierung würde einen Kunsthistoriker mindestens zwei Jahre beschäftigen. Könnte man gut mit einer ABM-Stelle durchziehen. Hier!« Er griff in den Karton und zog eine Handvoll DIN-A2-Bögen heraus. Kohle- und Rötelskizzen. Unverkennbar Onckens Handschrift. »Entwürfe für ›Scor-

pion Zwo‹, von der portugiesischen Regierung in Auftrag gegeben«, erläuterte Schrempf versiert. »Der gute Jan hatte so seine Macken, glaubte an Horoskope und dergleichen. Und mit ›Scorpion Zwo‹ wollte er sozusagen seinem Sternbild ein Denkmal setzen. Die geniale Großskulptur mußte in Lissabon aber schon nach zwei Wochen wieder abgebaut und eingelagert werden, weil damals eine Bürgerinitiative … na ja, Sie wissen schon.«

Ich wußte zwar nicht, nickte aber präventiv und sagte durchaus beeindruckt, daß ich für mein Gutachten natürlich einen zumindest flüchtigen Blick auf die gesamte Sammlung werfen müsse, da man schließlich nicht die Katze im Sack … na ja, Herr Dr. Schrempf wisse ja schon.

»Selbstredend«, sagte Schrempf, »sehen Sie sich die Sachen in Ruhe an. Ich habe gleich einen Termin mit einem Vertreter von Sotheby's. Ich lasse Sie also mit diesen Schätzen allein. Wenn Sie Kaffee möchten, einen Whiskey oder lieber Champagner, sagen Sie Fräulein von Meyerbaum Bescheid. Sie hält in der Galerie die Stellung.«

Als Schrempf verschwunden war und die erfreulich anzuschauende Stellungshalterin mich mit Kaffee versorgt hatte, machte ich mich ans Sichten. Die Skizzen, Entwürfe und Vorarbeiten Onckens waren durchweg interessant und von unbestreitbarer Qualität. Für eine Dauerausstellung kamen sie, von wenigen, detailliert ausgearbeiteten Blättern, die Onckens zeichnerische Fähigkeiten unterstrichen, aber kaum in Frage; dazu waren sie zu vorläufig und zu speziell. Man will schließlich nicht dauernd die Gerüste sehen, sondern den fertigen Bau. Denkbar war eine großangelegte Wanderausstellung, nach deren Abschluß dann ein Archiv anzulegen wäre, in dem die Arbeiten aufgehoben und bei Bedarf zu Forschungszwecken zugänglich wären. Nicht mehr, aber auch nicht weniger.

Zwischen den Skizzen fanden sich auch stapelweise Papiere, die offenbar zufällig in die Kartons geraten waren, Zeitungsausschnitte mit Berichten über Onckens Austellungen,

Handwerker- und Zahnarztrechnungen, Versicherungs-
policen, Steuererklärungen aus mehreren Jahren, Kino- und
Konzertkarten, Einladungen zu Vernissagen und Autoren-
lesungen – und jede Menge Horoskope, die der sternen-
süchtige Künstler sich offenbar immer wieder hatte stellen
lassen. Ich schätzte, daß diese eher persönlichen und also
auszusortierenden Dinge ein Drittel der Sammlung aus-
machten, womit Schrempfs Preisvorstellung bereits im Vor-
feld konkreter Verhandlungen kräftig zu drücken wäre.

Drei Stunden später erschien Schrempf wieder auf der
Bildfläche; ob seine überaus heitere Stimmung einem er-
freulichen Verhandlungsergebnis mit dem Londoner Auk-
tionshaus entsprang oder dem Alkohol, dem er offensichtlich zugesprochen hatte, entzieht sich meiner Kenntnis und
ist sozusagen auch gar nicht mein Bier. Ich sagte ihm wahr-
heitsgemäß, daß ich positiv beeindruckt sei und ein entspre-
chendes Gutachten für Herrn Küppers verfassen würde, der
dann gegebenenfalls in weitere Verhandlungen mit ihm,
Schrempf, treten würde, monierte jedoch auch gleich das
unkünstlerische Drittel des Konvoluts, das von der Sammlung als solcher zu trennen …

»Unkünstlerisch?« unterbrach mich Schrempf energisch.
»Sind Sie von Sinnen? Bei einem Jahrhundertgenie wie Jan
Oncken gibt es nichts, nicht den kleinsten Fetzen Papier,
der unkünstlerisch wäre. Diese«, er griff nach einer Steuererklärung von 1982, »was ist das denn überhaupt? Ach so,
natürlich. Das ist ein hochbedeutendes, äh, Dokument über
den Existenzkampf des freien Künstlers auf dem Markt, ein
objet trouvé ersten Ranges. Kunst ist, was der Künstler
Kunst nennt, was er mit seinem Namen dazu macht. Ich
sage nur Warhol. Ich sage Beuys. Wenn eine von Jan Onkken persönlich signierte Steuererklärung keine Kunst sein
soll, dann weiß ich nicht, was Kunst ist. Noch an Onckens
letztem Abend, kurz bevor er vom Balkon gestürzt ist, haben wir darüber gesprochen, daß gerade dem scheinbar Un-
bedeutenden höchste Bedeutung zukommt.«

Da es weder meine Aufgabe noch meine Absicht war, mich mit Schrempf über derlei definitorische Subtilitäten der ästhetischen Theoriebildung zu streiten, und ich außerdem noch den ICE erwischen wollte, der natürlich nicht bis Neuschloß fährt, sondern nur bis Hannover, von wo ich den euphemistisch als Regionalexpreß bezeichneten Bummelzug nehmen mußte, ließ ich die Sache im Raum stehen, verwies fürs weitere Procedere auf die alleinige Entscheidungsgewalt des Herrn Küppers und verabschiedete mich.

Den Bericht für die Stiftung, in dem ich unter Berücksichtigung des zu erwartenden, nationalen wie internationalen Renommees den Ankauf des Konvoluts für maximal 500.000 DM empfahl, aber auch auf die kunstfremden Anteile sowie auf die Probleme hinwies, die mit einer Ausstellung der Sammlung verbunden sein würden, verfaßte ich noch im Zug. Herr Küppers beschloß daraufhin, die Sache persönlich in Augenschein zu nehmen, besuchte wenige Tage später Dr. Schrempf und teilte mir dann telefonisch die Ergebnisse seiner Verhandlungen mit.

»Guter Mann«, sagte er zufrieden, und ich glaubte schon, er meine mich. »Ein Mann nach meinem Geschmack, dieser Schrempf. Hat zwar einen ziemlich verschrobenen Kunstgeschmack, aber das segelt heute wohl unter modern. Die Sache ist geritzt. Für 1,5 Millionen. Und Zürich guckt in die Röhre.«

»Aber Herr Küppers«, versuchte ich zu intervenieren, »das ist total überbezahlt. Und über das angebliche Angebot aus Zürich weiß man doch gar nichts Genaues. Jedenfalls würde kein Museum der Welt eine solche Summe für Zahnarztrechnungen, Horoskope und Skizzen …«

»Schon gut, mein Lieber«, beruhigte Küppers mich. »Ich weiß Ihre Bescheidenheit zu schätzen. Aber wir kriegen nicht nur die Sammlung, wir kriegen auch noch Sudeljan persönlich dazu. Beziehungsweise das, was von dem alten Schluckspecht übriggeblieben ist.«

»Ich, ich verstehe nicht recht, Herr Küppers …«

»Die Asche. Die Urne mit Onckens Asche. Dem verpassen wir hier in Neuschloß auf dem Hiltrudenfriedhof ein Staatsbegräbnis. Erstklassige PR für die Stiftung. Die Asche des verlorenen Sohnes kehrt in die Heimat zurück, so in der Art. Man könnte vielleicht sogar unser Signet auf die Urne …«

»Aber, Herr Küppers, das kann doch unmöglich im Sinne des Verstorbenen, ich meine, bei Onckens ausgesprochener Abneigung gegen Neuschloß wäre das …«

»Abneigung? Keine Rede. War wohl alles nur ein Mißverständnis. Schrempf hat mir haarklein erzählt, wie sehr Oncken an seiner Heimatstadt gehangen hat.«

»Gut und schön«, murmelte ich fassungslos, »aber gibt es denn keine Verwandten oder ein Testament, in dem vielleicht …«

»Nichts dergleichen«, trompetete Küppers. »Und was die zwei noch lebenden der drei Ex-Ehefrauen von Oncken betrifft, so ist es denen völlig egal, wo der Alte begraben wird. War wohl nicht nur ein großer Säufer, sondern auch ein Schürzenjäger, wie er im Buche steht. Wird mir posthum fast noch sympathisch, der gute Sudeljan. Na ja, alte Neuschlosser Schule sozusagen …«

»Aber«, stammelte ich, »aber die Sammlung selbst. Ich meine, das kann man doch nirgends ausstellen. Bei den Massen brauchte man ja ein eigenes Museum.«

»Sie sagen es«, sagte Küppers munter. »Dann muß eben ein eigenes Museum gebaut werden. Hab schon den richtigen Architekten dafür im Kopf, diesen Dings, äh Dressler.«

»Ein eigenes …« Mir verschlug es die Sprache.

»Genau. Damit wir auch Platz haben für diese, Moment, wie hat Schrempf das Zeugs genannt, die Horoskope und so weiter?«

»*Objet trouvé* vermutlich«, vermutete ich.

»Genau das«, sagte Küppers. »Kunst ist, was der Künstler Kunst nennt, was er mit seinem Namen dazu macht. Ich sage nur Warhol, mein Lieber. Und daß eine von unserem Sudeljan persönlich signierte Steuererklärung Kunst ist, leuchtet mir viel eher ein als die grauenhaften Plastiken, die er überall in die Welt gesetzt hat. Apropos, das hätte ich fast vergessen: Wir kriegen auch noch eins von diesen Dingern, als Zugabe sozusagen; nicht mein Geschmack, aber was soll's? Hat mal in Madrid oder sonstwo gestanden, und da wird sich ja wohl in Neuschloß allemal ein Platz für so ein epochales Werk finden. Großstadt ist Großstadt. Wird demnächst hertransportiert. Nennt sich *Marmor, Stahl und Eisen*, glaube ich.«

»Scorpion Zwo«, murmelte ich wie in Trance. »Neuschloß, Lissabon ...«

»So ist es«, sagte Küppers, »Das Teil wertet doch auch die ganzen Horoskope enorm auf. Wir werden demnächst einen Festakt veranstalten, auf dem ich die Sammlung der Stadt schenke, kombiniert mit dem Begräbnis; bereiten Sie schon mal alles vor. Mit unseren Politikern rede ich selbst.« Dann legte er auf.

Ich starrte in die realistische Rechtschaffenheit des *Gewitters über der Marsch*. Über Küppers' Kunstgeschmack läßt sich streiten; über sein zupackendes Naturell nicht. Von Schrempf hatte er sich zweifellos einwickeln lassen, und dennoch keimte jetzt in mir Respekt, wenn nicht gar Ehrfurcht vor der mäzenatischen Statur des Curt Küppers auf. Ein eigenes Museum ... Der Bau würde mindestens 15 Millionen Mark verschlingen, aber der Name Curt Küppers würde vernehmlicher klingen und heller strahlen als je zuvor.

Unverzüglich machte ich mich daran, eine sachliche Presse-Erklärung der Stiftung zu verfassen und an die Neuschlosser Presselandschaft zu verteilen, die, unter uns gesagt, jenen Tiefebenen gleicht, die Emil Sommer nimmermüd malte, besteht sie doch lediglich aus dem *Nordkurier* sowie zwei Anzeigenblättern. Details sollte ich nicht nennen; die wollte Herr Küppers auf dem Festakt persönlich ausbreiten, was dann vierzehn Tage später auch geschah. Die Veranstaltung fand im großen, gut besuchten Saal des OHIO statt. Auf dem Podium saßen Curt Küppers, Dr. Schrempf in Begleitung seiner aparten Assistentin Fräulein von Meyerbaum, der Neuschlosser Oberbürgermeister, der Kulturdezernent und, ganz außen, meine Wenigkeit. Ich hatte dafür gesorgt, daß Onckens Sammlung aus den Umzugskartons in Weinkisten umgelagert worden war, die mit schwarzem Samt ausgeschlagen waren. Auf einem ebenfalls mit Samt drapierten Tischchen stand die Urne mit Onckens Asche, die zwei Ölzweige, ein stilisierter Skorpion und das dezente Signet der Stiftung zierten. Ein paar besonders eindrucksvolle Blätter hatte ich rahmen und an den Wänden des Saals aufhängen lassen – auf Küppers' Drängen hin auch eine Steuererklärung und zwei Horoskope.

Dr. Schrempf sprach als erster, indem er eine Einführung in Leben und Werk des Jahrhundertgenies Jan Oncken gab und dabei mehrfach auf dessen angeblich unverbrüchliche Heimatliebe zu sprechen kam. Ihm, Schrempf, sei es überaus schwer gefallen, sich von der Sammlung seines besten Freunds, des »lieben Jan«, zu trennen, aber er habe sich dessen letztem Wunsch nicht entziehen können. Das Kaufangebot der Stadt Zürich habe er ausschlagen müssen, um dies gewaltige Werk in jene Hände zu legen, in die es gehöre.

Der Kulturdezernent war als nächster an der Reihe. Er fing den von Schrempf gespielten Ball auf und nannte den Vorgang »einen kulturellen Gewinn ungeheuren Ausmaßes für Neuschloß, zugleich eine Riesenblamage für die Stadt Zürich«. Abgesehen von der Sammlung selbst sei natürlich die Aussicht auf ein neues Museum für die Stadt von besonderer Bedeutung. Es werde den Kern der Kunstlandschaft Neuschloß samt Region im Expo-Jahr 2000 bilden und im Zusammenhang mit der Großplastik aus Lissabon werde man die Stadt Hannover in den Schatten stellen. Hier knatterte begeisterter Beifall im Saal auf.

Dann ergriff Curt Küppers das Wort. Er wolle sich kurz fassen, sei es doch eine Neuschlosser Tugend, statt Worten

Taten sprechen zu lassen. Er schenke die Sammlung Onkken hiermit der Stadt, und zwar um so lieber, als seine Anregung, ein neues Museum nach Entwürfen seines Freunds Godehard Dressler zu bauen, von den Verantwortlichen wohlwollend aufgenommen worden sei. Die finanzielle Belastung, die damit auf die Stadt zukomme, werde sich langfristig zweifellos rentieren, zumal jeder kunstverständige Mensch wisse, daß kulturelle Leistungen mit Geld nicht aufgewogen werden könnten. Bei diesen Worten begannen Oberbürgermeister und Kulturdezernent aufgeregt miteinander zu flüstern; es war klar, daß sie, genau wie auch ich, Küppers' offenbar bewußt vage gehaltenen Andeutungen über ein neues Museum so verstanden hatten, daß nicht die Stadt, sondern die Stiftung den Bau bezahlen würde.

Der Oberbürgermeister, der, nachdem der Beifall über Küppers' knappe Ausführungen verrauscht war, zu reden hatte, wischte sich den Schweiß von der Stirn, sortierte nervös die Karteikarten um, auf denen er sich Stichworte gemacht hatte, fing sich aber, las den vorformulierten Dank stockend vom Blatt, blickte nochmals zum Kulturdezernenten, der ihm aufmunternd zunickte, und extemporierte dann, daß die Pläne für das Jan Küppers, pardon, das Jan Oncken Museum an und für sich »fix und fertig« seien; denkbar sei beispielsweise eine Umquartierung des Arbeitsamtes, so daß die historischen Räume des Thronfolgerpalais möglicherweise …, beziehungsweise sei ja notfalls auch noch Platz in den Ausstellungsräumen des Schlosses, obwohl, nein, da wolle er an dieser Stelle nicht vorgreifen, sondern zuerst einmal mit dem zuständigen Museumsdirektor beziehungsweise der Bezirksregierung und natürlich auch dem Kultusministerium in Hannover, wo ja die eigentliche Verantwortung liege, zumal der Architekt beziehungsweise eine Einbindung in den architekturhistorischen Studiengang der Universität im Hinblick auf den Neuschlosser Hühnerstall … Hier kam er vollends ins Schleudern, fing sich aber mit der Routine des Berufspolitikers überraschend schnell wieder. Kurz und gut, sagte er fest, was noch fehle, sei lediglich das Geld, aber man habe potentielle Finanziers bereits im Blick. »Wozu«, sagte er, sichtlich nach Worten ringend, »wozu gibt es schließlich eine«, wieder zögerte er, bis ihm die Erleuchtung kam und er wie beiläufig sagte: »Eine, jawohl, eine Toto-Lotto-Stiftung?«

Dann fiel er schwer und schwitzend auf seinen Stuhl zurück, während sich Curt Küppers erhob und mit würdevoll-öligem Tremolo in der Stimme alle Anwesenden aufforderte, nunmehr den großen Jan Oncken auf seinem letzten Gang zu begleiten und in heimatlicher Erde zur Ruhe zu betten. Die Grabstelle auf dem nahe gelegenen Hiltrudenfriedhof, zu der sich jetzt fast die gesamte Versammlung auf den Weg machte, hatte ich vorbereiten lassen: ein schlichter Granitstein mit Onckens Namen und Lebensdaten, der stilisierte Skorpion und darunter das Signet der Stiftung. Als wir den Saal verließen, hörte ich, wie das Handy von Herrn Küppers piepte; er zog es aus der Jackentasche, trat ein paar Schritte beiseite, schüttelte den Kopf, sagte ein paar Worte und winkte mich zu sich.

»Die Skulptur«, flüsterte er mir zu, »dies Marmor-Stein-und-Eisen-Teil, ist angekommen. Aus Lissabon.«

»Was denn, heute schon?« wunderte ich mich. »Das sollte doch erst übermorgen angeliefert werden.«

»Der Fahrer ist wahrscheinlich nonstop durchgebrettert«, sagte Küppers. »Zeit ist Geld. Der Sattelschlepper steht jetzt mitten auf dem Rindermarkt im Gegenverkehr, weiß nicht, wohin mit dem Zeugs, und verursacht ein Verkehrschaos. Kümmern Sie sich mal darum. Sudeljan selig kriegen wir auch ohne Sie unter die Erde.«

Auf dem Rindermarkt, einer etwas großspurig als Verkehrsknotenpunkt bezeichneten Großkreuzung, war der Lastzug in Gegenrichtung in eine Einbahnstraße abgebogen; zurückzumanövrieren war er nicht mehr, so daß die herbeigeeilte Polizei die Einbahnstraße sperren mußte. Der portugiesische Fahrer schwankte zwischen südländischer

Gereiztheit und Übermüdung. Ich erklärte der Polizei den Sachverhalt, kletterte neben dem Fahrer ins Führerhaus und dirigierte ihn auf den Großparkplatz an der *Jadebusen-Halle*. Entladen werden konnte die zerlegte Skulptur, deren Einzelteile, wie ich aus Onckens Skizzen wußte, immerhin noch bis zu zehn Metern Länge aufwiesen, hier allerdings nicht.

Aus einer Telefonzelle rief ich also Herrn Küppers' Handynummer an, auch wenn ich damit die Trauerfeierlichkeiten stören sollte. Man war jedoch, wie ich aus den Geräuschen schloß, bereits zum gemütlichen Teil übergegangen, einem Essen im Ratskeller. Als ich fragte, wohin die Skulptur verbracht werden solle, blaffte mich Herr Küppers ziemlich ungnädig an, das hätte ich mir vorher überlegen sollen, wurde dann jedoch gleich wieder konziliant, wechselte mit einigen Anwesenden ein paar Worte, die ich aber nicht verstand, und sagte dann, ich solle den Lastzug zum Schloßplatz dirigieren; dort werde in Kürze eine Einheit des Technischen Hilfswerks zum Entladen erscheinen.

»Auf den Schloßplatz?« fragte ich ungläubig. »Aber dann ...«

»Kein Aber«, bestimmte Küppers, »dann ist das Ding auch gleich an Ort und Stelle. Sie sind mir verantwortlich, daß kein Schräubchen fehlt.«

Und so verbrachte ich den Abend mit den wackeren Männern vom THW, deren Einsatzbereitschaft wohl erstmals im unmittelbaren Sinne der Kunst diente, mit den Einzelteilen von *Scorpion Zwo*. Zwar schien es mir völlig ausgeschlossen, daß die Skulptur, die aufgebaut Riesenradformat haben würde, auf dem altehrwürdigen Schloßplatz ihren endgültigen Standort finden könnte, womit ich übrigens recht behalten sollte, aber Herrn Küppers' Wünsche waren mir damals noch Befehl. Dennoch regte sich in dieser kalten und verregneten Nacht, in der ich auf dem Schloßplatz fror und Curt Küppers und Dr. Schrempf sich im Ratskeller feiern ließen, in mir erstmals ein gewisser Unmut über meine Rolle als ausführendes Organ der Stiftungsumtriebe.

Als ich morgens um halb zwei ins Bett fiel, befand sich der *Nordkurier* bereits im Druck, so daß ich am nächsten Tag nicht nur einen Bericht über den Festakt im OHIO und die Beisetzung von Onckens Urne zu lesen bekam, der besonders das Versprechen unseres Oberbürgermeisters hervorhob, ein neues Museum zu bauen, sondern in der Kolumne *Stadtgeflüster* auch noch etwas von dem erfuhr, was mir im Ratskeller entgangen war. Unter der Überschrift *Männerbund mit Bourbon-Siegel* hieß es dort wörtlich: »Ein Blick genügte, und sie erkannten sich als Wahlverwandte: der Galerist und Kunstsammler Dr. Heribert Schrempf und Neuschloß' unermüdlicher Kunstmäzen Curt Küppers. Schon bei Jan Onckens Beisetzung waren sich die Männer einig: ›Bei uns stimmt die Chemie‹. Der harte Businessman mit ›Telefonitis‹ und der feinsinnige Kunstsammler ohne Auto! Doch solch scheinbaren und oberflächlichen Gegensätze werden von einer gemeinsamen flüssigen Leidenschaft hinuntergespült: Beide teilen die Vorliebe für Whiskey. Was lag da näher, als den Freundschaftspakt mit einem oder zwei Bourbon im Ratskeller zu begießen. Beim Festmahl zur Übergabe der Oncken-Sammlung stießen beide auf das ›Du‹ an. Wenn auch im Whiskey Wahrheit liegt, und wenn Neuschloß Casablanca wäre, könnte man mit Humphrey Bogart vom ›Beginn einer langen Freundschaft‹ sprechen.«

Das Zitat aus *Casablanca* ist ungenau, und die drei grammatischen Fehler, die dieses Meisterstück investigativen Gesellschaftsjournalismus enthielt, habe ich stillschweigend korrigiert; mit dem *Nordkurier* legt man sich in Neuschloß nämlich lieber nicht an. Ich komme mir bereits ziemlich mutig vor, an dieser Stelle die Zeitung überhaupt zu zitieren; denn das ist zumeist das Schlimmste, was man ihr antun kann. Ich war mir allerdings sicher, daß die beiden Duz- und Kunstfreunde ihre gemeinsame Leidenschaft für Whiskey bereits entdeckt hatten, als Küppers damals Dr. Schrempf in Frankfurt aufgesucht hatte, und ich vermute, daß diese Leidenschaft auch Küppers' Vorsätze weggespült hatte, den

Preis für die Sammlung zu drücken. Und der herrliche Satz, »wenn Neuschloß Casablanca wäre«, paßte am Ende auch noch irgendwie trefflich ins Bild beziehungsweise in die Sammlung. New York, Lissabon, Casablanca, Zürich, Neuschloß …

Nach Lektüre dieses Artikels, dem auch noch ein Foto der sich zuprostenden Partner beigefügt war, verfestigte sich in mir der Gedanke, daß ich als Sekretär der Stiftung möglicherweise eine Fehlbesetzung sein könnte.

Gekündigt habe ich später. Zuvor hatte ich noch das zweifelhafte Vergnügen, als Stiftungsvertreter an diversen Sitzungen, Meetings, Konferenzen und informellen Treffen teilzunehmen, die sich im Gefolge des ebenso vollmundigen wie voreiligen Versprechens des Bürgermeisters ergaben. Seine Ankündigung, mit welchem und wessen Geld auch immer ein Museum zu bauen, weckte in Neuschloß sozusagen die schlafenden Hunde, und zwar gleich rudelweise. Ich möchte niemanden, nicht einmal mehr mich selbst, mit den Briefwechseln, Protokollen und Gesprächsnotizen all dieser Treffen langweilen, sie füllen inzwischen fünf Aktenordner, die in meinem ehemaligen Büro vor sich hinstauben; vielleicht kommt Dr. Schrempf ja eines Tages auf die Idee, auch dieses Konvolut zum *objet trouvé* zu adeln und der Onkkenschen Sammlung hinzuzufügen. Meinen Segen hätte er. Zusammenfassend möchte ich hier lediglich die unterschiedlichen Positionen umreißen, die sich im Gezänk um das real gar nicht existierende Museum abzeichneten.

Das Museum für Kultur und Geschichte plädierte dafür, im Neubau nicht nur die Sammlung selbst zu zeigen, sondern einen Extratrakt zu errichten, in dem die heimatkundlichen Ausstellungen Platz finden sollten, die sich bislang noch im Schloß so breit machen, daß die tatsächlich bedeutende, großherzogliche Gemäldegalerie im Archiv verschimmeln muß. Gegen dieses Ansinnen verwahrte sich der BPNB (Bund für die Pflege Neuschlosser Brauchtums)

energisch, da es seinen Mitgliedern und Förderern nicht zu-
mutbar sei, mit Arbeiten jenes Mannes konfrontiert zu werden, der als Nestbeschmutzer in die Geschichte Neuschloß'
eingegangen sei und dessen sogenannte Werke bestenfalls
eine modernistisch gesinnte Minderheit interessieren würden. Der Konflikt schien freilich beigelegt, als sich sukzessive herausstellte, daß ein Neubau aus sehr schlichten und
sehr handfesten Gründen grundsätzlich unrealisierbar war:
Die Stadt ist pleite. Das Land ist bankrott. Und die Toto-
Lotto-Stiftung, auf die der Bürgermeister so spontan gesetzt
hatte, winkte dankend ab.

In diesem Falle, drohte nun aber Curt Küppers, werde
die Stiftung ihre Schenkung rückgängig machen; man habe
bereits positive Signale aus Zürich, die Sammlung doch noch
anzukaufen. Derart aufgeschreckt, bedachte die Stadt ihr altes Denkmodell neu, das Arbeitsamt aus dem Thronfolgerpalais auszulagern, das Palais zu renovieren und als Museum
herzurichten, wodurch der Streit, wer dann welche Flächen
mit welchen Ausstellungen belegen dürfe, mit ungewohnter
Heftigkeit wieder angefacht wurde.

Man drehte sich also in jeder Hinsicht im Kreise. Und
man dreht sich immer noch im Kreise. Monatelang. Jahrelang. Und da auch das Angebot aus Zürich offenbar weniger
konkret als behauptet war, machte sich Curt Küppers wieder einmal seine eigenen Gedanken.

»Irgend etwas muß passieren«, sagte er zu mir, »die
Presse schreibt sich zwar die Finger wund wegen dieser
Museumssache, aber wir werden gar nicht mehr erwähnt.
Undankbares Pack. Wir machen das jetzt in eigener Regie.
Ein Museum kann ich denen natürlich nicht bauen. Großstadt ist Großstadt, wohl war. Aber ein Curt Küppers ist
schließlich kein Rockefeller, leider. Außerdem muß in meinem Gestüt kräftig um- und ausgebaut werden. Da kommt
demnächst noch einiges auf Sie zu. Die Sammlung mit der
Pferdemalerei müßte auch endlich öffentlich gemacht werden. Aber nicht, bevor die Stadt nicht selber in die Hufe

kommt. Vielleicht kann man das Gestüt auch zum deutschen Kulturerbe oder dergleichen ausrufen. Zuerst finden Sie aber mal heraus, in welchem Haus der olle Sudeljan seine Kindheit verbracht hat. Wir kaufen den Schuppen und richten da eine Gedenkstätte ein, meinetwegen mit Archiv. Irgendwo muß das Zeugs untergebracht werden. Papier ist geduldig, jedenfalls geduldiger als ich. Das ist zwar nur eine kleine Lösung, aber besser als gar keine.«

Die Adresse herauszufinden, an der Oncken damals gelebt hatte, war kein Problem. Das Problem bestand darin, daß das Haus, der gute, alte Hühnerstall mit der Nummer 9, nicht mehr existierte, sondern nur noch der Aldi-Parkplatz.

»Immobilienhaie«, empörte sich Herr Küppers, als ich ihm die Nachricht durchgab. »Kulturlose Gesellen.«

»Durchaus, Herr Küppers«, gab ich ihm ein letztes Mal recht, »leider handelt es sich beim Eigentümer der betreffenden Grundstücke um die Immobilien GmbH & CoKG *Residenz*, und meines Wissens nach sind Sie selbst Teilhaber dieser Firma.«

»Großer Gott, ja, ich erinnere mich«, stöhnte Küppers. »Den Deal mit Aldi konnte man einfach nicht ausschlagen. Und wer wußte denn schon, daß es sich ausgerechnet um Onckens Bruchbude handelte. Das hat doch keinen Menschen interessiert. Läßt sich jetzt auch nicht mehr ändern. Ich hab da aber schon eine Idee, wie wir der Sache noch einen würdigen Dreh geben.«

Und so kam es, daß der Architekt Godehard Dressler zwar kein Museum bauen durfte, aber immerhin jenen Schaukasten mit dem Foto von Jan Onckens Elternhaus. Die Sammlung Oncken lagert derzeit übrigens im Magazin des Museums für Kunst und Geschichte, in trauter Nachbarschaft zu den unschätzbaren Hinterlassenschaften unseres kunstsinnigen Großherzogs. Vielleicht wird die Sammlung dort noch lange lagern. Und warum auch nicht? Papier ist, um noch einmal Curt Küppers zu zitieren, geduldig. Die schönen Gemälde ertragen es schließlich auch klaglos, daß sie niemand zu sehen bekommt. Leinwand ist noch geduldiger als Papier.

Zu erwähnen wäre noch das Schicksal der Skulptur *Scorpion Zwo*. Nachdem ihre Einzelteile einige Tage auf dem Schloßplatz herumgelegen hatten, hagelte es Proteste von Anwohnern und Geschäftsleuten. In einem Leserbrief im *Nordkurier* wandte sich ein gewisser Pfarrer Findeisen sogar vehement gegen das Aufstellen der Plastik, da diese dem grassierenden Sternen-Aberglauben Vorschub leiste. Ein Aufbauversuch auf der Verkehrsinsel am Rindermarkt scheiterte, weil offenbar einige tragende Teile fehlten; außerdem stellte sich heraus, daß die Verkehrsinsel viel zu klein für das gewaltige Monument war. Mein Vorschlag, das monströse Teil auf Küppers' Gestüt aufzubauen, um damit seiner Idee vom Kulturerbe Nachdruck zu verleihen, lehnte er entsetzt ab: »Macht mir doch bloß die Schimmel scheu.«

Das geniale Sternzeichen-Kunstwerk lagerte noch ein Jahr auf dem Hof einer Spedition, bis Curt Küppers wieder einmal einen seiner mindestens ebenso genialen Einfälle hatte. Er schenkte *Scorpion Zwo* der Stadt Hannover, als Neuschlosser Beitrag zur Expo 2000, was der Stiftung allerlei überregionale Presseresonanz und einen Festakt im Hannoverschen Landtag einbrachte. Während des anschließenden Banketts flüsterte mir Herr Küppers in bester Laune zu, dies Geschenk sei die Rache für die Demütigung, daß nicht Neuschloß, sondern Hannover zu Niedersachsens Hauptstadt wurde. Dort hat meines Wissens noch niemand Anstalten gemacht, die Skulptur aufzubauen.

Ich verfasse diesen Bericht sozusagen auf gepackten Koffern. Nächste Woche reise ich nach Zürich ab, wo ich meine neue Stelle als Leiter einer bedeutenden Kunstgalerie antreten werde. Es handelt sich übrigens um eine Filiale der Frankfurter Galerie Schrempf, die seit dem Verkauf der Onckenschen Sammlung floriert und expandiert. Vermutlich werde ich mich bis auf weiteres nicht einmal mit

Dr. Schrempfs schrägem Kunstgeschmack auseinanderzusetzen haben. So lange jedenfalls nicht, wie der alerte Galerist seine Haftstrafe absitzt – wegen »Totschlags im Affekt« an Jan Oncken.

Sabine Peters

Viel Glück

Es klang wie Lebwohl, was der Freund zu Marie und Rupert sagte, bevor er den Umzugswagen alleine zurückfuhr nach Hamburg. Er hatte aber viel Glück gesagt. Es klang wie Lebwohl. Weil das Land flach war, leer. Niemanden kannte Marie im Rheiderland außer Rupert, und was heißt kennen? Aber sie hatten Briefe gewechselt, ein halbes Jahr Luftpost zwischen Hamburg und dem Dornenhof in Portugal. Vorher hatten sie Worte gewechselt, Kiesel und Federn getauscht. Auch hatten sie, wie man es früher sagte, einander erkannt. Aber hier draußen im Rheiderland '88 kannte Marie außer Rupert keinen. Sie wußte nichts, als ein Jahr lang weiterzumachen mit zehntausend D-Mark, dem Hamburger Preis für das Schreiben.

Der Freund saß am Steuer des Umzugswagens, Marie und Rupert hinter ihm, drei Stunden Fahrt von Hamburg aus über die Autobahn nach Bremen, Oldenburg, weiter auf Bundesstraßen Richtung Niederlande. Sie überquerten die Ems hinter Leer, bogen ab. Schafsdeich, Weideland und Pappelreihen. Bingum, Jemgum, Critzum, Hatzum, Kuhstau, Ditzum. Und noch ein Kuhstau.

In Ditzumerverlaat sind es die Nachbarskinder, die zuerst die Zugezogenen besuchen und die ihren Eltern sagen, was sie sehen, keinen Fernseher und keine Spülmaschine, Bilder von Menschen mit Flossen oder mit Flügeln oder mit Horn auf dem Kopf, Wände voll Bücher, im Küchensofa ein Loch. Und beide ohne Ring am Finger. Deshalb vielleicht läßt Janette, die Dorffrisöse, Maries Haarschnitt ist zur Hälfte fertig, ihre Schere über deren Ohr stehen. Sie glauben doch an Gott? Totenstille im Salon, die anderen Frauen in der Stube horchen.

Trotzdem kommen Kinder fast täglich vorbei, sie möchten das Schlafzimmer sehen, Ameisen töten und Streichhölzer für Maries Selbstgedrehte anzünden. Sie möchten gern vom wackligen Steg aus angeln im Tief, sie möchten im Stall sich gegenseitig die Köpfe einschlagen mit Ruperts Axt, und Marie, keine Ahnung von Kindern, erzählt in der Küche von Rumpelstilzchen, erzählt ums Leben. Wer der Geschichte einer Müllerstochter zuhört, kann nicht gleichzeitig im Tief ertrinken. Aber die Kleinen sind lieber im Freien. Sie läuft den Kindern nach. Die bringen ihr Rennen bei, rettende Griffe und deutliche Worte.

Jetzt sagt Marie zu jeder Tageszeit Moin. Von ihren Nachbarn hört sie es in einer Klangvielfalt so reich wie Muh, Moin, entschieden kurz oder lang hingezogen, klagend erst und dann mit einem Stimmanstieg wie staunend. Und wahrhaftig reden alle immerzu vom Wetter und von seiner Eigenart, vorgestern Schauer, heute Nieseln. Auch für morgen haben sie schon wieder Regen prophezeit, spotten Marie und Rupert, die noch nichts begriffen haben. Aber Marie begreift etwas, als die Nachbarin Gerda zu Hause bei sich die Bluse aufknöpft und ihr eine lange Narbe zeigt. Aber man sagt nicht Krebs, es heißt sehr krank. Der Stuhl in der Praxis heißt Pluumstool, denn auch unten kann Wildes wuchern bei einer Frau, aber bei Gerda ist es fortgeschritten und vorbei.

Weil man hier lebt, hängt man nicht sonntags Wäsche an die Leine, gräbt auch nicht den Garten um. Wie ihre Nachbarn kauft Marie nur freitags Schaarntjes, es gibt den Plattfisch täglich kutterfrisch, aber danach gehen nur Feriengäste. Weil man hier lebt, lernt man den Sturm. Der macht, daß Wolkenschatten über blankes Watt und Weideflächen jagen. Kuhherden drückt er vor sich her, läßt schwere Bäume windschief stehen. Flechtenüberzogen, regenschwarz die Wetterseite der Pappeln. Der Sturm stürmt Marie, er ist ein Freund, mit dem sie schreit im Freien. Natürlich ist der Sturm für alle auch ein Feind. Trotzdem staunt Rupert über seine schöne Kraft. Deshalb hetzt er über die Gardinen überall im Dorf. Jeder könnte sehen die unbändige Macht, wie sie durch Weizenfelder jagt in großer Weite draußen, statt dessen hängen die Nachbarn dichte Schleier vor die Fenster und müssen aber bei jedem vorüberfahrenden Auto ihre Gardinen heben und spinxen. Reinhard sieht Meinhard, was will der Händler in Ditzum so früh schon, gestern erst ist er hingefahren, wahrscheinlich zu seiner Schwester. Gerda und Reinhard wollen gegen Meinhard und seine Schwester nichts geredet haben. Denn der Satz, einer versteht es zu schweigen, bedeutet ein Lob. Aber Reinhard klärt Rupert auf über Meinhard, schlimmer noch ist seine Schwester. Wer zieht denn schon nach Ditzum? Marie und Rupert können als Freiberufliche jederzeit fortgehen, wohin auch immer, Hamburg oder Heide, schreiben kann man überall. Sie überlegen, vielleicht nach Rostock zu ziehen, in den Umbruch. Oder wenigstens nach Bremerhaven, denn dort leben Freunde, mit denen man mehr reden kann als mit den Nachbarn, Maurer fast allesamt, die es mit Rasenmähen haben und der BILD und oft mit Beten. Die beiden wissen, daß sie fremde Vögel sind und bleiben werden, jetzt und immerdar im Rheiderland. Aber daß Frankfurter Feriengäste es wagen, den Händler zu fragen, ob die Wurst auch frisch ist, finden sie wie alle anderen hier typisch. Denn so sind sie in der Stadt. Nur, Marie und Rupert sind nicht Landbevölkerung, sie können weg. Zu Beginn des Golfkriegs reden sie von Freiburg, in einer Universitätsstadt würden ihre Nachbarn wohl nicht umstandslos vom Thema Krieg zum Thema Kleieboden kommen. So ist es hier. Warum soll es in Freiburg anders sein. Da können Marie und Rupert gleich ins Wirtshaus der alten Grete gehen, zu Gerdas Mutter, die viel liest und alles weiß vom Königshaus Monaco. Grete weiß auch, Reinhard behandelt ihre Tochter nicht so, wie es sich gehört, wie einen Menschen. Grete fragt, ob Marie schweigen kann. Denn Gerda Hand in Hand mit Reinhards Kollege Wilko war schön und stolz wie ihre eigene Tochter Bianca, aber was ist Gerda heute. Damals ist Wilko abgehauen mit Swantje, ab in die Ehe, treulos zu Gerda. Marie soll sich hüten vor den Gebeten von Swantje und Wilko, Vermieter hin oder her. Aber als ein Sturm bei Marie und Rupert die Dachschindeln wegreißt, kommt Wilko spätnachts in sein Elternhaus und stopft das Dach, damit die beiden nicht fortfliegen mitsamt ihrem Katen, fort in die weite Welt. Das Rheiderland eine Weite? Marie beim Jäten sieht die Arbeit der Ameisen in der Kleieerde, und ihre Nase ist zu dumm, die Lockspuren, die Warnspuren zu riechen, die es geben muß, so entschlossen kribbeln die Ameisen Richtung Rosenläuse. Marie ist ihnen dankbar, jedesmal, wenn sie den Kleieboden umgräbt, wissend, die Ameisen helfen beim Lockern der schweren Erde. Aber oft ist es nicht, daß sie die fette Erde umschaufelt, denn Wilko kauft sich einen Pflug und übernimmt es ungefragt, aus nachbarlicher Freundlichkeit, den Acker seiner Mieter umzugraben. Und der Bürgerkrieg in Jugoslawien hat nur im Fernseher was verloren, denn Wilko hat Bauholz geschnappt für Ruperts Ofen. So sägen die beiden Holz im Frostlicht eines Wintermorgens und schreien sich zu, daß es Schnee geben wird, ab wann, wieviel, welcher Art. Drinnen am Fenster steht Marie, sieht Flocken wirbeln, sieht das schwarze Holz, denkt das Wort rot, und weiß, Wünschen hilft ihr nicht mehr. Aber sie sieht ein Kind jeden Tag, Achim, den Jüngsten von Tammens, den sie vergeblich Lesen und Schreiben lehrt, im Tausch gegen illegale Wildgans, und Rupert puhlt sorgfältig Schrotkugeln aus Sehnenfleisch und später hängt das Gerippe im Apfelbaum für die Meisen. Während der Graureiher auf Zehenspitzen durch das Tief die Fische anschleicht, tunktunk, der rasche Schnabelhieb, das silberne Zappeln, der Schluck, das Würgen, schwerfällig sein Abflug. Und von Ewigkeit zu Ewigkeit. Vielleicht hat die Zeit stillgestanden, während Marie es vom Schreibtisch aus sah.

Vielleicht war es ein Glück, wie auch die finsteren schlaf-
losen Nächte, wenn der Mond aufbrach und seine Bahn zog,
wenn sie ihm folgte, seinem langen Weg, von Kammerfenster zu Kammerfenster, er nahm sie mit in die Stille. Dagegen der Lärm tagsüber, die Glatzenschneider, Rasenmäher,
die Brennesselpeitschen, Laubsauger und Düsenjäger, der
Entenwalzer von Achims Eltern, einmal am Tag aufgedreht
bis zum Anschlag. So ist es einfach, Kiel zu erwägen, die
Stadt des befreundeten Zundelfrieders und Büchersamm-
lers. Aber ihr lebt hier im Garten Eden, schwärmen Berliner
Freunde. Und machen sich dick im faustgroßen Haus und
fressen ihnen das Quittenbrot weg, und die Haare vom
Kopf. Und fragen ihnen Löcher in den Bauch von wegen
Polderbauern, von denen kein anständiger Mensch etwas
wissen will in Verlaat. Die Berliner mögen das Kind Achim
nicht. Denn das Kind puhlt in den Ohren, es gibt keine oder
dumme Antwort, es rotzt und stinkt. Das ist, was Berliner
sehen, die das Kind nicht kennen. Und sie kauen Marie und
Rupert die Ohren ab mit Vorträgen über Computer, während sie blind und taub am Watt stehen, wo es schmatzt und
rieselt, wo es singt. Und Marie ist einig mit Swantje, Berliner und Frankfurter und Konsorten verstehen es nicht zu
schweigen. Sonst würden die nicht von Eden sabbeln, wo
dieses Jahr die Kartoffelkäfer in sämtlichen Äckern wüten
und hauslose Schnecken systematisch den Purpursonnenhut wie den Salat vernichten. Auch war im Garten Eden unbekannt der Bogen. Marie lernt diese Tradition kennen und
fürchten. So kommt sie ins Nachdenken über Hannover.
Dort würde niemand wagen, sie zu fordern, Blumen zu falten aus bunten Servietten, aus Anlaß des fünfhundertsten
Hochzeitstags oder Lebensjahrs, Blumen, die in ein Ge-
winde aus Zweigen gebunden werden, der Bogen als
Schmuck einer Haustür. Aber sie lebt in Ditzumerverlaat
und so sitzt sie papierfaltend in kleinen Küchen zwischen
Nachbarinnen und hört, Heinz Rühmann ist verstorben,
und läßt sich Rezepte sagen für Speckendicken und besteht

auf einem Grünkohlrezept ohne Graupen, wurzellos, wie die Frisöse es immer wußte. Denn Janette hat läuten hören, daß Marie nach Portugal geht, als reiche das Rheiderland ihr nicht aus. Das Rheiderland eine Welt? Hier geht keiner weg, hier herrscht Frieden, und wenn einer krank in der Seele wird und die Flügel hängen läßt so wie Rupert, dann ist er selbst friedlos, dann sollte er sich beherrschen, was soll das für eine Krankheit sein, siehe Gerdas Cousine, der Arzt in Weener spricht von Depressionen. Was die in Weener alles wissen.

Aber auch in Ditzumerverlaat zieht Fortschritt ein mit Arbeitslosigkeit und Carports, Tierewahn und Inlineskatern, und selbst in Meinhards Sparladen sieht man die Tochter tätowiert. Und nicht nur die Körper, auch Himmel und Horizont sind beschriftet, wobei es an Schriften solche und solche gibt. So berät sich Rainer, Gerdas Ältester, ein Schulversager, Schwerenöter, Spieler, ausführlich mit Marie über die Zeichnung seiner Haut. Denn er ist unsicher, ob seine Freundin lieber auf ihm eine Meerjungfer oder vielleicht doch besser eine Windsbraut sähe. Oder ob ein Weibsbild seine Freundin eifersüchtig machen könnte. Schließlich entscheidet er sich und läßt stechen und läuft im März im T-Shirt durch Verlaat, auf daß alle Welt ihn gezeichnet sieht, zum Preis seiner Freundin, und als Beweis seines Muts. Alle freuen sich an dem gelungenen Drachen, außer dem Vater. Beschriftet wird auch der freie Horizont, Marie und Rupert sehen ihn verstellt durch neue Windradkolonien. Ein Maschinenpark am andern, Hauptsache Wachstum, maulen sie, geht das nicht anders zu machen, drüben in der Krummhörn, aber auch hier, Holtgaste, Möhlenwarft, Georgiwold, Charlottenpolder, überall schnurgerade Reihen. Sogar Reinhard ist mit ihnen ausnahmsweise einer Meinung, verschmutzte Landschaft, schlecht für Touristen, schlecht also für ihn und sein Ferienhaus. Besser, sagt er, sie würden die Atomkraft fördern im stalinistischen Magdeburg, wo bis heute deutschblütige Sportler von fahrenden Stasispitzeln gedopt werden. Aber so hatten Marie und Rupert es nicht gemeint mit der Kapitalismuskritik und ihrem Ärger gegen Gleichförmigkeit, gegen die Ordnung in Reih und Glied.

Mittlerweile ist es dahin gekommen, daß Rupert die Sprache der Wolken versteht. Der Himmel hier fängt flach an, auf Augenhöhe ist er immer um einen herum, bevor er sich hebt, so daß Rupert oft an der Stallwand lehnt, den Kopf in den Nacken gelegt, und liest was am Himmel geschrieben steht, Starenwirbel, hoch oben die Eins-Formation der Nonnengänse, darüber geballte Wolken, Wolkenschleier, Wolkenfetzen, zuckende Blitze. Und längst sind Formalitäten wie das Ausschalten des Fernsehers zwischen Gerda und Marie nicht mehr üblich, sie soll sich hinsetzen, und die Geschäfte in der Hauptstadt sind geschlossen, Sportveranstaltungen sind abgesagt, die Welt weint um die Rose Englands, um Diana, und die Totenglocke von Westminster Abbey schlägt, um unsereins wird so ein Wirbel nie gemacht, sagt Gerda, und sechs Rappen, und Bianca sagt, Carl Lagerfeld soll auch da sein, und Elton John singt sicher nicht umsonst, und Gerda sagt, du kannst auch niemals schweigen, und später sagt sie, das ist für Elton John eine Eigenwerbung. Danach putzt sie sich die Nase und gibt auch Marie ein Taschentuch.

Und es hat sich ergeben, daß Marie in Wintermonaten beim Schreien der vorüberziehenden Wildgänse weiß, jetzt ist die Zeit, das Abendessen aufzusetzen. Und Rupert versteht es zu schweigen, als Rainer sich trotz Maries Vorträgen gegen das Militär beinahe für die Armee entscheidet. Bis Rainer klar wird, in Ditzumerverlaat wären sie alle erstmals zufrieden mit ihm, Großmutter, Großvater, Nachbarn, Onkel, sein Vater allen voran. Beim Bund herrschen Klarheit und Ordnung, Befehl und Gehorsam. Das mögen alle, und Rainer mag es, wenn man mit ihm nicht zufrieden ist. So schiebt er Rollstühle. Daß er in der Zivildienstzeit nicht mehr nur daddelt an Spielautomaten, sondern danach auch süchtig wird, war absehbar für jeden und wäre beim Bund nicht passiert. Gerda bleibt Marie verbunden, denn die ist immerhin keine Verwandte, während es sonst alle sind. Trotzdem stellt Marie den Wackeldackel, Gerdas Dank für Marmelade, nicht im Auto auf. Allerdings bewahrt sie Gerdas selbstgemachte Verse zu ihrem vierzigsten, vorgetragen beim Grünkohlessen mit Graupen in Gretes Kneipe. Wie auch ein Bild, das ihr ein dickes Kind schenkt, auf grauer Pappe ein bezopftes Rumpelstilzchen, schwarz, schwerer Bauch, es hat einen Lachmund von Ohr zu Ohr, gleichzeitig verspritzt es Ströme von Tränen. Marie stellt in den Stall zu der zum Schutz von Kindern hochgelegten Axt zwei Porzellan-Leuchttürme, drei Schwippbögen, zwei handbemalte Zierde-Dachschindeln. Und dreizehn Topfhandschuhe werden von Rupert verbrannt im verbotenen offenen Feuer am Tief. Und sie träumen von Hamburg, wo keiner keinen drückt und zieht mit Geschenk und Gegengeschenk, wo niemand den höllischen oder hellichten Arbeitstag unterbricht auf drei Tassen gelassen Tee, den Marie selbst sich ganz gern abholt bei ihren Fahrradwegen. Also wieder mal bei Gerda, NDR 4 im Hintergrund, und Marie, die immer noch aufpassen muß bei Platt, das Gerda nur verwendet, wenn es um die Gesundheit in der Familie geht, um wildes Wuchern und andere Herzensdinge, Marie kriegt nicht mit, warum Gerda den Fernseher einschaltet, CNN. Beide sehen den Flieger, die brennenden Türme. Löschflugzeug, sie murmeln sinnlos im ersten Moment. Marie fährt bald weiter nach Haus, schaltet das Radio ein. Rupert ist dieser Tage in der Ukraine, bald darauf in Israel. Auch sie hat oft draußen zu tun, im Inland und Ausland. Sie knurrt über Reisen, Flughäfen, Zeitverschiebung. Dann wieder, zurückkommend von einer Lesung in Cloppenburg, beschäftigt mit Bohnen, mit Bohnen, mit Bohnen, wünscht sie sich ins Land Unbekannt, in dem nichts so vorhersehbar ist wie Tammens Zitronencremeschnitte, sie wünscht sich ins Land Unbekannt, in dem keine Nachbarin Ratschläge gibt zur Bodenpflege, in dem vielmehr Abwechlung herrscht.

Denn auf den Wegen am Deich verändern sich höchstens die Maulwurfshügel, einer ist heute eisüberkrustet, vorgestern oder vor Wochen kam ein neuer Hügel dazu. Aber Marie geht täglich die Wege im Weiten. Der Regen vorgestern war Seidenstreicheln, gestern aus zunächst heiterem Himmel waren es unerwartete scharfe Hiebe, wie soll sie nicht neugierig sein auf den heutigen Weg. Also wehrt sie sich, wenn ein Kollege aus Berlin anreist und draußen alles eins findet, anstatt die Einzigartigkeit der fünften Pappel auf der Straße nach Jemgum zu sehen. Ebenso wehrt sie sich, wenn er den Vorgarten von Gerda kommentiert. Kommentare geben dürfen nur die Hiesigen, die Städter sollen sich zurückhalten. Vielleicht also ist Marie längst hiesig, was ihr nur draußen auffällt, oben auf dem Schloß von Stuttgart, wo Maler und Schreiber, Meinhard hat es genau von der Quelle, wohnen für lau und obendrein Geld geschenkt kriegen, wo auch Marie für ein halbes Jahr hauste, wie vorher auch schon in der Berliner Villa. Auf dem Schloß, unter den Künstlern aus Berlin, aus Tokio, Mailand und Zürich stellt sich raus, woraus einer gemacht ist. Porzellan die einen, wogegen andere nichts sind als Kleie, solche verstehen zu schweigen, was auf dem Schloß keine Fähigkeit ist, sondern umgekehrt, ein Versagen. Trotzdem darf sie zum Schreiben ins Dorf Ghent im Bundesland New York. So gut hätte Swantje es auch gern, aber es bringen sie keine zehn Pferde aus dem ostfriesischen Rheiderland in das ostfriesische Emsland. Denn dort wohnen die Katholiken. Swantje versteht, daß Rupert und Marie nicht mehr katholisch sind, vom Papst will sie wissen, stimmt es, daß er die Mutter Jesu anbetet wie einen Götzen? Auch die Teufelsaustreibung soll es geben bis heute, wovon sie mehr hören möchte. Wilko bespricht sich lieber mit Rupert, was er schreiben soll auf dem Antrag zur Frührente, wegen seiner zerschundenen Knie. Und Marie bewundert lieber den neuen Pullover von Swantje, den die herabgesetzt bekommen hat, denn niemand hier würde sich über die anderen Nachbarn erheben, außer in Grenzen, und anderes kaufen als günstig. Trotzdem sind alle verschuldet, denn unter den andern Nachbarn will auch keiner stehen. Also Mittelklassewagen, Eigenheim, neue und neuste Einrichtungen. Es gehört sich, jede Anschaffung zu loben, also ringt Marie sich etwas ab zu Swantjes neuem Sofa, was die ihr nur halb glaubt, denn Maries Sofa steht nach wie vor mit Loch in der Küche. Aber dann weint Swantje um ihre plötzlich verstorbene Mutter Taline, bei der auch Marie oft saß, denn Taline gehört zu Swantje, und weil auch Marie vielleicht irgendwann zu Swantje gehörte, ließ auch sie die alte Taline nicht wildfremd im Stich. So gehen Swantjes Tränen über in die von Marie. Das schließt nicht aus, mit Rupert über Oldenburg zu diskutieren, eine schimmelfreie Wohnung wäre frei, sie hätte Zimmertüren, die tatsächlich schließen, ans Mäusehasten über ihren Köpfen kein Gedanke mehr, es wäre Schluß mit dem wissenden Fragen der Nachbarn, ihr hattet wohl wieder Besuch von dem alten Citroën aus Bremen, es hätte ein Ende mit den Sorgen wegen der Risse im Verputz, in den Tapeten, nie mehr müßten sie fürchten, ihr Katen, so nahe am Wasser liegend, würde eines Tages schmatzend versacken wie der von Meinhards Schwager. Als sie aber zurückkommen von der Wohnungsbesichtigung in Oldenburg, hinuntergehen den Fußweg am Tief, umstreifen Pfauenaugen, kleine Füchse und Admiräle auf dem Blumenbeet den Purpursonnenhut. Und nachts bei Mond die Schatten der Weiden im Tief. Aber Marie flucht lauthals, als ihr auf dem Weg nach Göttingen die Karre stehenbleibt vor Jemgum, die fünfte gefächerte Lieblingspappel geschenkt, wie oft kommt hier einer vorbei. Der Onkel von Achim hält an, natürlich hat er Marie erkannt nach aberhundert gemeinsam verzehrten Zitronencremeschnitten, er jagt mit ihr den Umweg zum Bahnhof Leer. Aber wenn einer aus Stuttgart daherläuft und die ostfriesische Gastfreundschaft lobt, weiß es Marie bockig besser. Weil sie es aber versteht zu schweigen, würde sie niemals von Reinhard reden, der weiß, erst kommt in der Welt Verlaat, und

der Rest der Welt macht Verlaat nichts als Ärger, siehe die
Maurer aus Zonieland, die keine Ahnung von Mörtel haben,
siehe die eingefallenen Rußlanddeutschen, die hausen genau
wie die Türken, sie alle nehmen Deutschen die Arbeit und
liegen faul auf der Haut, und er muß es zahlen. Würde Reinhard einer Fliege was zuleide tun? Aber in Verlaat reden sie
alle darüber, wie er schon Frau und Kinder hält, es waren
Blutergüsse, Grete hat sie gesehen, aber morgen soll es Regen geben, sagt sie, der Salat hat es nötig.

Und das Kind Achim, das auf Maries Schoß saß, überragt
sie längst, geht längst in die Lehre und hilft ihr beim Renovieren. Und längst ist die Sickergrube vorm Haus durch Ka-
nalisation ersetzt. Und wieder schließen sich im Watt nach
ihrer Brutzeit Rotschenkel zu Trupps zusammen. Und die
Behörden haben den traurigen Mut, sämtliche Pappeln auf
dem Weg nach Jemgum fällen zu lassen. Und Maries Moin
klingt so vielfältig wie Muh.

Gestern war morgen, schreibt sie und spinnt. Was ist es
anderes. Ach wie gut, daß niemand weiß. Übermorgen hol'
ich, aber was will Rumpelstilzchen mit dem Kind? Und die
dumme Müllertochter kann nicht Stroh zu Gold spinnen, die
dumme M weiß sich zu helfen nicht in ihrer Not, spinnt
Stroh, R hilft, Ameisenspuren, verschwindende Düfte, etwas
Lebendes ist mir lieber als alle Schätze der Welt. Und Swantjes Tochter bekommt einen Sohn im Jahr 2004. Es regnet.
Und Alte aus Castrop-Rauxel, die in Verlaat ihr Rentner-
leben anfingen und Rentner aus Gelsenkirchen nachzogen,
ziehen nach Weener, wo es den Arzt und das betreute Wohnen gibt. Und Quitten leuchten in ihrem Flaum. Und Kühe
warten am Gatter im Schlamm. Und Reinhard erschlägt
Maulwürfe. Und Gerdas Cousine hat wieder das schwarze
Tier. Und auf dem Polder kreisen Möwen über einen Acker,
um einen Traktor. Und Grete legt sich zum Sterben und steht
wieder auf. Und Fasane keckern im Kolk. Und Rainer fährt
sein Auto zu Schrott. Und Wolken spiegeln sich im Tief. Und
in der Rheiderland-Zeitung ein Foto des Verlaatjer Kirchen-

chors, Swantje steht in der zweiten Reihe, die erste links. Und Frühnebel. Und Giersch. Und Gerda fährt zum Musical nach Emden. Zwei Schleiereulen fliegen in der Dämmerung auf Jagd, ihr Flügelschlag lautlos ein Hauch.

Regen fällt.

Wilko baut sein Elternhaus für seine Tochter aus, als Rupert und Marie fortziehen aus dem Rheiderland.

Katrin de Vries

Leere Landschaft

Kleine Kinder lieben es zu graben. Tiefer und tiefer und immer noch tiefer möchten sie graben. Sie möchten Schätze finden. Schätze von ganz früher möchten sie finden. Von ganz ganz früher. Schätze von den Urmenschen. Aus der Urzeit. Schätze also aus der Nichtzeit. Also aus der Allzeit.

Und kleine Kinder möchten Land entdecken. Unbekanntes neues Land möchten kleine Kinder entdecken. Später einmal wenn sie groß sind. Dann möchten sie über die Meere fahren und das unbekannte das neue Land entdecken. Weit möchten sie werden. So weit wie die weite Welt möchten sie werden.

Durch die Gegend stapft das gealterte Kind.

In der rechten Hand hat es einen biegsamen einen in seiner Länge veränderbaren Stab. Diesen Stab hat es jetzt beim Gehen auf Haupteshöhe auseinandergezogen.

Auf seinem Rücken trägt es einen dunklen einen feinmaschigen Sack.

Aufrecht aber den Blick gesenkt setzt das gealterte Kind Fuß auf Fuß in schweren in schwarzen Erdboden und zieht Fuß auf Fuß aus dieser schweren schwarzen Erde. Den Stab drückt es dabei regelmäßig in den Boden hinein. Als Stütze zum Gehen bräuchte das gealterte Kind den Stab hier nicht. So flach ist das Gelände hier. So ganz und gar flach. Nie fällt es ab. Nie steigt es an. Nie macht ein Stein stolpern.

Andere Menschen sind selten. Andere Menschen halten sich in vereinzelten Häusern auf. Andere Menschen haben den

Boden gepflügt. Und andere Menschen haben Gräben angelegt. Das Land soll trocken werden. Und das Land soll trocken bleiben. Die angelegten Gräben sind ganz gerade angelegte Gräben. Und immer ist Wasser darin. Manchmal ist viel Wasser darin. Manchmal ist es wenig Wasser darin.

Für diese Gräben braucht das gealterte Kind den Stab. Ohne Hilfsmittel kann kein Mensch diese Gräben überspringen. Erreicht also das gealterte Kind solch einen Graben so zieht es den Stab weiter auseinander nimmt Anlauf rammt den Stab in die Mitte des Grabens hinein und springt an ihm hinüber.

Und ist es sonnenhell und ist der Himmel blau so schiebt es nach solch einem Sprung den Stab auf Armeslänge zusammen und hält sich den Stab vor das rechte Auge und zielt auf eine Wolke. Ganz schnell zieht die Wolke weiter und verändert ihre Gestalt ganz schnell und der Stab bewegt sich mit. Aber dann läßt das gealterte Kind die Hände wieder sinken. Und setzt seinen Weg fort.

Es muß hin zum Meer.

Und dabei hilft ihm die Sonne.

Das Meer ist dort wo die Sonne untergeht. Also geht das gealterte Kind weiter. Und stapft und springt und sieht manchmal in der Ferne auch eine Menschengestalt und erreicht so das Meer.

Am Rande des Meeres angekommen hebt das gealterte Kind den Blick und sieht was es schon weiß. Grau und weit ist das Meer. Immer ist das Wasser hier grau. Nie ist das Wasser hier blau.

Das gealterte Kind stößt den Stab in den Boden nimmt seinen Sack vom Rücken und setzt sich.

Es öffnet den Sack. Holt Brot heraus. Und Wasser. Und legt beides neben sich ins Gras. Dann greift es noch einmal tief in den Sack hinein und holt sich das Kärtchen heraus. Holt sein in Kunststoff eingeschweißtes Kärtchen heraus. Es blickt auf das schwarz Geschriebene und übergibt die Karte dem Meer. Die Wellen tragen sie davon. Nun nimmt das gealterte Kind das Brot. Das Wasser. Und ißt. Und trinkt.

Die Wellen gehen zurück. Gehen immer weiter zurück. Und zurück bleibt das Watt. Das Watt ist so grau wie es die Wellen waren.

Da zieht das gealterte Kind seine hohen seine schweren Schuhe aus. Steht wieder auf. Nimmt den Sack auf den Rükken den Stab in die Hand und beginnt erneut zu gehen. Nacktfüßig geht es jetzt in den Schlick hinein. Bis zu den Knöcheln sinkt es ein. Der Schlick saugt. Aber das gealterte Kind hat kräftige Wadenmuskeln. Es will noch weiter. Es will dieses Meer überqueren. Es will hier einen Teil des Meeres überqueren. Es muß nur geradeaus muß immer nur nach Westen dieses Meer hier überqueren. Dann wird es das Eiland erreichen.

Dort lebt das Volk.

Das gealterte Kind kennt das Watt. Auch hier gibt es Gräben Flache und breite und tiefe und krumme Gräben gibt es hier. Aus den flachen Gräben wird regelmäßig alles Wasser zurückgezogen. In den breiten und tiefen Gräben bleibt das Wasser immer. Das gealterte Kind kann dort seinen Stab nicht hineinrammen. Und kann auch nicht hindurchschwimmen. Denn der so starke Sog des Wassers würde das gealterte Kind in die mächtigen Strudel der tiefen Gräben ziehen.

Die Gräben verlaufen immer anders. Nach jedem Winter nach jeder Sturmflut verlaufen die Gräben anders. Das gealterte Kind erkennt den Verlauf eines vergangenen tiefen Grabens. Heller ist der den vergangenen Graben auffüllende Schlick. Würde es in diesen Schlick treten so würde es für immer darin versinken.

Als dann das Wasser zurückkommt als die flachen Gräben sich schnell füllen schiebt das gealterte Kind seinen Stab ganz zusammen holt einen besonderen Anker aus seinem Sack befestigt den Stab daran und drückt den Anker tief in den Schlick. An das andere Ende des Stabes hakt es einen Gummiring und bläst ihn auf. Das graue Wasser steigt. Und steigt weiter und beginnt den Gummring zu tragen. Da schwingt sich das gealterte Kind auf den Gummiring und das Wasser steigt und nimmt den Sitz mit in die Höhe und der Stab wird immer weiter auseinandergezogen. So tanzt das gealterte Kind in seinem Gummiring auf den Wellen. Und die Wellen bewegen den Sitz auf und nieder und die Gischt sprüht gegen das gealterte Kind und auf seiner Haut brennen die Salzkristalle und es kühlt aus und wird steif und alle Muskeln spannen sich gegen das Wasser und den Wind. Aber dann auch wird das Wasser wieder ruhig und friedlich schaukelt das gealterte Kind weiter auf den Wellen. Es lacht und streckt sein Gesicht den Sonnenstrahlen entgegen.

Und dann geht das Wasser zurück. Wie immer geht dann das Wasser zurück. Und das gealterte Kind verläßt seinen Sitz und steht mit beiden Füßen in einer kleinen Rinne und spürt unter seinen Fußsohlen wie das Wasser ganz schnell zurückgesogen wird. Und schon ist alles Wasser zurückgesogen da sieht das gealterte Kind etwas. Am Boden der Rinne sieht es etwas. Die Sonne bescheint es und so glänzt es aus dem Watt heraus. Das gealterte Kind bückt sich und sieht es ist keines der hier immer schon dagewesenen Tiere. Nein. Es ist etwas Erdachtes. Es ist etwas Gemachtes. Es ist etwas zum modernen Menschen Gehörendes.

Oh. Denkt das gealterte Kind. Und spricht es auch aus. Nun bin ich schon so alt. Und bin schon so lange kein Kind mehr. Und suche schon so lange nicht mehr. Und nun finde ich.

Und es greift in den Schlick und holt es heraus. Es holt eine kleine feste Karte aus Kunststoff heraus. Mit den Daumen streicht es den Schlick von dem Kärtchen. Und kann dann das schwarz Gedruckte deutlich lesen.

Der Himmel ist hell. Ist blau.
Das graue Watt flimmert.

Das gealterte Kind hält eine Hand über die Augen. Es meint in der Ferne das Eiland bereits sehen zu können. Da säubert es das Kärtchen gründlich. Nimmt seinen Sack vom Rücken und birgt die Karte darin.

Auf dann. Weiter mir entgegen. Ruft es.

Mit Hingabe. Ruft es.

Und stapft dem Eiland weiter entgegen.

Walter Kempowski

Niedersachsen

Erstens

Der Harz

Sich über Niedersachsen zu äußern, ist bei näherem Überlegen gar nicht so einfach. Mir zerfällt der sogenannte Flächenstaat in mindestens drei Bilder: Das erste reicht weit zurück in die Vorkriegszeit und handelt von einem Harz-Besuch der elterlichen Familie mit allem Drum und Dran: einer vorsinflutlichen Pension für pensionierte Offiziere, einem kärglichen Mittagstisch und Busfahrten in die nähere Umgebung. Genauer gesagt waren wir dazumal gar nicht in Niedersachsen, denn nach dem Krieg wurde dieser Teil des Harzes der DDR zugeschlagen.

Aber die Bilder, die heute in mir aufsteigen, kombiniere ich mit anderen mehr oder weniger erzwungenen Ferienaufenthalten. So wurde ich von der Evangelischen Kirche nach Harzburg geschickt, wo es Jagdwurst zu essen gab. Die Straße vor diesem Heim wurde vorwiegend von Schwerlastern benutzt, die Kies von irgendwoher holten und irgendwohin brachten.

Ich hatte diesen Urlaub mit meiner Mutter zusammen zu verbringen, das Ganze sollte eine Erholung für entlassene DDR-Gefangene sein. Doch tatsächlich waren es bittere Stunden! In denen meine Mutter mir von ihrer Gefängniszeit erzählte. Ich erholte mich damals, indem ich mit einem kleinen Jungen durch die Wälder streifte und ein Loch entdeckte, das zwar abgezäunt war, von uns jedoch erklettert und sonderbarer violetter Kristalle beraubt wurde, indem wir diese mit einem Hammer abschlugen.

Der symbolische Gehalt dieser Harz-Erinnerungen ist mir keinesfalls entgangen und auch der Leser wird bemerken, wie wichtig es ist, die Dinge des Lebens in einem Akkord wahrzunehmen. So wie der erste Harz-Aufenthalt nicht nur aus Regen und einer sonderbaren Promenadenkapelle bestand, so war auch Holzburg in Einzelheiten durchaus befruchtend.

Es gab dann noch einen dritten Harz-Besuch. Diesmal wurde ich von der Krankenkasse nach Bad Lauterberg geschickt. Auch hier wieder Jagdwurst, auch hier wieder Regen, donnernde Lastwagen und zur Gesellschaft wehklagende ehemalige Häftlinge.

Da Bad Lauterberg ein Kneipp-Bad ist, mußte ich mich morgens im Bett zudem von einer Krankenschwester kalt abreiben lassen und dreimal in der Woche empfing ich einen sogenannten Eisguß ... Weiß Gott eine zweifelhafte Erholungszeit.

In Bad Lauterberg war es auch, wo ich in einem Fotogeschäft eine junge Verkäuferin ansprach, die sich tatsächlich von mir nach Hause bringen ließ. Wir liefen in der Dämmerung einen 4 km langen Fußweg, eine asphaltierte Allee entlang. Bis sie endlich sagte: »Hier wohne ich.«

Der Harz also, als erstes dreiteiliges Bild von Niedersachsen. Ich habe alle drei Aspekte – wie ich eben bemerke – bereits in meinen Romanen »Tadellöser & Wolff« und »Herzlich willkommen« beschrieben.

Einen letzten Eindruck vom Harz empfing ich in Bad Sachsa, aber davon wollen wir lieber schweigen. Hier schwimmt eine riesige Plastikente auf dem schönen See. Wer morgens nichtsahnend aus dem Hotelfenster guckt, sieht ganz zwangsläufig auf dieses amerikanische Erzeugnis. Im Harz bin ich übrigens danach noch nicht wieder gewesen!

Zweitens

Das liebe Göttingen

Auch diese Stadt, die mir nur Wohltaten erwies, mit ihren Fachwerkbauten, den Kirchenkonzerten, den munteren Studenten und Studentinnen in Eisdielen mit Milchbars, habe ich schon beschrieben. Ich kann wohl sagen, daß Göttingen meine zweite Heimat wurde.

Kann man Städte lieben? Bis zu einem gewissen Grade wohl. Göttingen hatte damals in den 5oer Jahren ein Flair der Harmlosigkeit – und das paßte zu mir, denn ich war ja auch sehr harmlos.

Es gibt in Niedersachsen auch noch andere Städte, die Göttingen ähneln. So Duderstadt, Holzminden, Hannoversch Münden, Goslar. Aber keine hat wie Göttingen dieses gewisse Etwas. Der Grad der Enttäuschung, die ich vor Straßen und Gassen empfinde, wenn ich mich jetzt wieder einmal mehr oder weniger zufällig in Göttingen einstelle: Gebhardts Hotel, ist grenzenlos. Immer entdecke ich nach anfänglichem Entzücken, daß alte mir liebgewordene Straßenzüge entstellt wurden, daß die Stadt sich bis zur Verhunzung verändert.

Aber das tut der Liebe keinen Abbruch. Der Ärger wird kompensiert durch die Wiedersehensfreude und wenn ich mir die vielen Namensschilder von Prominenten ansehe, die an den Häusern zu finden sind, dann denke ich manchmal: Es wär doch schön, wenn in 50 Jahren auch »Am weißen Stein, Nr. 4« ein Schild mit meinem Namen angebracht wird.

In Göttingen studierte ich menschenfreundliche Pädagogik der Art, die uns heute abhanden gekommen ist. Ich arbeitete ein paar Wochen in einer niedersächsischen Zwergschule und wohnte direkt an der Weser. Das abendliche Gänseeintreiben der Dorfmädchen, das Vorübergleiten der Ausflugsdampfer und die Spaziergänge durchs hohe Korn – all das ist in meiner Erinnerung lebendig und auch daraus speist sich meine Liebe zu diesem Land.

Unvergeßlich ist mir außerdem der Besuch in Lippolds-
berg, obwohl nebenan national gesonnene Dichter tagten.
Doch dieses alte romanische Kirchlein weist weit zurück zu
unser aller Wurzeln.

Drittens

Nartum

In Göttingen war es, daß ich meine Frau kennenlernte. Damals mit Petticoat und Dutt. Ich zog mit ihr – nach brav
absolviertem Pädagogikstudium und ordnungsgemäß verheiratet – in den Landkreis Rotenburg (Wümme).

Hier verlebten wir samt Kindern und Auto sage und
schreibe fast 50 Jahre. In Nartum schrieb ich all meine Bücher. Hier bauten wir ein Haus inmitten von Wiesen und
Wäldern und von hier aus unternahm ich weite und weiteste
Touren durchs Land. Zum Beispiel in das mir feindlich gesonnene Osnabrück, ins freundliche Hildesheim und an die
Weser.

Da ich Mecklenburger bin, fesselt mich an dieser schönen
niedersächsischen Landschaft das Statuarische der Menschen und ihre Sprache, die der Sprache meiner Heimatstadt
ähnelt. Ich will nicht sagen, daß uns hier in Nartum die
Nähe der beiden Städte Bremen und Hamburg besonders
gefällt, das hätte mit unserem Thema »Niedersachsen«
nichts zu tun. Und doch war es schön, immer wieder ausbrechen zu können und sich in Fußgängerzonen das anzu-
gucken, was man dann eben doch nicht kaufte … Heute hat
das aufgehört, heute sitzen wir in unserem Haus, das sich
Kreienhoop nennt und sich einiger Bekanntheit nah und
fern erfreut.

Wenn ich aus dem Schlafzimmerfenster gucke, sehe ich
ganz in der Nähe den Friedhof liegen, auf dem meine Mutter längst beerdigt ist. Und auch wir werden dort eines Tages liegen, die Grabstelle ist groß genug.

Viertens

Beinahe hätte ich sie vergessen, die Nord-/Mordsee. Die Erinnerung an meine Mutter hat mich wieder darauf gebracht. Ich habe es gar nicht nötig, mit 50 Jahren niedersächsischem Aufenthalt zu protzen, denn meine Vorfahren stammen von der Küste, genauer gesagt aus Cuxhaven. Hier war mein dreifacher Urgroßvater Lotsenkapitän und dessen Schwiegersohn Landarzt. Auf dem Pferd ritt er die Dörfer ab und kümmerte sich um die Alten und Kranken. Wenn er nach Hause zurückkehrte, schlief er im Sattel ein.

Nur selten fahre ich an die Küste, denn immer war gerade Ebbe, wenn ich es bisher tat. Überhaupt zog ich die sanfte Ostsee meiner mecklenburgischen Heimat der donnernden Nordsee vor. Dabei hätte ich allen Grund, mich mit dem Norden Niedersachsens näher zu beschäftigen, denn meine blonde Frau mit ihren blauen Augen stammt – man sollte es nicht für möglich halten – von ostfriesischen Häuptlingen ab. Nicht selten merkt man ihr das an.

Manchmal fahren wir gemeinsam auf eine Insel, meistens dann, wenn es mir bezahlt wird, das heißt, wenn ich zu Lesungen eingeladen werde. Wir gehen dann Hand in Hand am Strand entlang, kehren ein und essen frischen Fisch, den ich eigentlich gar nicht mag.

Cuxhaven – die Alte Liebe – ein Bild hing bei uns zu Haus über'm Klavier. Vor einiger Zeit stand ich direkt davor und dachte: Das Dings kennst du doch? Da fiel mir wieder ein, daß ich quasi unter ihr, der Alten Liebe, aufgewachsen bin.

Mehr fällt mir zu Niedersachsen nicht ein. Wem es nicht genügt, der lese meine Romane »Herzlich willkommen«, »Heile Welt« und »Hundstage«.

Zu den Autorinnen und Autoren

Henning Ahrens (*1964)
wuchs als Landwirtssohn bei Peine auf, studierte Anglistik, Geschichte und Kunstgeschichte in Göttingen, London und Kiel, promovierte 1995 über John Cowpers Powys zum Doktor der Philosophie, zog danach wieder als Schriftsteller ins Peiner Land. Zu seinen Veröffentlichungen zählen die Lyrikbände »Lieblied was kommt« (1998) und »Stoppelbrand« (2000) sowie die Romane »Lauf Jäger lauf« (2002) und »Langsamer Walzer« (2004).

Heinz Ludwig Arnold (*1940)
studierte als Sohn eines späteren Bundesanwalts zunächst Jura in Göttingen, erkannte aber sehr schnell seine wahre Berufung und wandte sich der Literatur zu, gründete 1963 die Zeitschrift »TEXT + KRITIK«, erfand das »Kritische Lexikon zur deutschsprachigen Gegenwartsliteratur (KLG)« und das »zur fremdsprachigen Gegenwartsliteratur (KLfG)«, arbeitet zur Zeit als Herausgeber an der Neuausgabe von »Kindlers Literatur Lexikon«, ist zudem Honorarprofessor der Universität Göttingen. Die aktuellsten seiner vielen Bücher sind »Die drei Sprünge der westdeutschen Literatur« (2001), »Die Gruppe 47« (2004) und »Von Unvollendeten« (2005).

Artur Becker (*1968)
wurde als Sohn polnisch-deutscher Eltern in Bartoszyce (Masuren) geboren, wanderte 1985 nach Deutschland aus, studierte Kulturgeschichte Osteuropas und Deutsche Literatur- und Sprachwissenschaft, zog nach Verden an der Aller, um zu schreiben. Er hat Prosa und Lyrik veröffentlicht, darunter die Romane »Der Dadajsee« (1997) und »Kino Muza« (2003), der Gedichtband »Der Gesang aus dem Zau-

berbottich« (1998) und der Erzählungsband »Die Milchstraße« (2002). Zuletzt erschien die Novelle »Die Zeit der
Stinte« und der Roman »Das Herz von Chopin« (2006).

PAUL BRODOWSKY (*1980)
kommt aus Kiel, wo er 1997 die Theatergruppe »Charon-
Theater« gründete, studierte Kreatives Schreiben und Kulturjournalismus an der Universität Hildesheim, gab die
Literaturzeitschrift »BELLA triste« heraus, initiierte das Hildesheimer Literaturfestival »Prosanova«. Er schreibt Theaterstücke, Hörspiele und Essays, vorwiegend jedoch erzählende Prosa. Neben Veröffentlichungen in Zeitschriften und
Anthologien ist der Miniaturenband »Milch Holz Katzen«
(2002) erschienen.

GEORG OSWALD COTT (*1931)
wurde in Salzgitter geboren, machte eine Handwerkslehre,
studierte Ernährungswissenschaft und Germanistik, arbeitete als Berufsschullehrer in Afrika, unterrichtete an der
Universität Hannover, lebt und schreibt jetzt in Braunschweig. Autor vieler Gedichtbände, unter anderem »Tagwerk« (1999), »Karrenspur« (2001) und »Transit« (2002),
aber auch von Erzählungen wie »Lessings Grab« (1998).

HUGO DITTBERNER (*1944)
kreist seit seiner Geburt in Gieboldehausen um Göttingen,
wo er Germanistik, Geschichte und Philosophie studierte
und 1972 über Heinrich Mann promovierte, das er kurz für
eine Lehrtätigkeit an der Universität Karlsruhe verließ, in
dessen Nähe nach Echte er aber wieder als freier Schriftsteller
zog. Nach dem Debütroman »Das Internat« (1974) erschienen viele Bücher, zuletzt der Roman »Wolken und Vögel und
Menschentränen« (1995), der Gedichtband »Wasser Elegien«
(1997) sowie der Essayband »Versuch zu rühmen« (1999).

JOHN VON DÜFFEL (*1966)
in Göttingen geboren, in Irland und South-Dakota aufgewachsen, machte in Oldenburg das Abitur, studierte Philosophie, Germanistik und Volkswirtschaftslehre in Stirling
(Schottland) und Freiburg, promovierte 1989 über »Intentio-
nalität als Absichtlichkeit«, arbeitete als Film- und Theater-
kritiker, später als Dramaturg in mehreren Städten, derzeit in
Hamburg. Neben mehreren Theaterstücken erschienen unter
anderem die Romane »Vom Wasser« (1998), »Ego« (2001),
»Houwelandt« (2004) und jüngst »Hotel Angst« (2006).

JÖRG W. GRONIUS (*1952)
stammt aus Berlin, studierte dort Theaterwissenschaft, Germanistik, Allgemeine und Vergleichende Literaturwissenschaft, Ethnologie und Religionswissenschaft, promovierte
1983, lebt und arbeitet als freier Schriftsteller und Dramaturg
in Hannover und Bargfeld. Er veröffentlichte zusammen mit
Bernd Rauschenbach Theaterstücke, außerdem die Romane
»Ein Stück Malheur« (2000) und »Der Junior« (2005), den
Gedichtband »Beckfeld Vertigo« (2003) und die Kurzge-
schichtensammlung »Das Wunder Hannover« (2002).

GABRIELA JASKULLA (*1962)
wurde zwar in der Nähe von Würzburg geboren, wuchs
aber in Braunschweig auf, gründete dort eine Theatergruppe, ging nach Marburg und Santiago de Compostela,
um Kunstgeschichte und Deutsche Sprache und Literatur
zu studieren, arbeitete danach beim Norddeutschen Rundfunk als Redakteurin und Moderatorin. Nach dem Erfolg
ihres Debütromans »Ostseeliebe« (2003) wurde das Theaterstück »Chet Baker / Song« uraufgeführt, es folgte der Roman »Glückstadt« (2005).

HEINZ KATTNER (*1947)
lebt und arbeitet in Leestahl bei Lüneburg, trägt aber seine
Geburtstadt Hildesheim noch in sich, studierte Theologie,

Deutsch und Kunst, ist Schriftsteller, Lektor, Dozent und Herausgeber der Lyrik Edition des Zu Klampen Verlags. Veröffentlicht Lyrik und Prosa, zuletzt die Italiengedichte »Nachfahren« (1995), die lyrische Prosa »Und sucht die passende Liebesgeschichte« (1997) und die Gedichtzyklen »Unauffälliges Zittern« (2001).

WALTER KEMPOWSKI (*1929)
wurde in Rostock geboren, 1948 wegen angeblicher Spionagetätigkeit von einem sowjetischen Militärtribunal zu einer Haftstrafe in Bautzen verurteilt, machte in Göttingen sein Abitur und studierte Pädagogik, um danach als Dorfschullehrer in Nartum und Zeven zu arbeiten, war Lehrbeauftragter für Fragen der Literaturproduktion an der Universität Oldenburg. Neben der vielbändigen »Deutschen Chronik« (1978-1984) und dem umfangreichen »Echolot« (1993-2005) sind die jüngsten Veröffentlichungen »Letzte Grüße« (2003) und »Hamit« (2006).

FLORIAN KESSLER (*1981)
geboren 1981 in Heidelberg, studiert Kreatives Schreiben und Kulturjournalismus an der Universität Hildesheim, war Mitglied der künstlerischen Leitung des Literaturfestivals »prosanova« 2005, ist Mitherausgeber der Literaturzeitschrift »BELLA triste« und Literatur-Stipendiat der Kunststiftung Baden-Württemberg 2006.

HANJO KESTING (*1943)
wurde in Wuppertal geboren, studierte Philosophie, Literaturwissenschaft und Geschichte in Köln, Tübingen und Hamburg, ging 1973 nach Hannover, um dort bis 2006 die Redaktion Kulturelles Wort im NDR-Hörfunk zu leiten. Publizierte Zahlreiches zu Literatur und Musik, jüngst »Der Musick gehorsame Tochter. Mozart und seine Librettisten« (2005), »Ein bunter Flecken am Kaftan. Essays zur deutsch-jüdischen Literatur« (2005) und »Abschiedsmusik. Nachrufe aus dreißig Jahren« (2005).

GEORG KLEIN (*1953)
aus Augsburg zog es ihn nach Berlin, wo er 15 Jahre lebte
und seine Frau, die Autorin Katrin de Vries, kennenlernte
und zusammen mit ihr und seinen beiden Söhnen nach Ostfriesland ging. Von dort schreibt er für Zeitungen, Zeitschriften und den Rundfunk und hat Erfolg mit seinen Büchern. Bisher erschienen die Romane »Libidissi« (1998),
»Barbar Rosa« (2001) und »Die Sonne scheint uns« (2004)
sowie die Erzählungsbände »Anrufung des blinden Fisches«
und »Von den Deutschen«, im Frühjahr 2007 folgt »Sünde
Güte Blitz. Ein Kurzroman«.

MATHIAS MERTENS (*1971)
ist Hamelenser, nicht Hamelner, studierte Germanistik,
Anglistik und Theater-, Film-, Fernsehwissenschaft in Köln
und Hannover, promovierte über Günter Grass, war Mit-
organisator und Moderator der Talkshow »Literarischer
Salon«, arbeitet am Institut für Medien und Theater der
Universität Hildesheim. Zu seinen Veröffentlichungen zählen »Wir waren Space Invaders« (2002) und »Kaffeekochen
für Millionen« (2006).

KLAUS MODICK (*1951)
kommt aus Oldenburg und lebt jetzt wieder dort, studierte
an der Universität Hamburg, promovierte über Lion
Feuchtwanger, arbeitete als Werbetexter und Lehrbeauftragter, nahm zahlreiche Gastprofessuren im In- und Ausland an. Zuletzt erschienen »September Song« (2002), »Der
kretische Gast« (2003), »Vatertagebuch« (2005) und »Best-
seller« (2006).

HANNS-JOSEF ORTHEIL (*1951)
kölsch von Geburt, aber auch im Westerwald, in Wuppertal
und in Mainz aufgewachsen, studierte Kunstgeschichte in
Rom und Musikwissenschaft, Germanistik, Philosophie
und Komparatistik in Mainz, Paris und Göttingen, promovierte 1976, war wissenschaftlicher Mitarbeiter an der Uni-

versität Mainz, ab 1988 freier Schriftsteller, seit 2002 Professor für Kreatives Schreiben und Kulturjournalismus an der Universität Hildesheim. Zuletzt erschienen die Romane »Lo und Lu« (2001), »Die große Liebe« (2003) und »Die geheimen Stunden der Nacht« (2005).

SABINE PETERS (*1961)
wurde in Neuwied geboren, studierte Literaturwissenschaft, Politologie und Philosophie in Hamburg, zog 1988 ins Rheiderland, um dort sechzehn Jahre als Journalistin und freie Schriftstellerin zu arbeiten. Nach dem Debütroman »Der Stachel am Kopf« (1990) erschienen der Prosaband »Schreien, sprechen« (1996), die Erzählungen »Nimmersatt« (2000) und »Abschied« (2003) und »Singsand« (2006).

HEIKO POSTMA (*1946)
geboren in einer Stadt, die jetzt Bremerhaven heißt, studierte bei Hans Mayer in Hannover Germanistik, außerdem Philosophie und Politik, promovierte 1975 über Arno Schmidt, blieb in Hannover, war lange im niedersächsischen Schuldienst tätig, ist Redakteur der Literaturzeitschrift »die horen« und Moderator der Hörfunkreihe »Das Literarische Rätsel« des Norddeutschen Rundfunks. Auf der Liste seiner Veröffentlichungen stehen Werkbiographien zu Jules Verne, Heinrich Albert Oppermann und Robert Burns, zudem die Bände »Galerie der Detektive« (1997) und »Wer irrt hier durch den Bücherwald?« (2000).

JUTTA SAUER (*1944)
kam als Kriegskind nach Niedersachsen. Nach Stationen u.a. in Hannover, Wuppertal und München lebt und arbeitet sie heute in Osnabrück, wo die Autorin seit 1991 das Literaturbüro Westniedersachsen leitet. Sie studierte Literatur- und Kunstwissenschaften an der Universität Osnabrück, arbeitete als Lehrbeauftragte und veröffentlichte Lyrik, Prosa, Essays und Rundfunkfeatures, darunter »Abgeschminkt« (1982), »Walpurgiszeiten« (1988), »Etwas zwischen Männern und

Frauen« (1991) und »Nachdenken über Felix Nussbaum«
(Hg. 1994).

PETER SCHANZ (*1957)
entstammt dem tiefsten Süden, wuchs in Bamberg auf, ab-
solvierte ein Studium der Germanistik, Geschichte und
Politologie in Würzburg, Graz und München, wurde dank
des Theaters in den Norden gezogen, 1997 als Künstlerischer Direktor ans Staatstheater Braunschweig, arbeitet seit
1999 freiberuflich als Autor und Dramaturg. Neben Hör-
funkarbeiten und Theaterstücken für Braunschweig, Hannover und Fischerhude erschien auch das Buch »87 Tage
Blau – Logbuch einer Erdumrundung« (2003).

JOCHEN SCHIMMANG (*1948)
geboren im Südosten Niedersachsens, in Northeim, aufgewachsen im Nordwesten, in Leer, verschlug es von 1969 bis
1999 nach Berlin, Köln und Paris, wo er Politologie studierte, Deutsch als Fremdsprache unterrichtete und als freier
Schriftsteller arbeitete. Er lebt heute in Oldenburg. Debü-
tierte mit dem Roman »Der schöne Vogel Phönix« (1979),
veröffentlichte zuletzt den Roman »Die Murnausche
Lücke« (2002) und die Erzählungsbände »Vier Jahreszeiten« (2002) und »Auf Wiedersehen, Dr. Winter« (2005).

HANNELIES TASCHAU (*1937)
gebürtige Hamburgerin, wuchs in Schwaben und Essen auf,
lebte in Paris und ging, wegen der Liebe, in Richtung Pattensen und Peine nach Hameln, war Mitherausgeberin der
Autoren Edition im C. Bertelsmann Verlag. Bekannt für ihren Roman »Landfriede« (1978) und den Gedichtband »Ge-
fährdung der Leidenschaft« (1984), veröffentlichte zuletzt
den Roman »Das Sommerhaus« (1995), den Gedichtband
»Klarträumer« (1998), den Erzählungsband »Ein gutes Ende
muß man sich holen« (1999) und den Gedichtband »Läßt
Jupiter sich berühren« (2002).

Katrin de Vries (*1959)

kam am Dollart zur Welt und lebt nach 15 Jahren in Berlin
erneut dort, ist verheiratet mit dem Autor Georg Klein und
hat zwei Söhne. Zusammen mit der Zeichnerin Anke Feuch-
tenberger veröffentlicht sie Avantgard-Comics, die auch auf
englisch, französisch und italienisch erscheinen: »Die Hure
H.« (2000), »Die Hure H. zieht ihre Bahnen« (2003). 2004
erschien ihr Erzählband »Der Leib der Damen«.

Diese Veröffentlichung entstand auf Initiative der Landesregierung und in Zusammenarbeit mit den niedersächsischen Literaturbüros in Braunschweig, Göttingen, Hannover, Lüneburg, Oldenburg und Osnabrück.

Herausgeber und Verlag danken dem Land Niedersachsen und der STIFTUNG NIEDERSACHSEN für die Förderung der Publikation.

Bibliografische Information der Deutschen Nationalbibliothek
Die Deutsche Nationalbibliothek verzeichnet diese Publikation in der Deutschen Nationalbibliografie; detaillierte bibliografische Daten sind im Internet über http://dnb.d-nb.de abrufbar.

© Wallstein Verlag, Göttingen 2006
www.wallstein-verlag.de
Vom Verlag gesetzt aus der Stempel Garamond
Umschlagfoto: Daniel Grube
Umschlaggestaltung: Susanne Gerhards, Düsseldorf
Druck: Friedrich Pustet, Regensburg
ISBN-13: 978-3-8353-0085-9
ISBN-10: 3-8353-0085-7